図解で総まとめ

高校 世界史

受験研究社

本書の特長と使い方

　本書は，定期テストや大学入試に向けて，世界史探究で学習する重要ポイントを図解や表解，写真を用いながら簡潔にまとめた学習参考書です。要点をわかりやすくまとめているので，定期テスト対策用・大学入試準備用として必携の本です。

通史編

通史となるように，原始から現代までの内容を4章に分けています。教科書のページ構成に近いため，日常学習や定期テスト対策に向いています。

▼**重要度を3段階で表示**

入試重要度 A　入試重要度 B　入試重要度 C
★★　★　☆

節見出しの下に，大学入試での重要度を3段階で示しました（Aが最重要）。また，項目ごとの入試重要度を3段階で示しました（★★が最重要）。

▼**色分けで探しやすく**

各見開きで扱っている地域が一目でわかります。

▼**重要語句などをわかりやすく解説**

脚注には，解説文の内容や重要語句についての補足説明や詳細な解説を入れています。

通史編

第1章　建特地域の

6. 後漢と中国の分裂

01　後漢（25～220）

① 建国～滅亡…漢の一族の劉秀が漢を再興した（後漢）。皇帝に即位して（光武帝），都を洛陽においた。2世紀以降，外戚と宦官の争いが激化し，官僚や学者など知識人が宦官によって弾圧された（党錮の禁）。184年に宗教結社太平道の創始者である張角がおこした黄巾の乱を機に各地で有力者が自立し，220年に後漢は滅亡した。

② 西方との交流…西域都護●の班超は，西域50余国を服属させ，部下の甘英をローマ帝国に派遣した。また，ローマ皇帝マルクス＝アウレリウス＝アントニヌス（中国名大秦王安敦）の使者と称する者が，日南郡（現在のベトナム中部）にやって来たとされる。

③ 漢の文化…前漢の武帝の時代に，儒学の提案で儒学が官学となり，五経博士をおいて五経[『詩経』『書経』『易経』『春秋』『礼記』]を講義させた。後漢では，経典の字句解釈を目的とした訓詁学が馬融らによって発達した。後漢末には，張角が創始した太平道や，張陵が創始した五斗米道などの宗教結社がおこったが，これらはのちの道教の源流となった。インドから西域を経由して仏教が伝来したのは後漢期といわれる。歴史学では，紀伝体●で史記』を著した司馬遷，『漢書』を著した班固らがいる。蔡倫は製紙法を改良し，その製紙技術は8世紀にイスラーム世界に伝わった。

02　三国時代（220～280）　★★

① 魏（220～265）…曹操の子の曹丕が，後漢の皇帝から帝位をゆずりうけて華北に建国した。都は洛陽。

② 呉（222～280）…孫権が江南に建国した。都は建業（現在の南京）。

③ 蜀（221～263）…劉備が四川に建国した。都は成都。

● 西域都護　西域（タリム盆地以西の中央アジア）を統治する官。
● 紀伝体　帝王の伝記（本紀）と臣下の伝記（列伝）を組み合わせた叙述形式。

16

▼**プロセスや考え方を理解しよう！**

各章の最後には，「表現力 PLUS」として，論述問題を設けました。「解説」を読んで，解答に至るまでのプロセスや考え方を理解しましょう。

PLUS.1　アレクサンドロス東方遠征の影響

Q 前334年に始まるマケドニア王のアレクサンドロスによる東方遠征の結果，アケメネス朝は滅亡し，ギリシアからエジプト・インダス川流域に及ぶ統一が成し遂げられた。この結果，成立した文化の特徴を150字以内で説明せよ。
【愛知教育大・改】

──────── 解説 ────────

① ギリシア文化とオリエント文化の融合

　アレクサンドロス大王は前333年，イッソスの戦いでダレイオス3世軍を破ると，東方遠征で快進撃を続け，前330年にアケメネス朝を滅ぼした。地中海からインド西北部にまたがる大帝国を築き，ギリシアにならった都市を各地に建設した。これによって，ヘレニズム文化が形成されていった。

　なかでもエジプト北部のアレクサンドリアは，ヘレニズム文化の中心地として栄えた（→p.35）。大王の死後，プトレマイオス朝の都となり，ギリシア文化とオリエント文化の「結び目」になったのである。王立研究所（ムセイオン）では，古典文学や自然科学の研究がおこなわれ，併設さ

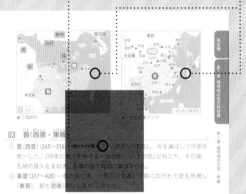

▶ FOCUS!

各編に設けた「FOCUS!」では，特定の重要なテーマなどについて，図表・写真を織り交ぜながら，くわしく解説しています。

⌀ CHECK TEST

各章に設けた「CHECK TEST」は，知識の総整理のための，一問一答式の空欄補充問題です。定期テストや大学入試直前の確認に活用しましょう。

⌀ 思考力問題にTRY

「CHECK TEST」に設けた「思考力問題にTRY」では，思考力が問われる記号選択問題を取り上げました。自分の力を試しましょう。

03 晋（西晋・東晋）

① 晋（西晋）（265〜316）……司馬炎（武帝）が建国し，呉を滅ぼして中国を統一した。290年に帝位をめぐる一族の争い（八王の乱）がおこり，その後，五胡の侵入をまねき，永嘉の乱で匈奴に滅ぼされた。

② 東晋（317〜420）……西晋の滅亡後，一族の司馬睿が江南にのがれて晋を再興し（東晋），都を建康（現在の南京）に定めた。

04 五胡十六国時代（304〜439）

北魏による華北統一までに，遊牧諸民族の五胡（匈奴とその別種の羯，モンゴル系の鮮卑，チベット系の氐・羌）が華北に入りこんで，16国が興亡した。

05 南北朝時代

① 北朝（439〜581）……386年，鮮卑の拓跋氏が北魏を建国し，都を平城（現在の大同）に定めた。439年には，3代太武帝が華北を統一した。このころ，モンゴル高原では柔然が強大となり，北魏と対立した。6代孝文帝は，均田制や三長制を実施し，都を洛陽に移して，漢化政策を進めた。北魏は534年に東西に分裂し，東魏は北斉に，西魏は北周に倒され，さらに北周が北斉を併合して再び華北を統一した。北斉以降続いた華北の5王朝を北朝という。

② 南朝（420〜589）……東晋の武将劉裕が東晋を倒して宋を建国し，その後，斉・梁・陳が興亡した。宋以後続いた江南の4王朝を南朝という。

（縦書き右余白）
南北朝

第3章　諸地域の歴史的特質

第4章　諸地域の結合・変容

第5章　地球世界の課題

テーマ史編

❝ **重要ファイル**
CHECK

・南北朝時代。中国は北朝（北魏・東魏・西魏・北斉・北周），江南に（宋・斉・梁・陳）が並び立ち，対立した。 ❞

17

▼ポイントをおさえる

❝ **重要ファイル**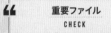
CHECK ❞

重要なポイントを簡潔な文でまとめており，内容をすばやく理解できます。

---

1 | 中国史 ①

入試重要度 ▶ A

前6000頃	黄河・長江の流域で中華文明がおこる
前16頃	殷がおこる
前 11c	周による封建制統治
前 770	春秋・戦国時代
	★諸子百家の登場
前 221	始皇帝が中国を統一
前 209	陳勝・呉広の農民反乱。
	――前208）
前 202	高祖（劉邦）が前漢を建国
前 154	呉楚七国の乱がおこる
前 139	武帝が張騫を大月氏に派遣
8	王莽が新を建国（〜23）
18	赤眉の乱（〜27）
25	光武帝が後漢を建国
73	班超が西域へ派遣される

1 春秋・戦国時代

戦国時代の紀元前4世紀末に，有力な「戦国の七雄」による抗争の時代が続いた。

2 始皇帝

テーマ史編

- 特定のテーマ別にまとめています。
- 図表や写真とともに，多くの節が充実した年表を伴っています。
- 通史とは違った観点から世界史を学習するため，応用力を身につけることができます。

目次

●国名を次のように表記した場合があります。

日	日本	米	アメリカ
中	中国	韓	韓国
英	イギリス	仏	フランス
独	ドイツ	伊	イタリア
墺	オーストリア	蘭	オランダ
露	ロシア		
ソ	ソヴィエト社会主義共和国連邦		

本書に関する最新情報は,小社ホームページにある**本書の「サポート情報」**をご覧ください。(開設していない場合もございます。)なお,この本の内容についての責任は小社にあり,内容に関するご質問は直接小社におよせください。

第1章 諸地域の歴史的特質

1. 先史の時代

入試重要度 C

01 人類の出現 ★ ★

① **人類の進化**…人類の祖は約700万年前にアフリカ大陸に出現したとされる。以来，人類は猿人→原人→旧人→新人と進化した。

- ✓ **猿人（約700万年前）** サヘラントロプスやアフリカ各地で発見された**アウストラロピテクス**など。彼らは二本足で直立歩行（**直立二足歩行**）をおこない，なかには簡単な**打製石器**（礫石器）を使用するものもいた。

- ✓ **原人（約240万年前）** ホモ=ハビリスやホモ=エレクトゥス（インドネシアの**ジャワ原人**，中国の**北京原人**など）。ホモ=エレクトゥスは，**火**や打製石器を使用し，狩猟・漁労・採集生活を営んだ。

- ✓ **旧人（約60万年前）** ヨーロッパに分布した**ネアンデルタール人**が代表例である。彼らは，剝片石器を使用し，一部では埋葬の風習など宗教的行為がみられた。

- ✓ **新人（約20万年前）** 現生人類（ホモ=サピエンス）に属す。ヨーロッパの**クロマニョン人**，中国の**周口店上洞人**など。彼らは，骨や角でつくった**骨角器**を使用し，写実的な洞穴絵画を残した。

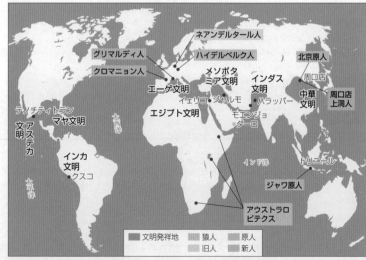

▲先史時代の世界とおもな古代文明

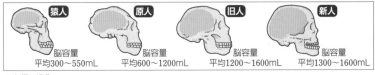

猿人	原人	旧人	新人
脳容量 平均300〜550mL	脳容量 平均600〜1200mL	脳容量 平均1200〜1600mL	脳容量 平均1300〜1600mL

▲人類の進化

② **人類と言語**…新人が世界各地に広まり，それぞれの環境に適応していくなかで，人類の形質の違いがあらわれるようになった。

- ☑ **人種** 身体の特徴による分類。白色人種・黄色人種・黒色人種など。
- ☑ **民族** 同じ言語や慣習，歴史などを共有する人々のまとまり。
- ☑ **語族** 共通の言語から派生した同系統の言語群。

02 文明への歩み ★★

文字が発明される以前を**先史時代**，以後を**歴史時代**という。

① 旧石器時代（約250万年前〜約 1 万年前）

人々は，石を打ち欠いてつくった打製石器や骨角器を使用した。また，呪術的な女性裸像もつくられた。生活は，**狩猟・漁労・採集**により食料を得る**獲得経済**であった。この時代の遺跡として，フランスの**ラスコー**やスペインのアルタミラに**洞穴絵画**が残されている。

▲ラスコーの洞穴絵画

② **農耕・牧畜の開始**…約9000年前の西アジアで，麦の栽培やヤギ・羊・牛などの家畜の飼育がはじまった。これ以後，人類は獲得経済から**農耕・牧畜の生産経済**に移行し，生活様式が革命的に変化した。

③ **新石器時代**…人々は**磨製石器**（石斧・石臼・石杵など）や**土器**（彩文土器など）を用いるようになった。生活は，農耕・牧畜の生産経済であった。農耕は，初期には雨水にたよる**乾地農法**や，肥料を用いない方法がとられ，のちにメソポタミアで**灌漑農業❶**がはじまった。

> 66 **重要ファイル**　・旧石器時代は，狩猟・漁労・採集の獲得経済であった。
> CHECK　・新石器時代は，農耕・牧畜の生産経済であった。 99

03 文明の誕生 ★★

神殿を中心に**都市**が形成され，記録を残すための**文字**が発明され，祭器や武器などの**金属器**が使用されるようになった。

❶［灌漑農業］農耕に必要な水を人工的に供給する農業。

通史編

第1章 諸地域の歴史的特質

第2章 諸地域の交流・再編

第3章 諸地域の結合・変容

第4章 地球世界の課題

テーマ史編

2. 古代オリエント文明と周辺地域

入試重要度 B

中央ユーラシア

東アジア

日本

南・東南アジア

西アジア

ヨーロッパ

アメリカ

アフリカ

01 古代メソポタミア ★★

① **シュメール人**（前3000ごろ～）…**ウル**や**ウルク**などの都市国家を建設。**楔形文字**をつくり，粘土板に記録した。**六十進法**や**太陰暦**を使用した。

② **アッカド人**（前24世紀ごろ～）…セム語系の，メソポタミア最初の統一国家。

③ **バビロン第1王朝**（前19世紀初め～）…セム語系の**アムル人**が建国。都はバビロン。**ハンムラビ王**によって**ハンムラビ法典**が制定され，その特徴は「目には目を，歯には歯を」の**復讐法**にあった。

④ **異民族の侵入**…前17世紀中ごろ，アナトリア高原（小アジア）に**ヒッタイト人**の国が建国された。彼らは**鉄製武器**をもたらした。また，メソポタミア北部では前15世紀に**ミタンニ王国**が勢力を増し，メソポタミア南部では**カッシート人**がバビロン第1王朝滅亡後のバビロニアを支配した。

02 古代エジプト ★★

前3000年ごろ，王による統一国家が成立。王は**ファラオ**とよばれ，太陽神**ラー**の子とされた。

① **3つの時代**（前27世紀～前11世紀）…**古王国**時代，クフ王らがピラミッドを建てた。**中王国**時代，遊牧民**ヒクソス**が侵入し，一時支配された。**新王国**時代，**アメンホテプ4世**（イクナートン）はアマルナへ遷都し，信仰を改革した影響で，写実的な**アマルナ美術**が生まれた。

▲ネフェルティティの胸像

② **文化**…**神聖文字**（ヒエログリフ）や民用文字がつくられ，民用文字は**パピルス**（一種の紙）に記された。人々は霊魂の不滅を信じてミイラをつくり，「**死者の書**」とともに埋葬した。暦は**太陽暦**を用いた。

03 エーゲ文明（前3000～前1200ごろ） ★★

① **クレタ文明**（前2000ごろ～）…海洋的な性格の青銅器文明で，壮大な宮殿建築が特徴。**クノッソス宮殿**はイギリスの**エヴァンズ**らによって発掘された。

② **ミケーネ文明**（前1600ごろ～）…**ギリシア人**による青銅器文明。ドイツの**シュリーマン**らが発掘した。**ミケーネ・ティリンス**などの小国家が形成されたが，「海の民」など外部勢力の侵入や気候変動により滅亡したとされる。ミケーネ時代につくられた**線文字B**はイギリスの**ヴェントリス**らが解読した。

04 古代オリエントの統一 ★★

通史編

第1章 諸地域の歴史的特質

第2章 諸地域の交流・再編

第3章 諸地域の結合・変容

第4章 地球世界の課題

テーマ史編

① **東地中海の諸民族**…**アラム人**は**ダマスクス**を拠点に中継貿易で活躍した。**フェニキア人**は，**シドン・ティルス**などの**港市国家**（こうし）を拠点に地中海貿易で栄え，**カルタゴ**をはじめとする植民市を建設した。フェニキア文字は**アルファベット**の起源となった。**ヘブライ人**は，モーセに率いられてエジプトを脱出した（「**出エジプト**」（しゅつ））。ダヴィデ王・ソロモン王の時代には**イェルサレム**を中心に繁栄したが，のちに北のイスラエル王国と南のユダ王国に分裂した。ヘブライ人は唯一神（ゆいいっしん）**ヤハウェ**を信仰し，選民思想や救世主（**メシア**）を待望する信仰をもつ**ユダヤ教**を確立した。

② **アッシリア王国（前2千年紀初め～前612）**…前7世紀前半に史上初めてオリエントを統一した。**駅伝制**を設け，中央集権的な統治をおこなった。

③ **4王国分立**…**エジプト**，**リディア**（世界最古の金属貨幣を鋳造（ちゅうぞう）），**新バビロニア**（カルデア），**メディア**が分立。新バビロニアはユダ王国を滅ぼし，ヘブライ人をバビロンに強制移住させた（**バビロン捕囚**（ほしゅう））。

▲アッシリアと4王国の領域

	前3000年		前2000年		前1000年		前500年
エジプト	古王国	中王国	ヒクソス	新王国		エジプト	
シリア				アラム人			
				フェニキア人			
パレスチナ				ヘブライ王国	イスラエル王国		
					ユダ王国		アッシリア王国
メソポタミア	シュメール人	アッカド人	バビロン第1王朝	ミタンニ		新バビロニア	アケメネス朝
				カッシート			
				ヒッタイト			
小アジア						リディア	
イラン						メディア	

エジプト語派　セム語派　インド=ヨーロッパ語族　民族系統不明

▲古代オリエント諸国の興亡

通史編

中央ユーラシア

東アジア

日本

南・東南アジア

西アジア

ヨーロッパ

アメリカ

アフリカ

第1章
諸地域の
歴史的特質

3. 南アジアと中国の古代文明, 諸子百家

入試重要度 B

01 インダス文明 ★★

前2600年ごろ, 先住民の**ドラヴィダ系**が形成したとされる**インダス文明**がおこった。おもな遺跡は, インダス川流域の**モエンジョ=ダーロ**や**ハラッパー**など。遺跡からは, 彩文土器や, **インダス文字**(未解読)が刻まれた**印章**などが出土した。

▲モエンジョ=ダーロ

02 インド古代文明 ★★

インド=ヨーロッパ語系の**アーリヤ人**は, 前1500年ごろカイバル峠をこえてパンジャーブ地方に侵入し, 前1000年ごろ**ガンジス川**流域に定住した。彼らは聖典の**ヴェーダ**をもとに, **バラモン**(司祭)がつかさどる**バラモン教**を創始した。最古のヴェーダを『**リグ=ヴェーダ**』という。

アーリヤ人と先住民が交わって社会が成立する過程で, **ヴァルナ制**❶という4つの基本的身分からなる身分制が成立し, さらに, 血統・職業を中心に数千の身分からなる**ジャーティ**とヴァルナ制とが結びついて, **カースト制度**とよばれる身分制度が長い年月をかけて形成された。

03 中華文明 ★★

中国では, **黄河・長江**流域に古代文明が開かれた。黄河文明では, 前5000年ごろから, **彩文土器(彩陶)**を特色とする**仰韶文化**がおこった。前3000年ごろには, **黒陶**や灰陶を特色とする**竜山文化**が広がった。長江文明では, **河姆渡遺跡**などが発掘された。また, 四川盆地の**三星堆**遺跡からは**青銅器**が多数出土した。

04 殷・周 ★★

① **殷(商)**…前16世紀ごろ, 都市国家(**邑**)の中心であった**殷**が盟主となって成立した。遺跡**殷墟**や漢字の起源とされる**甲骨文字**の解読により, 殷では神権政治がおこなわれ, 祭器・武器として青銅器を用いていたことが明らかになった。

▲甲骨文字

❶ [ヴァルナ制] **バラモン**(司祭)・**クシャトリヤ**(武士)・**ヴァイシャ**(農民・牧畜民・商人)・**シュードラ**(隷属民)という4つの基本的身分からなる身分制度。

② **周**…前11世紀ごろ，渭水流域におこった。王は，一族や功臣に**封土**(領地)を与えて**諸侯**とし，**卿・大夫・士**などの家臣にも地位と封土を与えた。この統治組織(**封建**)のもとでは氏族のまとまりが重要とされた。**宗族**(同姓の父系親族集団)で守る規範として**宗法**がつくられた。

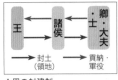

▲周の封建制

05 春秋・戦国時代(前770〜前221) ★★

前8世紀，周は周辺民族の侵入をうけ，都を鎬京から洛邑(現在の洛陽)に移した。以後，前3世紀後半の秦の統一までの時代を**東周**といい，分裂と抗争が続いた。東周の前半(前5世紀まで)を**春秋時代**といい，後半を**戦国時代**という。

▲戦国の七雄(前4世紀末)

① **春秋時代(前770〜前403)**…斉の桓公，晋の文公などの有力諸侯(**覇者**)が尊王攘夷をとなえて諸国を束ねた。

② **戦国時代(前403〜前221)**…**戦国の七雄**❷とよばれる7つの強国が並び立ち，争乱となった。

③ **春秋・戦国時代の社会**…鉄製農具の使用や牛耕法，文字を記録するための**木簡・竹簡**の使用がはじまった。刀銭・布銭などの**青銅貨幣**が流通した。

④ **春秋・戦国時代の文化**…戦乱続きの中で国家や社会のあり方が模索され，**諸子百家**とよばれる多様な思想家や学派が生まれた。『詩経』『春秋』などの諸子百家の文献に加えて，屈原らの『楚辞』などの文学もまとめられた。

儒家	**孔子**を祖とし，家族道徳(**仁**)を基本とした社会秩序の実現を説いた。孔子の思想は，性善説を説いた**孟子**や性悪説を説いた**荀子**にうけつがれた。『**論語**』は孔子と弟子たちの言行録をまとめたもの。
道家	**老子**や**荘子**が「無為自然」を説いた。
墨家	**墨子**を祖とし，無差別平等の愛(**兼愛**)を説いた。
法家	秦の孝公に仕えた**商鞅**と，**韓非**，**李斯**らが法による信賞必罰を説いた。

❷ [**戦国の七雄**] 韓・魏・趙・斉・燕・楚・秦の7国。

通史編

第1章 諸地域の歴史的特質

第2章 諸地域の交流・再編

第3章 諸地域の結合・変容

第4章 地球世界の課題

テーマ史編

4. 諸地域の古代文明, 中央ユーラシアの歴史

入試重要度 C

中央ユーラシア

東アジア

日本

南・東南アジア

西アジア

ヨーロッパ

アメリカ

アフリカ

01 南北アメリカ文明 ★ ★

メソアメリカ(現在のメキシコおよび中央アメリカ)とアンデス地方では, 古くからさまざまな先住民の文明が栄え, **トウモロコシ・ジャガイモ**の栽培を基礎とする農耕文化が発達した。

▲南北アメリカ文明とおもな遺跡

① **オルメカ文明(前1200ごろ〜前400ごろ)**…メキシコ湾岸で栄えた, 中央アメリカ最古の文明。絵文字を使い, ジャガーを信仰し, 巨石人頭像など特徴的な造形物をつくった。

② **テオティワカン文明(前1世紀〜後6世紀)**…メキシコ高原に成立した。テオティワカンでは「太陽のピラミッド」や「月のピラミッド」などの神殿建造物を中心に都市が整備された。

③ **マヤ文明(前10世紀ごろ〜後16世紀)**…ユカタン半島に成立した。4〜9世紀に栄え, ピラミッド状の建造物, 二十進法, マヤ文字などを生み出した。

④ **アステカ王国(文明)(14世紀〜1521)**…メキシコ高原に成立した。ピラミッド状の神殿を建て, 絵文字を用いた。都は**テノチティトラン**(現在のメキシコシティ)。スペイン人の**コルテス**に滅ぼされた。

⑤ **インカ帝国(文明)(15世紀〜1533)**…アンデス一帯に成立。石造技術を用いた神殿や宮殿, **キープ**[1](結縄)などが特色。都はクスコ。急峻な山岳地帯につくられた**マチュ=ピチュ**が代表的遺跡。スペイン人の**ピサロ**に滅ぼされた。

▲マチュ=ピチュ

> **重要ファイル**
> CHECK
> ● 中央アメリカにマヤ文明・アステカ王国が栄えた。
> ● アンデス高地のクスコを中心にインカ帝国が栄えた。

❶ [キープ] 縄の結び方で数字を示す。数量などを記録する手段。

通史編

第1章 諸地域の歴史的特質

第2章 諸地域の交流・再編

第3章 諸地域の結合・変容

第4章 地球世界の課題

テーマ史編

02　アフリカの古代文明　★ ★

① **クシュ王国**（前920ごろ〜後350ごろ）…エジプト新王国の滅亡後，ナイル川上流に成立した。アッシリアの侵攻をうけて，前7世紀に都を南方の**メロエ**に移した。アクスム王国により滅亡。

② **アクスム王国**（紀元前後ごろ〜12世紀）…エチオピア高原に成立した。4世紀にキリスト教を受容。金や象牙（ぞうげ）を扱う海上交易で栄えた。

03　遊牧国家の成立　★ ★

　ユーラシア大陸中央部の，ヨーロッパとアジアにまたがる広大な空間を**中央ユーラシア**とよぶ。草原地帯の遊牧民，乾燥・砂漠地帯のオアシス民とが交流と衝突をくり返した。

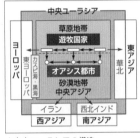

▲中央ユーラシアの構造

① **遊牧国家**…前9世紀ごろ，羊・馬などの家畜とともに移動し，狩猟（しゅりょう）による生活を営む**騎馬遊牧民**が出現。東西を走る「**草原の道**」❷を人やモノが行き来した。

　☑**スキタイ**　前7世紀ごろ，黒海北岸に成立した。史料上最初の遊牧国家。イラン系。動物文様をもつ馬具や武器を残した。

　☑**匈奴**（きょうど）　モンゴル高原を支配し，前3世紀末に冒頓（ぼくとつ）**単于**（ぜんう）の下で強大化し，**漢**（かん）（**前漢**（ぜんかん））を圧迫した。前1世紀半ばに東西に分裂し，1世紀半ばには東匈奴が南北に分裂した。

▲遊牧民の暮らし（モンゴル）

② **遊牧民の拡散**… 2世紀ごろ，匈奴にかわってモンゴル高原を支配した**鮮卑**（せんぴ）は，3世紀にいくつかの部族に分かれて華北（かほく）へ進出した。鮮卑は君主号として**可汗**（かがん）❸を用いた。また，中央ユーラシアの西方では**フン人**の西進がはじまった。

③ **オアシス**…乾燥地帯のなかで，水が利用できる耕地や集落。隊商交易の拠点となり，東西を走る「**オアシスの道**」を隊商が行き来した。

▲オアシスのようす（敦煌）

❷ ［草原の道］ 「オアシスの道」とあわせて「**絹の道**」（**シルク=ロード**）とよばれる。
❸ ［可汗］ 最高君主の称号。それまでの単于にかわって用いられ，柔然（じゅうぜん）・突厥（とっけつ）・ウイグルに継承された。

通史編

中央ユーラシア　東アジア

日本

南・東南アジア

西アジア

ヨーロッパ

アメリカ

アフリカ

第1章 諸地域の歴史的特質

5. 秦・漢(前漢)の成立

入試重要度 A

01 秦(前8世紀ごろ～前206) ★★

① 始皇帝…「戦国の七雄」の一つであった秦が、前221年に中国を統一し、都を咸陽に定めた。秦王の政は、新たな君主の称号である「皇帝」を名乗った(始皇帝)。

② 国内政策…始皇帝は、法家の丞相(宰相)李斯の意見をとり入れ、中央から官僚を派遣して統治させる郡県制を全国に施行した。

▲始皇帝陵の兵馬俑

また、貨幣を半両銭に統一し、度量衡・文字も統一した。焚書・坑儒❶による思想の統制をはかるなど、権力の絶対化・中央集権化を進めた。

③ 対外政策…北方では、戦国諸国が築いた長城を修築して匈奴の侵入に備え、南方では華南を征服して南海郡(現在の広州)などを設置した。

④ 秦の滅亡…始皇帝の死後、陳勝❷・呉広による農民反乱が口火となり、秦は統一後、15年で滅亡した。始皇帝陵の付近からは大量の兵馬俑❸が出土した。

> **重要ファイル**
> **CHECK**
> • 秦王の政は「皇帝」の称号を初めて用いた(始皇帝)。
> • 秦は、封建制にかわって郡県制を施行した。

02 漢(前漢、前202～後8) ★★

① 劉邦(高祖)…陳勝・呉広の乱を機に挙兵した農民出身の劉邦は、楚の名門出身の項羽を激闘の末に破った。劉邦は中国を統一して皇帝となり(高祖)、前202年に漢(前漢)を建国し、都を長安(現在の西安)に定めた。

② 地方制度…高祖は、郡県制と封建制を併用する郡国制を実施した。高祖の死後、景帝による諸侯の領土削減に反発しておこった呉楚七国の乱(前154)を機に、実質的な郡県制へと移行していった。

❶ [焚書・坑儒] 思想統制のために農業・医薬・占い関係以外の書物を焼いて(焚書)、数百人の儒者を穴埋めにして殺害した(坑儒)。

❷ [陳勝] 家柄よりも実力が重視された時世を「王侯将相いずくんぞ種(家柄)あらんや」という言葉で表現した。陳勝・呉広による農民反乱は中国史上最初の農民反乱とされる。

❸ [兵馬俑] 兵士と軍馬をかたどった陶製の像。

▲秦・前漢時代のアジア

通史編

第1章 諸地域の歴史的特質

第2章 諸地域の交流・再編

第3章 諸地域の結合・変容

第4章 地球世界の課題

テーマ史編

③ **武帝の治世**…前2世紀後半に即位した7代**武帝**の時代には中央集権体制が整った。彼は対外戦争を積極的におこなった。

✔ **対外政策** 北方では**匈奴**を撃退し,さらに,匈奴を挟みうちするため**張騫**を西域の**大月氏❹**に派遣した。南方では**南越国**を滅ぼし,東方では衛氏朝鮮を滅ぼして**楽浪郡**など4郡を設置した。

✔ **国内政策** 官吏登用制度として**郷挙里選❺**を採用し,**董仲舒**の提案によって**儒学**を官学とした。また,たび重なる戦争による財政難を克服するため,**塩・鉄・酒の専売**や**均輸・平準❻**による物価統制を実施した。

> **❝ 重要ファイル**
> **CHECK**
> • 郡国制は,武帝の時代に事実上の郡県制に移行した。
> • 前漢の張騫や後漢の班超(→ p.16)によって西域の事情が中国に伝わった。 **❞**

03 新(8〜23) ★★

武帝の死後,中央では**外戚**や**宦官❼**が勢力を争うようになり,後8年,外戚の**王莽**が帝位を奪って新を建てた。王莽は周の制度を理想とし,これを強行したため**赤眉の乱**などの農民反乱を引きおこし,新は15年で滅亡した。

❹ [大月氏] 匈奴に追われた月氏の一部が,アフガニスタン方面に移動して建国。支配下からクシャーナ朝(→p.27)が自立した。

❺ [郷挙里選] 有徳者を地方長官が中央に推薦して官吏とする制度。

❻ [均輸・平準] 均輸は,各地の特産品を地方へ運んで物価を均一にする政策。平準は,必要物資の売り出し・買い入れをおこなって物価の水準を保つ政策。

❼ [外戚・宦官] 外戚は皇后の親族。宦官は後宮に仕える去勢された男性。

第1章 諸地域の歴史的特質

6. 後漢と中国の分裂

入試重要度 B

01 後漢(25〜220) ★★

① **建国〜滅亡**…漢の一族の**劉秀**が漢を再興し(**後漢**)，皇帝に即位して(**光武帝**)，都を洛陽においた。2世紀以降，外戚と宦官の争いが激化し，官僚や学者など知識人が宦官によって弾圧された(**党錮の禁**)。184年に宗教結社太平道の創始者である**張角**がおこした**黄巾の乱**を機に各地で有力者が自立し，220年に後漢は滅亡した。

陳勝・呉広の乱(前209〜前208)

前漢の成立(前202)　→　秦滅亡

王莽が**新**を建国(後8)

赤眉の乱(後18〜27)　→　新滅亡

後漢の成立(後25)

黄巾の乱(184)　→　後漢衰退

三国時代へ

▲秦の滅亡から三国時代の成立までの流れ

② **西方との交流**…**西域都護❶**の**班超**は，西域50余国を属服させ，部下の**甘英**をローマ帝国に派遣した。また，ローマ皇帝マルクス=アウレリウス=アントニヌス(中国名**大秦王安敦**)の使者と称する者が，日南郡(現在のベトナム中部)にやって来たとされる。

③ **漢の文化**…前漢の武帝の時代に，**董仲舒**の提案で**儒学**が官学となり，**五経博士**をおいて**五経**(『詩経』『書経』『易経』『春秋』『礼記』)を講義させた。後漢では，経典の字句解釈を目的とした**訓詁学**が鄭玄らによって発達した。後漢末には，張角が創始した**太平道**や，**張陵**が創始した**五斗米道**などの宗教結社がおこったが，これらはのちの**道教**の源流となった。インドから西域を経由して**仏教**が伝来したのは後漢期といわれる。歴史学では，**紀伝体❷**で『**史記**』を著した**司馬遷**，『**漢書**』を著した**班固**らがいた。**蔡倫**は**製紙法**を改良し，その製紙技術は8世紀にイスラーム世界に伝わった。

02 三国時代(220〜280) ★★

① **魏**(220〜265)…**曹操**の子の**曹丕**が，後漢の皇帝から帝位をゆずりうけて華北に建国した。都は洛陽。

② **呉**(222〜280)…**孫権**が江南に建国した。都は建業(現在の南京)。

③ **蜀**(221〜263)…**劉備**が四川に建国した。都は成都。

---

❶ [**西域都護**] 西域(タリム盆地以西の中央アジア)を統治する官。

❷ [**紀伝体**] 帝王の伝記(本紀)と臣下の伝記(列伝)を組み合わせた叙述形式。

16

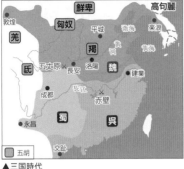
▲三国時代

▲5世紀の東アジア

通史編

第1章 諸地域の歴史的特質

第2章 諸地域の交流・再編

第3章 諸地域の結合・変容

第4章 地球世界の課題

テーマ史編

03 晋（西晋・東晋） ★★

① **晋（西晋）（265〜316）**…魏の将軍**司馬炎**（武帝）が建国し，呉を滅ぼして中国を統一した。290年に権力をめぐる一族の争い（八王の乱）がおこり，その後，五胡の侵入をまねき，永嘉の乱で匈奴に滅ぼされた。

② **東晋（317〜420）**…晋の滅亡後，一族の司馬睿が江南にのがれて晋を再興し（**東晋**），都を建康（現在の南京）に定めた。

04 五胡十六国時代（304〜439） ★★

北魏による華北統一までに，遊牧諸民族の**五胡**（匈奴とその別種の羯，モンゴル系の鮮卑，チベット系の氐・羌）が華北に入りこんで，16国が興亡した。

05 南北朝時代 ★★

① **北朝（439〜581）**…386年，鮮卑の拓跋氏が**北魏**を建国し，都を平城（現在の大同）に定めた。439年には，3代**太武帝**が華北を統一した。このころ，モンゴル高原では**柔然**が強大となり，北魏と対立した。6代**孝文帝**は，**均田制**や三長制を実施し，都を洛陽に移して，漢化政策を進めた。北魏は534年に東西に分裂し，東魏は北斉に，西魏は北周に倒され，さらに北周が北斉を併合して再び華北を統一した。北魏以降続いた華北の5王朝を**北朝**という。

② **南朝（420〜589）**…東晋の武将劉裕が東晋を倒して**宋**を建国し，その後，**斉・梁・陳**が興亡した。宋以後続いた江南の4王朝を**南朝**という。

> **重要ファイル**
> **CHECK**
> ・南北朝時代，華北に北朝（北魏・東魏・西魏・北斉・北周），江南に南朝（宋・斉・梁・陳）が並び立ち，対立した。

通史編

中央ユーラシア
東アジア
日本
南・東南アジア
西アジア
ヨーロッパ
アメリカ
アフリカ

7. 魏晋南北朝の制度・文化と朝鮮・日本

入試重要度 B

01 魏晋南北朝の社会制度 ★★

① **官吏登用制度**…魏の時代に，従来の郷挙里選にかわって，中正官が地方の人材を9等級に分けて推薦する**九品中正**が実施された。この制度によって有力な豪族による高級官職の独占・世襲化が進み，**門閥貴族**が出現した。

② **土地制度**…魏では**屯田制**，晋（西晋）では**占田・課田法**が実施された。北魏の孝文帝が実施した**均田制**では，奴婢・耕牛にも土地が支給された。

③ **村落制度**…北魏の孝文帝は，5家を隣，5隣を里，5里を党とし，それぞれに長をおく**三長制**を実施した。

④ **兵制**…均田制で土地を支給された農民から徴兵し，租調庸を免除する**府兵制**が西魏の時代にはじまった。

> **重要ファイル**
> CHECK
> ・官吏登用制度は，郷挙里選から九品中正に移行した。
> ・土地制度は，屯田制→占田・課田法→均田制へと発展した。

02 魏晋南北朝の文化 ★★

① **仏教**…西域から**仏図澄**や鳩摩羅什が訪れて，華北での布教や仏典の翻訳に尽力した。東晋の僧**法顕**はインドで仏教をおさめ，『**仏国記**』を著した。仏教の普及にともない，華北では**敦煌・雲崗・竜門**をはじめ多くの**石窟寺院**がつくられた。

▲雲崗の石仏

② **道教**…老荘思想（道家）や神仙思想，民間信仰の太平道や五斗米道を融合させ，北魏の**寇謙之**が**道教**を大成した。

③ **思想**…**清談**❶が流行し，阮籍ら「竹林の七賢」が活躍した。

④ **自然科学**…農業書『**斉民要術**』，地理書『**水経注**』などがまとめられた。

⑤ **六朝文化**…江南6王朝（呉・東晋・宋・斉・梁・陳）で発展した貴族文化。絵画では「**女史箴図**」の作者とされる**顧愷之**，書道では**王羲之**，詩では**陶潜**（陶淵明）が活躍した。梁の**昭明太子**が編纂した『**文選**』には，対句を多用した**四六駢儷体**の文体がみられる。

❶［**清談**］老荘思想にもとづく哲学議論。世俗を離れた自由な議論が文化人の間で流行した。

通史編

第1章 諸地域の歴史的特質

第2章 諸地域の交流・再編

第3章 諸地域の結合・変容

第4章 地球世界の課題

テーマ史編

① **衛氏朝鮮**…前190年ごろ，衛満が建国した。前108年，前漢の**武帝**によって滅ぼされ，**朝鮮四郡**(楽浪郡・真番郡・臨屯郡・玄菟郡)が設置された。

② **高句麗(前1世紀ごろ～668)**…狩猟民系の高句麗族が建国。313年に楽浪郡を滅ぼし，朝鮮半島北部を支配した。19代**広開土王(好太王)**は日本軍を撃退したとされ，王の業績をたたえる碑文が丸都(現在の中国吉林省)に現存する。

③ **三韓**…3世紀ごろ，朝鮮半島南部では，西南部に**馬韓**，南東部に**辰韓**，これら2国の間に**弁韓**が分立していた。

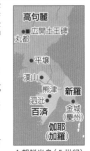

▲朝鮮半島(5世紀)

④ **三国時代(4～7世紀)**…高句麗が朝鮮半島北部を統一したころ，南部でも統一が進み，馬韓の地に**百済**，辰韓の地に**新羅**，中南部に伽耶(加羅)諸国が建国された。**高句麗・百済・新羅**の3国は南朝や北朝に**朝貢❷**し，中国の権威も利用しながら抗争を続けた。

⑤ **百済・高句麗の滅亡**…隋の**煬帝**は高句麗に3度遠征したが失敗した。その後，唐の**高宗**が新羅と同盟し，百済・高句麗を滅ぼした。高宗は平壌に統治のための**都護府**を設置し，**羈縻政策❸**をおこなった。

⑥ **日本**…3世紀，**邪馬台国**の卑弥呼が中国の魏に使節を送り，「親魏倭王」の称号を与えられた。4世紀に**ヤマト政権**による統一が進み，5世紀には倭の五王が中国の南朝に度々使節を送った。朝鮮に対しては，663年，百済救援のために軍を派遣したが，唐・新羅連合軍に**白村江の戦い**で大敗した。

▲中華王朝の変遷

---

❷ **[朝貢]** 中国の皇帝に使節を送り，貢物を献上すること。中国の皇帝は，朝貢してきた朝鮮・日本など近隣諸国の首長に対し，官位や称号を与え，その地域の支配権や交易などを認めた。この外交のしくみを**冊封体制**という。

❸ **[羈縻政策]** 服属した部族の首長を都護府の管轄下において間接統治をおこなった。

第1章 諸地域の歴史的特質

8. 隋の統一と唐の隆盛

入試重要度 A

01 隋(581〜618) ★★

① 楊堅(文帝)…北周の武将楊堅が皇帝(文帝)となって隋を建国した。文帝は，都を大興城に定め，589年に南朝の陳を滅ぼして中国を統一した。均田制や租・調・庸❶の税制，府兵制によって財政・軍事の基盤を整えた。また，官吏登用制度では九品中正を廃止して科挙を創始した。

② 煬帝…文帝の子，煬帝の時代に江南と華北を結ぶ大運河が完成した。煬帝は3度にわたり高句麗遠征をおこなったが，失敗。これを機に全土で反乱がおこり，隋は統一後30年足らずで滅亡した。

02 唐の発展(618〜907) ★★

① 唐の隆盛…隋の武将として活躍した李淵(高祖)は，618年唐を建国し，都を長安に定めた。2代太宗(李世民)の治世は「貞観の治」と称され，国力が充実した。3代高宗は，新羅と同盟を結んで百済・高句麗を滅ぼし，唐の最大領域を実現した。

唐は征服地に安東・安南など6都護府をおいて間接統治をおこなった。

② 唐の諸制度…唐は，隋の制度をうけつぎ，律・令・格・式❷の法則を整えた。中央には三省・六部・御史台をおいて，地方には州県制をしいた。官吏登用制度は科挙を，土地制度は均田制，税制は租・調・庸，兵制は府兵制をしいた。

▲唐代の政治のしくみ

> **重要ファイル**
> CHECK
> - 唐の時代に律令国家体制が確立した。
> - 唐の3代高宗は，唐の最大領域を実現した。
> - 唐は土地制度(均田制)，税制(租・調・庸)，兵役(府兵制)が一体となった制度をしいた。

❶ [租・調・庸] 租は粟2石，調は絹・綿・麻などを納め，庸は20日間の中央政府での労役，また雑徭として40日以内の地方労役があった。

❷ [律・令・格・式] 律は刑法，令は行政法・民法，格は補足，式は施行細則。

通史編

第1章 諸地域の歴史的特質

第2章 諸地域の交流・再編

第3章 諸地域の結合・変容

第4章 地球世界の課題

テーマ史編

▲隋・唐時代のアジア

03　唐の文化 ★★

首都**長安**を中心に国際色豊かな文化が栄えた。

① **仏教**…唐僧の**玄奘**は，**陸路**で西域を経てインドにおもむき，**ナーランダー僧院**で仏教を学んだ。インドから多くの経典や仏像をたずさえて帰国し，『**大唐西域記**』を著した。また，**義浄**は**海路**でインドにわたり，帰途に滞在したシュリーヴィジャヤで『**南海寄帰内法伝**』を著した。伝来した仏典の漢訳が進み，**浄土宗**や**禅宗**など諸宗派が成立した。

▲玄奘

② **外来宗教**…唐では仏教が貴族らの保護をうけて栄えたが，外来の**景教**(ネストリウス派キリスト教)や**祆教**(ゾロアスター教)，マニ教も信仰された。

③ **儒学(訓詁学)**…**孔穎達**らによって『**五経正義**』が編纂された。

④ **唐詩**…「詩仙」とよばれる**李白**，「詩聖」とよばれる**杜甫**，画家としても名高い**王維**，「長恨歌」や「白氏文集」を残した**白居易**(白楽天)らがいる。

⑤ **文章家**…**韓愈**・**柳宗元**らが古文の復興をとなえた。

⑥ **書道**…初唐三大書家とされる**欧陽詢**・**虞世南**・**褚遂良**のほか，**顔真卿**は新しい書風を開いた。

⑦ **絵画**…人物画では**閻立本**，山水画では**呉道玄**や王維が活躍した。

⑧ **陶磁器**…副葬品として褐色・緑・白で彩色された**唐三彩**がつくられた。

⑨ **東西貿易の発達**…陸上貿易では，イラン系の**ソグド人**が往来した。海上貿易では**ムスリム商人**が往来し，**揚州**・**広州**などの港町が発展した。

通史編

中央ユーラシア

東アジア

日本

南・東南アジア

西アジア

ヨーロッパ

アメリカ

アフリカ

第1章
諸地域の
歴史的特質

9. 唐の隣接諸国と五代十国

入試重要度 B

01 唐の隣接諸国 ★★

① **突厥(552〜745)**…トルコ系遊牧民族で、柔然を滅ぼして建国。西方ではササン朝とエフタルを滅ぼし、東方では華北の北朝を圧迫した。草原の馬と中国の絹を取引する**絹馬貿易**をおこない、巨利を得た。6世紀末に東西に分裂した。**突厥文字**は北方遊牧民族最古の文字とされる。

② **ウイグル(744〜840)**…トルコ系遊牧民族で、東突厥を滅ぼして建国。唐の玄宗の時代におこった**安史の乱**では唐に援軍を派遣した。突厥と同様、貿易や外交にイラン系の**ソグド人**を起用した。**ウイグル文字**を使用した。

③ **吐蕃(7〜9世紀)**…ソンツェン=ガンポが建国したチベットの統一王朝。都は**ラサ**。インド系の文字をもとにした**チベット文字**や、大乗仏教とチベットの民間信仰が融合した**チベット仏教**(ラマ教)が成立した。

▲ポタラ宮殿(チベット仏教の総本山)

④ **南詔(?〜902)**…雲南に成立したチベット=ビルマ系の王国。唐に朝貢し、漢字を使用し、仏教を奨励した。

⑤ **渤海(698〜926)**…高句麗滅亡後、**大祚栄**が中国東北地方東部に建国した。唐に朝貢し、日本とも交易をおこなった。キタイ(遼)により滅亡。

⑥ **新羅(4世紀半ば〜935)**…唐と連合して百済・高句麗を滅ぼし、676年、朝鮮半島を統一した。首都**慶州**を中心に仏教文化が栄え、**仏国寺**などの仏教寺院が建立された。社会の基盤には**骨品制**とよばれる血縁的な身分制があった。

⑦ **日本**…**遣隋使・遣唐使**により隋唐の律令体制や仏教文化を受容。7世紀半ばの**大化改新**を経て、中央集権的な律令国家体制が形成された。8世紀には、唐の文化の影響をうけた**天平文化**が栄えた。

> **重要ファイル**　•隋・唐の時代に、中央ユーラシアでは突厥・ウイグルが興亡した。
> CHECK　　　　•突厥・ウイグルの貿易や外交にソグド人が起用され、活躍した。

02 唐の動揺 ★★

① **武韋の禍**…3代高宗の死後、皇后の**武則天(則天武后)**は、子の中宗らを廃位してみずから皇帝となり、国号を周(690〜705)とした。武后の晩年に復位し

通史編

第1章 諸地域の歴史的特質

第2章 諸地域の交流・再編

第3章 諸地域の結合・変容

第4章 地球世界の課題

テーマ史編

唐を復活させた中宗は，皇后の韋后によって毒殺され，韋后は皇帝に即位しようとしたが失敗した。

② 「開元の治」(713〜741)… 6 代玄宗は政治の刷新につとめ，その前半は，農民の生活が安定して文化も栄え「開元の治」とよばれる善政の時代であった。農民を苦しめた府兵制は募兵制に改められた。また，辺境の防備のために設置された節度使は，玄宗の時代に10節度使となった。しかし後半になると，均田農民の没落により均田制・租調庸制がくずれるなど，社会は混乱した。

③ 安史の乱(755〜763)…玄宗の晩年，楊貴妃の一族が実権をにぎると，これに反発した節度使の安禄山は部下の史思明とともに安史の乱をおこした。反乱はウイグルの援助を得て鎮圧されたが，乱後は節度使が藩鎮として地方の権力をにぎり，自立化する動きをみせた。

④ 唐の滅亡…唐は財政再建のため，宰相楊炎の献策により，租調庸制にかわって両税法を施行した。土地制度では，均田制にかわって荘園制が発達した。875年，塩の密売商人への取りしまりの強化から黄巣の乱がおこり，907年，唐は節度使の朱全忠によって滅ぼされた。

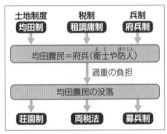

▲唐の諸制度の変化

> 重要ファイル •均田制→荘園制，租調庸制→両税法，府兵制→募兵制へと移行した。
> CHECK •唐建国→貞観の治→武韋の禍→開元の治→安史の乱→黄巣の乱→唐滅亡。

03 五代十国(907〜979) ★★

907年，唐を滅ぼした朱全忠は，汴州(開封)を都に後梁を建国した。以後，華北では 5 つの王朝(後梁・後唐・後晋・後漢・後周)が交替し，周辺では10ほどの国が興亡した。5 王朝のうち，キタイの援助をうけて成立した後晋は，その代償として燕雲十六州を割譲した。

五代十国時代，貴族の没落はますます激しくなり，貴族にかわって台頭した新興の地主層は，土地を小作人(佃戸)に貸して小作料をとる経営で経済力を伸ばした。

▲五代十国

□① 旧石器時代に描かれた洞穴絵画が, フランスの a や
スペインの b で発見されている。

a ラスコー
b アルタミラ

□② 古代メソポタミアでは, □□□人がウルやウルクなどの
都市国家を建設した。

シュメール

□③ エジプト新王国時代, a (イクナートン)が宗教改革
をおこなった影響で, 写実的な b 美術が生まれた。

a アメンホテプ4世
b アマルナ

□④ □□□人は交易で栄え, カルタゴなどの植民市を建てた。

フェニキア

□⑤ 古代インドの a 人は, 聖典ヴェーダをもとに b
教を創始した。

a アーリヤ
b バラモン

□⑥ 中国の殷王朝では, □□□文字が使われた。

甲骨

□⑦ 中国の戦国時代には, 「□□□」とよばれる韓・魏・趙・
斉・燕・楚・秦の国々が並び立ち, 争乱となった。

戦国の七雄

□⑧ 儒家の a は性善説を説き, 道家の老子と b は
「無為自然」を説いた。

a 孟子
b 荘子

□⑨ ユカタン半島に成立した a 文明は4～9世紀に, メ
キシコ高原に成立した b 王国は14～16世紀に栄えた。

a マヤ
b アステカ

□⑩ 北アフリカの a 王国は, アッシリアの侵攻をうけて,
前7世紀に都を b に移した。

a クシュ
b メロエ

□⑪ 前7世紀ごろ, 黒海沿岸に成立した□□□は, 動物文様
をもつ馬具や武器を残した。

スキタイ

□⑫ 中央ユーラシアでは前3世紀末, a が冒頓単于の下
で強大化し, 中国の b を圧迫した。

a 匈奴
b 漢(前漢)

□⑬ 前221年に中国を統一した秦の a は, 中央から派遣
した官僚に全国を統治させる b を施行した。

a 始皇帝
b 郡県制

□⑭ 前202年, □□□(高祖)が漢(前漢)を建国した。

劉邦

□⑮ 漢の武帝は匈奴撃退のため□□□を大月氏に派遣した。

張騫

□⑯ 後8年, 前漢末の外戚の王莽が a を建国したが,
b などの農民反乱によって, わずか15年で滅んだ。

a 新
b 赤眉の乱

□⑰ 後25年, 漢の一族の a が漢(後漢)を建国し, 皇帝に
即位して b と名乗った。

a 劉秀
b 光武帝

□⑱ 前漢の時代, 司馬遷は紀伝体の歴史書『□□□』を著した。

史記

通史編

第1章 諸地域の歴史的特質

第2章 諸地域の交流・再編

第3章 諸地域の結合・変容

第4章 地球世界の課題

テーマ史編

□⑲ 220～280年, 中国は＿＿＿の三国が争う時代が続いた。　魏・呉・蜀

□⑳ 北魏は, 農民に土地を給付する＿＿＿を実施した。　均田制

□㉑ 朝鮮半島では, 313年に＿＿＿が楽浪郡を滅ぼした。　高句麗

□㉒ 隋では, 官吏登用制度に＿＿＿が導入された。　科挙

□㉓ 唐は, ＿a＿という３つの税制を導入し, 征服地には６　a 租・調・庸
つの＿b＿をおいて間接統治をおこなった。　b 都護府

□㉔ 唐では,「詩仙」とよばれる＿＿＿が優れた詩を残した。　李白

□㉕ ６世紀半ば, トルコ系遊牧民が柔然を滅ぼし, ＿＿＿を　突厥
建てた。

□㉖ 875年に＿＿＿がおこり, 唐はやがて朱全忠に滅ぼされた。　黄巣の乱

✐ 思考力問題にTRY

✓歴史研究にはさまざまな資料を用いるが, 資料もまた歴史の中で生み出されたものであり, それ自身が研究の対象である。司馬遷の『史記』について述べた次の文章の下線部に関し, 司馬遷による批判の対象となったと考えられる政策を, あとのア～エから１つ選べ。【共通テスト－改】

　　『史記』は正史(正統なものと公認された紀伝体の歴史書)の祖とされるものの, そこに記された内容が, まったく紛れもない事実だったとは限らない。……正史編纂の多くが国家事業だったのに対し,『史記』はあくまで司馬遷個人が著した書物であり, したがって素材となる資料の収集は司馬遷が独自におこなったもので, 収集の範囲にはおのずと限界があった。だが個人の著述であるがゆえに,『史記』には司馬遷自身の見識が込められており, 形式化した後代の正史とは一線を画している。例えば, 中国では伝統的に商人が蔑視されるが, 司馬遷は自由な経済活動を重んじ, 著名な商人の列伝を『史記』の中に設けている。これは彼が生きた時代におこなわれていた政策への, 司馬遷なりの批判の表明でもあった。

ア 諸侯の権力を削減したため, それに抵抗する諸侯の反乱をまねいた。

イ 平準法を実施して, 国家による物価の統制をはかった。

ウ 董仲舒の提言をうけ入れて, 儒教を官学化した。

エ 三長制を実施して, 土地や農民の把握をはかった。

解説 下線部には,「彼が生きた時代におこなわれていた政策」とある。司馬遷が生きた時代は, 漢(前漢)。また,「司馬遷は自由な経済活動を重んじ」とあることから, 前漢でおこなわれていた, 自由な経済活動を制限する政策が正解となる。前漢の武帝は, 均輸・平準の政策を進め, 物価を統制した(→ p.15)。

解答 イ

通史編

中央ユーラシア

東アジア

日本

南・東南アジア

西アジア

ヨーロッパ

アメリカ

アフリカ

第1章 諸地域の歴史的特質 10. インドの新宗教と統一国家の成立

入試重要度 B

01 都市国家の成長 ★★

　前6世紀ごろ，ガンジス川中流域を中心に都市国家がいくつも生まれ，コーサラ国，続いて**マガダ国**が有力となった。

02 新宗教の成立 ★★

　都市国家の社会的・経済的発展を背景に，新たな思想や宗教が生まれた。**ウパニシャッド哲学❶**は，祭式至上主義のバラモン教への批判から生まれ，のちのヒンドゥー教哲学の基礎となった。

　前5世紀，**ガウタマ=シッダールタ❷**は**仏教**を創始した。仏教は，ヴァルナ制を否定し，慈悲や輪廻転生からの解脱を説いて，クシャトリヤやヴァイシャに支持された。**ヴァルダマーナ**(マハーヴィーラ)がはじめた**ジャイナ教**は，不殺生と苦行を説いて，商人に支持された。

> **重要ファイル**
> CHECK
> ・バラモン教に対する批判の中からウパニシャッド哲学が生まれた。
> ・ガウタマ=シッダールタが仏教，ヴァルダマーナがジャイナ教を創始した。

03 統一国家の形成 ★★

① **マウリヤ朝**(前317ごろ〜前180ごろ)…前4世紀に**アレクサンドロス大王**の侵入をうけ，その直後に**チャンドラグプタ王**がマガダ国を滅ぼして建国した。都はパータリプトラ。最盛期の**アショーカ王**の時代，王は**ダルマ(法)**によって統治し，国家の安定につとめた。仏教に帰依した王は，**石柱碑**や**磨崖碑**，**ストゥーパ(仏塔)**を各地に建立し，仏教経典の編纂(**仏典結集**)を援助し，スリランカ❸(セイロン島)への海外布教もおこなった。

▲マウリヤ朝

凡例：
■ マウリヤ朝の最大領域
● 磨崖碑
■ 石柱碑

（地図中の地名）クシナガラ，サールナート，パータリプトラ，コーサラ，サーンチー，マガダ，カリンガ，ブッダガヤ，ベンガル湾，アラビア海，スリランカ

---

❶ [**ウパニシャッド哲学**] 宇宙の本体である梵(ブラフマン)と，人間存在の本質である我(アートマン)が一体であることを悟ったときに，輪廻の苦しみから解脱できると説いた。

❷ [**ガウタマ=シッダールタ**] シャカ族の王子。シャカともよばれる。尊称は**ブッダ**。

❸ [**スリランカ**] のちに**上座部仏教**の一大中心地となった。上座部仏教は**部派仏教**の一つで，厳しい戒律に従う出家僧侶のみが解脱できると説いた。

通史編

第1章 諸地域の歴史的特質

第2章 諸地域の交流・再編

第3章 諸地域の結合・変容

第4章 地球世界の課題

テーマ史編

② **クシャーナ朝（1〜3世紀）**…中央アジアの**大月氏**から独立して建国した。都はプルシャプラ。最盛期の**カニシカ王**の時代に**第4回仏典結集**がおこなわれ、ヘレニズム文化の影響をうけた**ガンダーラ美術**が発達した。また、紀元前後には**大乗仏教**が成立した。

▲クシャーナ朝と
サータヴァーハナ朝

▲グプタ朝とヴァルダナ朝

③ **サータヴァーハナ朝（前1世紀〜後3世紀）**…ドラヴィダ系民族がデカン高原に建国。ローマ帝国とのインド洋交易で栄え、仏教やバラモン教を受容した。

④ **グプタ朝（320ごろ〜550ごろ）**…**チャンドラグプタ2世**のときに最盛期をむかえた。都はパータリプトラ。グプタ朝では、バラモン教とインドの民間信仰が融合した**ヒンドゥー教❹**が社会に定着しはじめた。

⑤ **ヴァルダナ朝（606〜647）**…ハルシャ=ヴァルダナが建国した。

マウリヤ朝	クシャーナ朝	グプタ朝	ヴァルダナ朝
●第3回仏典結集 ●仏教南伝	●第4回仏典結集 ●大乗仏教成立→仏教北伝	東晋の僧法顕 来印	唐の僧玄奘 来印

▲インドの統一王朝と仏教

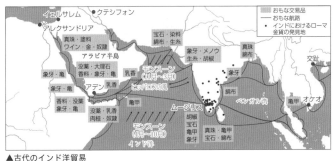

▲古代のインド洋貿易

> **重要ファイル**
> CHECK
> ●クシャーナ朝の時代に大乗仏教が成立した。
> ●グプタ朝の時代に、ヒンドゥー教が社会に定着した。

❹ [**ヒンドゥー教**] シヴァ神やヴィシュヌ神など多くの神々を信仰する多神教。

通史編

中央ユーラシア

東アジア

日本

南・東南アジア

西アジア

ヨーロッパ

アメリカ

アフリカ

11. インド古典文化と東南アジアの諸文明

入試重要度 B

01 インド古典文化 ★★

① **クシャーナ朝期**…ガンダーラ地方を中心に仏教美術(**ガンダーラ美術**)が栄えた。また，菩薩を信仰し，衆生の救済を重視する**大乗仏教**が誕生した。**ナーガールジュナ**(竜樹)は，「空」の思想を説いて大乗仏教の理論を確立した。大乗仏教に対し，旧来の仏教は**小乗仏教・部派仏教**などとよばれ，その一派は，スリランカや東南アジアに伝わり(**南伝**)，**上座部仏教**とよばれた。一方，大乗仏教は中央アジアを経て中国・朝鮮半島・日本へ伝わった(**北伝**)。

② **グプタ朝期**…仏教やジャイナ教がさかんになり，中国(東晋)から**法顕**(主著『**仏国記**』)が訪れた。また，バラモンのことばである**サンスクリット語**が公用語化されて**サンスクリット文学**が発達した。代表作として二大叙事詩の『**マハーバーラタ**』『**ラーマーヤナ**』，宮廷詩人**カーリダーサ**が書いた戯曲『**シャクンタラー**』などがある。ヴァルナが守るべき生活上の規範などを規定した『**マヌ法典**』が完成したのもこの時代である。美術では，純インド的な**グプタ様式**が成立した。代表的なものとして**アジャンター石窟寺院**，**エローラ石窟寺院**がある。

③ **ヴァルダナ朝期**…唐僧の**玄奘**や**義浄**がインドを訪れて，**ナーランダー僧院**で仏教を学んだ。

▲アジャンターの壁画

> **重要ファイル**
> CHECK
> ・大乗仏教は中国・朝鮮・日本に北伝した。
> ・上座部仏教はスリランカ・東南アジアに南伝した。

02 南インド ★★

南インドは，古くからユーラシア大陸の東西を結ぶ「**海の道**」における交易の中心であった。なかでも後期の**チョーラ朝**(前期：前3世紀ごろ〜後4世紀ごろ，後期：9〜13世紀)は，東南アジア諸国と交易をおこない繁栄した。

03 東南アジア ★★

海上貿易の拡大にともない，港市(港町)と港市国家が次々に形成された。

① **ベトナム**…前4世紀に**ドンソン文化**が発展し，前3世紀には，北部に**南越**が建国された。前111年，前漢の武帝により滅亡した。その後，中国歴代王朝

の支配が続き，唐の高宗の時代には，ハノイに安南都護府が設置された。

- ✓ 李朝（大越）（1009〜1225） 北宋から独立して建国した。都はハノイ。
- ✓ 陳朝（大越）（1225〜1400） 13世紀にモンゴル（元）軍を3度撃退した。文化的功績としてチュノム（字喃）とよばれる文字がつくられた。
- ✓ チャンパー（2世紀末〜17世紀） ベトナム中〜南部にチャム人が建国した。中国名は林邑（のち占城）。

② カンボジア…1世紀末，メコン川下流に扶南が建国され，その港オケオは貿易港として発展した。6世紀にクメール人のカンボジア（真臘）がおこり，扶南を滅ぼした。カンボジアはアンコール朝の時代に全盛期をむかえ，ヒンドゥー

▲7〜8世紀ごろの東南アジア

▲11〜12世紀ごろの東南アジア

教や仏教の影響をうけたアンコール=ワット❶が建てられた。

③ タイ…13世紀半ば，タイ人最古の王朝であるスコータイ朝がおこった。

④ ビルマ（ミャンマー）…10世紀以前，チャオプラヤ川流域にモン人が建国したドヴァーラヴァティー王国と，エーヤワディー川流域にビルマ系のピュー人が建てた国があった。11世紀にパガン朝がおこり，上座部仏教が栄えた。

⑤ インドネシア…スマトラ島に7世紀半ば，シュリーヴィジャヤがおこった。唐僧の義浄はインドからの帰路，この国に滞在して『南海寄帰内法伝』を著した。10世紀以後は，港市国家群の三仏斉が栄えた。ジャワ島では8世紀に，仏教国のシャイレンドラ朝とヒンドゥー教国のマタラム朝がおこった。シャイレンドラ朝は，仏教遺跡としてジャワ中部にボロブドゥールを残した。

> **重要ファイル** ・ベトナム北部（前漢以来，中国に服属）を除く地域は，ヒンドゥー教や仏
> **CHECK** 教などのインド文明の影響をうけた。

❶ ［アンコール=ワット］ ヒンドゥー教寺院として造営され，14世紀ごろ仏教寺院に転じた。

通史編

第1章 諸地域の歴史的特質

第2章 諸地域の交流・再編

第3章 諸地域の結合・変容

第4章 地球世界の課題

テーマ史編

第1章
諸地域の
歴史的特質

12. イラン諸国家の興亡とイラン文明

入試重要度 B

01 アケメネス朝（前550〜前330）　★★

　4王国分立後のオリエントでは，**ペルシア人**のキュロス2世がメディアを滅ぼして**アケメネス朝**を建国し，さらにリディアと新バビロニアを征服した。前525年，アケメネス朝はエジプトを征服し，オリエントは再び統一された。

▲ペルセポリスのレリーフ

① **ダレイオス1世**…アケメネス朝最盛期の王。各州に知事（**サトラップ**）を派遣して統治させ，「**王の目**」「**王の耳**」とよばれる監察官に知事を監視させた。また，都スサからサルデスまで「**王の道**」とよばれる国道をつくり，駅伝制を整備した。祭儀のための都**ペルセポリス**を造営し，貢納のために全土の諸民族から派遣された使節がこの地を訪れた。王の治世に，東はインダス川から西はエーゲ海北岸にいたる大帝国が築かれた。前5世紀前半にギリシアへ遠征するが（**ペルシア戦争**），失敗した。

② **クセルクセス1世**…ダレイオス1世の跡をついでペルシア戦争を継続したが，前480年に**サラミスの海戦**，前479年に**プラタイアの戦い**に敗北した。

③ **ダレイオス3世**…王の治世に**アレクサンドロス大王**の攻撃をうけ，前333年に**イッソスの戦い**，前331年に**アルベラの戦い**に敗退した。

> **重要ファイル**
> CHECK
> ・アケメネス朝は，ペルシア戦争（前500〜前449）で衰退し，アレクサンドロス大王の東方遠征により滅亡した。

凡例：
— ペルシアの国道（「王の道」）
／／／ アケメネス朝の成立期の領域
▨ アケメネス朝の最大領域

（地図内の地名）アラル海／黒海／カスピ海／サルデス／ダマスクス／ニネヴェ／エクバタナ／バビロン／スサ／アケメネス朝／ペルシア湾／ペルセポリス／インダス川／サイス／イェルサレム／メンフィス／ナイル川／紅海／テーベ

▲アケメネス朝の領域

02 パルティア（前248ごろ〜後224） ★ ★

イラン系遊牧民の**アルサケス**が**セレウコス朝シリア**から独立❶して建国した。中国名は安息。

前2世紀にメソポタミアを併合し、都を**クテシフォン**に定め、「絹の道」を利用した東西交易で繁栄した。前53年には第1回三頭政治のクラッスス（→ p.39）を戦死させた。

▶パルティアとササン朝

- ////// パルティアの領域（前2世紀末ごろ）
- ☐ パルティアの勢力範囲（前1世紀）
- ☐ ササン朝の領域（4世紀後半）

03 ササン朝（224〜651） ★ ★

アルダシール1世がパルティアを滅ぼして建国した。都はクテシフォン。王は、**ゾロアスター教**を国教とし、中央集権の確立をはかった。

2代**シャープール1世**は260年、ローマ帝国の軍人皇帝**ウァレリアヌス**を破って捕虜とした。6世紀には**ホスロー1世**が、トルコ系遊牧民の突厥と同盟を結んで中央ユーラシアの遊牧民**エフタル**を滅ぼした。642年、**ニハーヴァンドの戦い**でイスラーム勢力のアラブ人に敗退し、ササン朝は事実上崩壊した。

> **重要ファイル**　• パルティア・ササン朝の時代に、東西の交易・文化交流が活発化した。
> **CHECK**　• ゾロアスター教は、アケメネス朝で保護され、ササン朝で国教となった。

04 イランの文化 ★ ★

① **アケメネス朝**…ペルシア文字が作成された。宗教は**ゾロアスター教**（拝火教）で、この世を**アフラ=マズダ**（善の神）と**アーリマン**（悪の神）の戦いの場であるとした。

② **パルティア**…ペルシア語が公用語となった。

③ **ササン朝**…ゾロアスター教の教典『**アヴェスター**』が編集された。また、3世紀に**マニ教**❷が生まれた。**ササン朝美術**は、日本にも伝わり、飛鳥時代の法隆寺獅子狩文錦、奈良時代の正倉院の漆胡瓶や白瑠璃碗が代表例。

▲漆胡瓶

❶ ［**セレウコス朝シリアからの独立**］ パルティア以前に、アム川上流のギリシア人が独立して**バクトリア**（前255ごろ〜前145ごろ）を建てた。

❷ ［**マニ教**］ ゾロアスター教や仏教、キリスト教を融合した宗教。マニが創始した。

通史編

第1章 諸地域の歴史的特質

第2章 諸地域の交流・再編

第3章 諸地域の結合・変容

第4章 地球世界の課題

テーマ史編

通史編

中央ユーラシア

東アジア

日本

南・東南アジア

西アジア

ヨーロッパ

アメリカ

アフリカ

13. ポリスの成立とアテネ・スパルタ

入試重要度 A

01 ポリスの成立 ★★

　古代ギリシアでは，ミケーネ文明崩壊後の**暗黒時代**(初期鉄器時代)を経て，前8世紀ごろに**ギリシア人❶**による新しい形態の都市国家(**ポリス**)が生まれた。

① **ポリスの形成**…有力貴族の指導のもと，**アクロポリス**(城山)と**アゴラ**(広場)を中心に人々が**集住**(シノイキスモス)するようになった。

▲古代ギリシア

② **ポリスの発展**…人口の増加にともない，ギリシア人は地中海・黒海沿岸に多数の**植民市**を建設した。ネアポリス(現在のナポリ)，マッサリア(現在のマルセイユ)などが代表的。

☑**ポリスの住民**　自由人の**市民**(貴族，平民)と**奴隷**が存在した。

☑**共通の民族意識**　ポリスは互いに抗争をくり返したが，ギリシア人はデルフォイの神託などを通じて同一民族の意識をもち続けた。彼らは同族を**ヘレネス**，異民族を**バルバロイ**とよんで区別した。

02 スパルタ ★★

　ドーリア系のポリス。少数のスパルタ市民が，先住民などからなる多数の**ヘイロータイ**(隷属農民)や，商工業に従事した**ペリオイコイ**(周辺民)を支配した。伝説的な立法者**リュクルゴス**による軍国主義・鎖国政策のもと，男子は厳しいスパルタ教育をほどこされ，ギリシア最強の陸軍国が形成された。

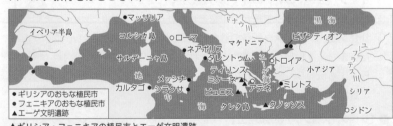

▲ギリシア・フェニキアの植民市とエーゲ文明遺跡

●ギリシアのおもな植民市
●フェニキアのおもな植民市
▲エーゲ文明遺跡

❶ [**ギリシア人**] 方言の違いからイオニア人，アイオリス人，ドーリア人に分かれていた。

03 アテネ ★★

イオニア系のポリス。前8世紀ごろ，王政から貴族政治に移行。平民は**重装歩兵❷**として軍隊の主力になると，参政権を求めて貴族と争うようになった。

① **アテネの改革**…ドラコンは，慣習法を成文化して平民に示した。**ソロン**は，負債の帳消しや**債務奴隷の禁止❸**，**財産政治❹**などをおこなった。**ペイシストラトス**は，武力で貴族政権を倒して**僭主政治**をおこなった。**クレイステネス**は，**陶片追放**(オストラキスモス)❺の制度をつくった。

② **民主政の完成**…前5世紀半ば，将軍**ペリクレス**によって完成された。成年男性市民で構成される**民会**が最高議決機関。民会に市民全員が参加する**直接民主政**だった。参政権は自費で武装できない平民(**無産市民**)にも与えられたが，奴隷や女性にはなかった。

| **貴族政治** |
| ドラコンの立法(前7C後半) |
| **財産政治** |
| ソロンの改革(前594〜) |
| **僭主政治** |
| ペイシストラトス(前561〜) |
| **民主政治** |
| クレイステネスの改革(前508〜) |
| ペリクレス時代(前443〜前429) |
| **衆愚政治** |
| ペロポネソス戦争(前431〜前404) |

▲アテネ民主政治の形態

> 🙶 **重要ファイル** CHECK
> ・ギリシアは，スパルタやアテネをはじめ，多くのポリスから成っていた。
> ・アテネで実現した民主政は，市民全員が参加する直接民主政であった。 🙷

04 ペルシア戦争(前500〜前449) ★★

ミレトスを中心とする**イオニア植民市**が，アケメネス朝(ペルシア)に対して反乱をおこし，アテネが植民市の反乱を支援したのをきっかけに，アケメネス朝との間に**ペルシア戦争**がおこった。

① **マラトンの戦い(前490)**…アテネがアケメネス朝軍を撃退した。

② **サラミスの海戦(前480)**…アテネの将軍**テミストクレス**が，アケメネス朝軍に勝利した。この海戦で**三段櫂船**のこぎ手となって活躍した無産市民が発言力を増し，のちにアテネで参政権を獲得した。

③ **プラタイアの戦い(前479)**…アテネ・スパルタ連合軍がアケメネス朝軍を破り，ペルシア戦争でのギリシアの勝利が確定した。

❷ [**重装歩兵**] 大きな丸い盾を持ち，横長の密集隊形(**ファランクス**)を組んで戦った。

❸ [**債務奴隷の禁止**] 借金を負った市民を奴隷として売ることを禁止した。

❹ [**財産政治**] 平民を財産に応じて4等級に分け，等級に応じて参政権と兵役の義務を定めた。

❺ [**陶片追放**] 僭主になるおそれのある人名を陶器の破片(オストラコン)に記入させ，6000票をこえたとき，最多得票者を10年間国外に追放するという制度。

第1章 諸地域の歴史的特質

14. ポリスの変容とヘレニズム時代

入試重要度 A

01 ポリスの変容 ★★

① **ペロポネソス戦争**（前431〜前404）…アテネ中心の**デロス同盟**対スパルタ中心のペロポネソス同盟との戦い。ペリクレスの死後，アテネはデマゴーゴス（扇動政治家）によって衆愚政治におちいり，スパルタが勝利をおさめた。

② **レウクトラの戦い**（前371）…スパルタの支配に反抗して**テーベ**がスパルタを破り，一時ギリシアを支配した。ポリス間の闘争はその後も続いた。

③ **市民の没落**…長期の戦争で市民は土地を失い，市民軍にかわって金で雇われて働く**傭兵**が流行した。

02 ヘレニズム時代（前334〜前30） ★★

① **フィリッポス2世**…マケドニア（ギリシア人の一派）の王。前338年**カイロネイアの戦い**でテーベ・アテネ連合軍に勝利し，**コリントス同盟**を締結した。

② **アレクサンドロス大王**…フィリッポス2世の子。アケメネス朝討伐のため前334年**東方遠征**に出発し，前333年**イッソスの戦い**，前331年アルベラの戦いでダレイオス3世率いるアケメネス朝軍に大勝。前330年にアケメネス朝を滅ぼし，ギリシア・エジプトからインド西北部にまたがる大帝国を建国した。

> **重要ファイル**
> CHECK
> • ペロポネソス戦争以降，ギリシアは内戦が続き，弱体化した。
> • 前4世紀後半，マケドニアがギリシアの覇権をにぎり，アレクサンドロス大王が大帝国を建設した。

▲アレクサンドロス大王の帝国とヘレニズム時代の3王国

通史編

第1章 諸地域の歴史的特質

第2章 諸地域の交流・再編

第3章 諸地域の結合・変容

第4章 地球世界の課題

テーマ史編

✔**アレクサンドリア市** 東方遠征中に各地に建設された，大王自身の名を冠した都市。ここを拠点にギリシア文化が広まり，東西文化の融合が進んだ。なかでもエジプトの**アレクサンドリア**は経済・文化の中心地として栄えた。

③ **ヘレニズム3王国**…大王の死後，ディアドコイ(後継者)たちの領土をめぐる争いの末，西アジアに**セレウコス朝シリア**，北東アフリカに**プトレマイオス朝エジプト**，ギリシアに**アンティゴノス朝マケドニア**が成立した。

アレクサンドロスの帝国

→ **セレウコス朝**(シリア王国，前312～前64)

→ **プトレマイオス朝**(エジプト王国，前304～前30)

→ **アンティゴノス朝**(マケドニア王国，前276～前168)

→ ローマによる征服

▲ヘレニズム3王国の展開

❝ **重要ファイル** CHECK ・アレクサンドロス大王の東方遠征から，プトレマイオス朝エジプトの滅亡までの約300年間をヘレニズム時代という。 ❞

03 ヘレニズム文化 ★★

ヘレニズム時代，ギリシアとオリエントの要素が融合した文化が生まれた。

① **哲学**…それまでのポリス中心主義から，個人主義や**世界市民主義**(コスモポリタニズム)の傾向が生じた。

▲ミロのヴィーナス

ストア派 (禁欲主義)	**ゼノン**が創始。欲望は理性をもって制御すべきであり，幸福はその中にあると説いた。
エピクロス派 (快楽主義)	**エピクロス**が創始。心の平静こそ理想的境地であり，肉体の快楽ではなく，精神的快楽を追求した。

② **自然科学**…**エウクレイデス**(平面幾何学)，**アルキメデス**(浮体の原理)，**アリスタルコス**(太陽中心説)，**エラトステネス**(地球の円周を計測)らが活躍した。**コイネー**とよばれるギリシア語が共通語となり，エジプトのアレクサンドリアの王立研究所(**ムセイオン❶**)で科学の研究が進んだ。

③ **彫刻**…ミロス島で出土した「**ミロのヴィーナス**」，「ラオコーン」など。

❶ [**ムセイオン**] エウクレイデスやアルキメデスなどのすぐれた学者を輩出した。

第1章　諸地域の歴史的特質

15. ギリシアと文化

入試重要度 **A**

01　ギリシアの文化　★★

　　ギリシア文化は，ポリスを基盤に自由な気風の中で形成され，のちのローマの文化に影響を与えた。ギリシアでは哲学が発達し，前6世紀に，イオニア地方のミレトスを中心に**イオニア自然哲学**がおこり，のちに**ソフィスト**（職業教師）や，三大哲学者（**ソクラテス・プラトン・アリストテレス**）が輩出した。アリストテレスの哲学は，のちのイスラーム哲学や，中世ヨーロッパのスコラ学に大きな影響を与えた。

① **宗教**…個性豊かな**オリンポス12神**❶らの神々が信仰され，神話がつくられた。

② **自然哲学**…万物の根源を合理的に説明しようとする学問がおこった。

タレス	万物の根源は**水**と考えた。
ピタゴラス	万物の根源は**数**。「ピタゴラスの定理」を発見した。
ヘラクレイトス	万物の根源は**火**。「**万物は流転する**」と説いた。
デモクリトス	万物の根源は**原子**と考えた。

③ **文学**…**ホメロス**は，トロイア戦争での英雄たちの活躍を描いた『**イリアス**』『**オデュッセイア**』を著した。**ヘシオドス**は，『労働と日々』を著し，神々の系譜を『**神統記**』に著した。唯一の女流詩人として，**サッフォー**がいる。

④ **演劇**…悲劇では，「三大悲劇詩人」の**アイスキュロス**（『アガメムノン』），**ソフォクレス**（『オイディプス王』），**エウリピデス**（『メデイア』）が活躍した。喜劇では，**アリストファネス**が『**女の平和**』を著した。前4世紀に建設された大劇場がエピダウロスに現存する。

▲エピダウロスの劇場

⑤ **歴史**…**ヘロドトス**は主著『歴史』でペルシア戦争史を物語風に著し，**トゥキディデス**は主著『歴史』でペロポネソス戦争史を厳密な史料批判にもとづいて記述した。

❶ ［**オリンポス12神**］　主神ゼウス，知恵の女神アテナ，太陽神アポロン，愛と美の女神アフロディテなどの神々がいた。神々は，人間と同じ姿や感情をもつとされた。

⑥ **ソフィスト**…民主政最盛期のアテネで活躍した弁論術の教師。**プロタゴラス**は「**人間は万物の尺度**」と主張した。

⑦ **ギリシアの三大哲学者**

ソクラテス	「無知の知」（みずからが無知であることを知ること）を自覚し，普遍的真理，知徳合一を主張した。衆愚政治時代に死刑判決をうけて刑死した。
プラトン	現実世界は永遠不変のイデア（観念）の影にすぎないと主張。主著『国家』で，哲人（哲学者）が統治する理想的な国家のあり方を説いた。アカデメイア（学園）を創設した。
アリストテレス	哲学のみならず諸学を集大成し，「万学の祖」とよばれる。少年期のアレクサンドロス大王の家庭教師となり，のちに学園リュケイオンを設立。主著『政治学』において，「**人間はポリス的動物である**」と述べた。

⑧ **医学**…「西洋医学の祖」といわれる**ヒッポクラテス**など。

⑨ **彫刻**…パルテノン神殿の「アテナ女神像」を製作した**フェイディアス**，「ヘルメス神像」を製作したプラクシテレスなど。

⑩ **建築**…おもに柱の様式により，3つに分類される。

ドーリア式	ギリシア初期。装飾が少なく，荘厳で力強い。代表作は，アテネのアクロポリスの丘に立つ**パルテノン神殿**。
イオニア式	ギリシア中期。柱頭に渦巻装飾があり，優雅。
コリント式	ギリシア後期。華麗・繊細。

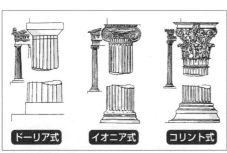

▲柱の建築様式の違い

▲パルテノン神殿

通史編

第1章 諸地域の歴史的特質

第2章 諸地域の交流・再編

第3章 諸地域の結合・変容

第4章 地球世界の課題

テーマ史編

通史編

中央ユーラシア

東アジア

日本

南・東南アジア

西アジア

ヨーロッパ

アメリカ

アフリカ

第**1**章
諸地域の
歴史的特質

16. 都市国家ローマの成立と三頭政治

入試重要度 **A**

01 王政 ★★

ローマは，イタリア人の一派の**ラテン人**が，前753年にティベル河畔（かはん）で建国したとされる都市国家である。やがて先住民の**エトルリア人**による王政がはじまったが，前6世紀末に王を追放して**共和政**となった。

02 共和政（前509～前27） ★★

① **貴族と平民**…国政の根幹を成していた**コンスル**（執政官）や**元老院**（げんろういん）は，**貴族**（パトリキ）が独占していた。非常時には**独裁官**（ディクタトル）が独裁権を行使できた。**平民**（プレブス）は，参政権を要求して貴族と対立した。

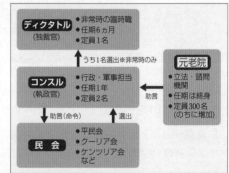

▲ローマ共和政のしくみ

② **身分闘争**…前5世紀前半，平民保護のための**護民官**と，平民だけの民会である**平民会**が設置された。前5世紀半ばには，ローマ最古の成文法である**十二表法**がつくられた。やがて執政官職が平民にも開放され（**リキニウス・セクスティウス法**），平民会の決議が元老院の承認を得ずとも国法として認められるようになった（**ホルテンシウス法**）。こうして貴族と平民は法の上で平等となったが，一部の富裕な平民が貴族とともに新しい支配階層（**ノビレス**）を形成したため，ローマではアテネのような民主政は実現しなかった。

③ **イタリア半島の統一**…前3世紀前半，ローマは半島南部のギリシア人植民市を征服し，イタリア半島を統一。征服都市を植民市・自治市・同盟市などに分ける**分割統治**を実施した。

▲イタリア半島

通史編

第1章 諸地域の歴史的特質

第2章 諸地域の交流・再編

第3章 諸地域の結合・変容

第4章 地球世界の課題

テーマ史編

03　ポエニ戦争（前264〜前146）　★★

　　ローマとフェニキア人植民市**カルタゴ**が，西地中海の覇権をめぐって対立し，3回にわたる**ポエニ戦争**がおこった。初回はローマが勝利し，最初の属州として**シチリア島**を獲得した。第2回目で，ローマはカルタゴの将軍**ハンニバル**に大敗したがもちこたえ，**スキピオ**の活躍などで再び勝利した。ローマは前2世紀半ばにカルタゴを滅ぼし，マケドニアとギリシア諸都市を支配下におさめた。

04　社会の変質　★★

　　ポエニ戦争でローマは広大な征服地（**属州**）と戦争捕虜を獲得した。これにより，貴族や騎士らが多数の捕虜を**奴隷**として使用する大土地所有制（**ラティフンディア**）が成立した。大土地所有制の発達は一方で中小農民の没落をまねき，重装歩兵も弱体化した。護民官の**グラックス兄弟**は改革をおこなって大土地所有の制限をはかったが，失敗。以後，ローマは「**内乱の1世紀**」をむかえた。

05　内乱の1世紀　★★

　　前1世紀ごろ，平民派の**マリウス**と閥族派の**スラ**の抗争がおこった。前91年からの**同盟市戦争**の結果，イタリア半島の全自由民に**ローマ市民権**が与えられた。前73年には，剣闘士（剣奴）**スパルタクス**が指導する反乱がおこった。

① **第1回三頭政治（前60〜前53）**…ポンペイウス・カエサル・クラッススがおこなった。その後，カエサルは，ガリア遠征を成功させ，ポンペイウス軍を平定して独裁権を獲得したが，ブルートゥスらの共和派に暗殺された。

② **第2回三頭政治**…前43年，**アントニウス ・ レピドゥス ・ オクタウィアヌス**がおこなった。その後，**オクタウィアヌス**は，アントニウスとプトレマイオス朝の女王**クレオパトラ**の連合軍を**アクティウムの海戦**（前31）で撃破した。翌年プトレマイオス朝は滅亡し，地中海周辺はローマによって統一された。

王政	共和政					
			ポエニ戦争	グラックス兄弟の改革	内乱の1世紀	
エトルリア人の王政（前7Cころ）	護民官・平民会の設置（前5C初）／十二表法（前5Cなかば）／リキニウス・セクスティウス法（前367）／ホルテンシウス法（前287）／イタリア半島統一（前272）	シチリア島獲得（前241）／カンネーの戦い（前216）／ザマの戦い（前202）		グラックス兄弟の改革（前133〜前122）	同盟市戦争（前91〜前88）／スパルタクスの反乱（前73〜前71）／第1回三頭政治（前60〜前53）／カエサルのガリア遠征（前58〜前51）／カエサルの独裁（前46〜前44）／第2回三頭政治（前43）／アクティウムの海戦（前31）	

▲ローマ共和政の歩み

通史編

中央ユーラシア

東アジア

日本

南・東南アジア

西アジア

ヨーロッパ

アメリカ

アフリカ

第1章
諸地域の
歴史的特質

17. ローマ帝国の分裂とキリスト教

入試重要度 A

01 元首政(プリンキパトゥス)(前27〜後284) ★★

前27年，オクタウィアヌスは元老院からアウグストゥス(尊厳者)の称号を贈られ，帝政時代がはじまった。オクタウィアヌスは市民の中の第一人者(プリンケプス)を自称したが，その統治は元首政(プリンキパトゥス)とよばれ，事実上の帝政だった。

▲ローマ帝国の発展

地図中のラベル：
トイトブルク森の戦い (後9)
カンネーの戦い (前216)
アクティウムの海戦
ザマの戦い
ブリタニア
ロンディニウム(ロンドン)
ルテティア(パリ)
ガリア
マッサリア(マルセイユ)
ヒスパニア
カルタゴ(前202)
(前31)
ゲルマニア
ウィンドボナ(ウィーン)
ダキア
黒海
マケドニア
ビザンティウム
シラクサ スパルタ
アテネ エフェソス
地中海
アレクサンドリア
エジプト メンフィス
カスピ海
アルメニア クテシフォン
パルティア
ダマスクス
イェルサレム

■ 前133年ごろの領土
□ 後14年までの領土
■ トラヤヌス帝時代(98〜117)の最大領域

02 五賢帝時代(96〜180) ★★

96年から，5人の皇帝(五賢帝)によるローマ帝国の最盛期が続いた。元首政のはじまりから五賢帝時代が終わるまでの約200年間は「ローマの平和(パクス=ロマーナ)」とよばれ，政治的安定と繁栄が続いた。

初代皇帝はネルウァ。2代トラヤヌス帝の治世に最大領土となった。3代ハドリアヌス，4代アントニヌス=ピウスと続き，5代マルクス=アウレリウス=アントニヌス(中国名は大秦王安敦)の治世末期から衰退がはじまった。

03 軍人皇帝時代(235〜284) ★★

3世紀，属州の軍団が皇帝(軍人皇帝)を立てて激しく争った。軍人皇帝の一人，ウァレリアヌスは，ササン朝のシャープール1世に敗れて捕虜となった。

同じころ，大土地所有制(ラティフンディア)は，コロヌスとよばれる隷属的小作人が大土地所有者のもとで耕作する小作制(コロナトゥス)に変化した。

04 専制君主政(ドミナトゥス) ★★

① ディオクレティアヌス帝…帝国の統治を2人の正帝と2人の副帝で分担する四帝分治制(テトラルキア)を実行した。皇帝崇拝を強要し，唯一絶対神を信じるキリスト教徒を迫害した。

通史編

第1章 諸地域の歴史的特質

第2章 諸地域の交流・再編

第3章 諸地域の結合・変容

第4章 地球世界の課題

テーマ史編

② **コンスタンティヌス帝**…313年，**ミラノ勅令**を発してキリスト教を公認し，325年にはキリスト教の教義論争を収拾するため**ニケーア公会議**を開催した。330年，ビザンティウムを**コンスタンティノープル**と改称し，首都とした。

③ **テオドシウス帝**…392年，**キリスト教を国教化**した。395年，帝国を東西に分割したため，**東ローマ帝国**(ビザンツ帝国)と**西ローマ帝国❶**が成立した。

05 キリスト教の成立 ★★

① **キリスト教**…1世紀ごろ，**ユダヤ教**を母体として**イエス**が創始した。イエスは，**救世主(メシア)**を自覚し，無差別・平等の隣人愛を説いた。一方で，パリサイ派などを形式主義だと批判したため，ユダヤ教の祭司たちはユダヤ総督ピラトに訴えた。30年ごろ，イエスは十字架にかけられ処刑された。

▲十字架上のイエス

② **使徒伝道**…イエスの教えは，第一弟子の**ペテロ**や「異邦人の使徒」とよばれる**パウロ**ら，**使徒**によって布教がおこなわれた。聖典には，『**旧約聖書**』と『**新約聖書**』がある。

③ **キリスト教の迫害**…**ネロ帝**の迫害(64年)や**ディオクレティアヌス帝**の大迫害(303年)をうけて，信者たちは地下墓地(**カタコンベ**)で礼拝をおこなった。

④ **キリスト教の公認**…313年，コンスタンティヌス帝が公認した。325年の**ニケーア公会議**では，**アタナシウス派❷**が正統とされ，**アリウス派❸**は異端とされた。431年の**エフェソス公会議**では，**ネストリウス派❹**が異端とされた。ローマ帝国末期には**五本山❺**(ごほんざん)とよばれる教会が力をもつようになった。

⑤ **教父の活躍**…キリスト教の著作家たちを**教父**という。『**教会史**』で知られる**エウセビオス**のほか，**アウグスティヌス**は『**告白録**』や『**神の国**』などの著作で正統教義の確立につとめ，中世のスコラ学に影響を与えた。

> 🔖 **重要ファイル**
> **CHECK**
> ・キリスト教は，最初迫害されたが，313年コンスタンティヌス帝により公認され，392年テオドシウス帝により国教化された。

❶ [西ローマ帝国] ゲルマン人の侵入により混乱をきたし，476年に滅亡した(→p.46)。

❷ [アタナシウス派] 神とキリストと聖霊は一体であるという三位一体説をとなえた。

❸ [アリウス派] キリストは人間であり，神とは別の存在のものととなえた。

❹ [ネストリウス派] キリストの神性と人性とを分離して考えた。

❺ [五本山] ローマ・コンスタンティノープル・アンティオキア・イェルサレム・アレクサンドリアの5教会をいう。

通史編

中央ユーラシア

東アジア

日本

南・東南アジア

西アジア

ヨーロッパ

アメリカ

アフリカ

第1章 諸地域の歴史的特質

18. ローマの社会と文化

入試重要度 **A**

01 古代ローマの社会 ★★

　紀元前後のローマには100万人もの人々が暮らしていた。没落した中小農民は無産市民として多くがローマに流入し,「**パンと見世物**」を楽しみに生きていた。都市には神殿・軍道・水道橋・闘技場・浴場など巨大な公共建造物がつくられたが, これらはローマ独自のすぐれた実用的文化のあらわれともいえる。

02 古代ローマの文化 ★★

① **言語**…ローマ字がつくられ, 話し言葉である**ラテン語**が普及した。ラテン語は, 中世ヨーロッパ世界の共通語となった。

② **宗教**…ギリシアと同様, 多神教であった。帝政時代にはミトラ教やマニ教などの神秘的宗教も伝わったが, のちにキリスト教が国教となった。

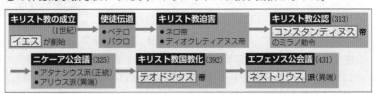

▲キリスト教の発展

③ **文学**…ラテン語で書かれた作品を**ラテン文学**といい, ローマ建国叙事詩『**アエネイス**』を著した**ウェルギリウス**をはじめ, **ホラティウス**(『叙情詩集』),**オウィディウス**(『転身譜』『恋の技法』)らが活躍した。

④ **歴史書・地理誌**

ポリビオス	**政体循環史観❶**をとなえ,『**歴史**』を著した。
リウィウス	主著『ローマ建国史』
カエサル	第1回三頭政治の政治家で,『ガリア戦記』を著した。
タキトゥス	主著『ゲルマニア』『年代記』
プルタルコス	ギリシア・ローマの英雄を比較した『対比列伝』を著した。
ストラボン	主著『地理誌』

⑤ **弁論術**…ローマ最大の弁論家は**キケロ**(主著『国家論』)。

❶ [政体循環史観] 政体が循環する中で抗争をくり返したギリシアのポリスに対し, ローマは王政, 貴族政, 民主政の要素をもつ混合政体であったため興隆できたという説。

通史編

第1章 諸地域の歴史的特質

第2章 諸地域の交流・再編

第3章 諸地域の結合・変容

第4章 地球世界の課題

テーマ史編

⑥ **ストア派哲学**…禁欲主義のストア派哲学が全盛をきわめ，暴君ネロの家庭教師をつとめた**セネカ**（『幸福論』）や，解放奴隷出身の**エピクテトス**らが活躍した。五賢帝の1人である**マルクス＝アウレリウス＝アントニヌス**は「哲人皇帝」ともよばれ，ストア派哲学者としても有名である（主著『**自省録**』）。

⑦ **暦**…カエサルは，エジプトの太陽暦を修正した**ユリウス暦**を制定した。この暦は，1582年にグレゴリウス暦が制定されるまで使用された。

> **カラカラ帝の勅令**(212年)
> 私がローマ帝国の全自由民（降伏者を除く）に市民権を付与するのは，私の国民は不幸のみならず勝利についても共にわかちあうべきものと考えるからである。
> （『西洋史料集成』，一部要約）

⑧ **自然科学**…**プトレマイオス**が天動説を主張した。天動説は，地動説をとなえたコペルニクス以前の宇宙観となり，イスラーム世界を経て中世ヨーロッパに伝わった。また，**プリニウス**は自然科学を集大成し，百科全書である『**博物誌**』を著した。

⑨ **法律**…十二表法が起源の**ローマ法**は**市民法❷**であったが，212年に**カラカラ帝**が帝国の全自由民にローマ市民権を与える**万民法❸**に成長した。6世紀にビザンツ（東ローマ）帝国のユスティニアヌス大帝は，法学者の**トリボニアヌス**らに命じて，ローマ法の集大成である『**ローマ法大全**』を編纂させた。

▲ガール水道橋

⑩ **土木・建築**…高度な技術で多大な功績を残した。

パンテオン（万神殿）	ローマの神々をまつった神殿。ハドリアヌスが改築したローマのものが有名。
コロッセウム	ローマの円形闘技場。剣闘士の試合などがおこなわれた。
凱旋門	ローマにあるコンスタンティヌス帝の凱旋門が有名。
軍道	ローマを中心に整備され，商業活動にも利用された。**アッピア街道**はローマ最古の軍用道路である。
ガール水道橋	南フランスにつくられた水道橋。
公衆浴場	カラカラ帝によって建造された**カラカラ浴場**が有名。

" 重要ファイル
CHECK
● ローマの文化は，法律・建築・土木において独創性を発揮した。
● ローマは，支配下の地中海世界にギリシア・ローマの古典文化を広めた。**"**

❷［市民法］ ローマ市民にのみ適用される法。
❸［万民法］ ローマ帝国領に住むすべての人民に適用される法。

通史編

中央ユーラシア

東アジア

日本

南・東南アジア

西アジア

ヨーロッパ

アメリカ

アフリカ

19. イスラーム世界の形成

入試重要度 B

01 ムハンマド時代 ★★

① **イスラーム教の成立**…メッカのクライシュ族のハーシム家に生まれた商人**ムハンマド**は，唯一神アッラーの啓示をうけた**預言者**であると自覚し，610年ごろ，イスラーム教を創始した。

② **ヒジュラ（聖遷）**…ムハンマドはメッカの大商人による迫害をうけ，622年に**メディナ**にのがれ，イスラーム教徒（**ムスリム**）の共同体（**ウンマ**）を形成した。この移住を**ヒジュラ（聖遷）**という。630年，ムハンマドはメッカを征服し，**カーバ神殿**を聖殿と定め，その後アラビア半島の大部分を統一した。

③ **イスラーム教の特色**…イスラーム教は，唯一神アッラーへの絶対的服従を説く厳格な**一神教**である。イスラーム教では神の前の平等を説き，**偶像崇拝を禁止**している。また，ムスリムには**六信五行❶**の義務を課している。聖典は『**コーラン（クルアーン）**』で，**アラビア語**で記されている。

> **重要ファイル**　・イスラーム教は，ムハンマドが創始した，唯一神アッラーを信奉する厳
> CHECK　　　格な一神教である。

02 正統カリフ時代（632〜661） ★★

　ムハンマドの死後，**アブー＝バクル**が初代**カリフ**（後継者）に選出された。2代カリフのウマルは，異教徒に対する征服活動（**ジハード〈聖戦〉**）をおこない，西方ではエジプトやシリアを獲得し，東方では642年の**ニハーヴァ**

トゥール・ポワティエ間の戦い
(732)　×　フランク
コルドバ　　王国
　　　　　　　コンスタンティノープル
　　　　　ビザンツ帝国
　　　　　　ダマスクス
　　　アレクサンドリア　イェルサレム
タラス河畔の戦い
(751)　　　　　　唐
　　　サマルカンド
　　　　　　カーブル
　　　ニハーヴァンド
　　　の戦い
　　　　　(642)
バグダード
　　　メディナ
　　　メッカ

■ムハンマド時代の領域
■正統カリフ時代に加えられた領域
■アッバース朝の領域
■後ウマイヤ朝の領域

▲イスラーム世界の拡大

ンドの戦いでササン朝を実質的に滅ぼした。4代カリフの**アリー**は，シリア総督の**ムアーウィヤ**と対立しているさなか，暗殺された。

---

❶ **[六信五行]**　六信とは神・天使・啓典・預言者たち・来世・神の予定を信じること。五行とは信仰告白・礼拝・喜捨・断食・メッカ巡礼を実践すること。

通史編

第1章 諸地域の歴史的特質

第2章 諸地域の交流・再編

第3章 諸地域の結合・変容

第4章 地球世界の課題

テーマ史編

03 ウマイヤ朝(661〜750) ★★

① **ウマイヤ朝の発展**…ムアーウィヤは，661年ウマイヤ朝を創始し，ダマスクスに都を定め，カリフ位を世襲する体制を確立した。ウマイヤ朝を支持する人々はのちに**スンナ派**とよばれるようになった。711年，ウマイヤ朝はイベリア半島の西ゴート王国を滅ぼし，その後フランク王国に侵入したが，732年の**トゥール・ポワティエ間の戦い**に敗れ，後退した。

② **地租・人頭税**…征服した地の非アラブ人はたとえイスラーム教に改宗しても地租(**ハラージュ**)と人頭税(**ジズヤ**)を課せられ，不満が高まった。

04 アッバース朝(750〜1258) ★★

① **アッバース朝の建国〜最盛期**…750年，アッバース家は**シーア派**[2]や非アラブ人改宗者の不満勢力を利用してウマイヤ朝を滅ぼし，アッバース朝を開いた。首都は**バグダード**。5代**ハールーン=アッラシード**の治世に最盛期をむかえたが，治世晩年には各地で反乱があいついだ。

② **アラブ人特権の廃止**…イスラーム教徒であれば，アラブ人以外でも人頭税を免除され，土地をもつ場合はアラブ人でも地租を課せられた。

	ウマイヤ朝 (アラブ帝国)	アッバース朝 (イスラーム帝国)
アラブ人	喜捨	ハラージュ
マワーリー (非アラブのムスリム)	ジズヤ(人頭税) ハラージュ(地租)	ハラージュ
ズィンミー (非ムスリム)	ジズヤ ハラージュ	ジズヤ ハラージュ

▲税の体系

05 イスラーム帝国の分裂 ★★

　10世紀ごろ，イスラーム世界は3人のカリフ(アッバース朝・後ウマイヤ朝・**ファーティマ朝**)による分裂状態となり，さらに，ブワイフ朝も出現した。

① **後ウマイヤ朝(756〜1031)**…ウマイヤ朝の滅亡後，一族がイベリア半島に逃れて建国した。首都コルドバ。カリフを自称した。

② **ファーティマ朝(909〜1171)**…シーア派の急進的な一派がチュニジアに建国した。エジプトに進出し，969年首都**カイロ**を建設。カリフを自称した。

③ **ブワイフ朝(932〜1062)**…シーア派がイランに建国した軍事政権。946年，バグダードに入城し，アッバース朝のカリフから**大アミール**(大総督)に任命された。軍人や官僚に土地の管理と徴税権を与える**イクター制**を開始した。

----

[2]［**シーア派**］　アリーとその子孫のみがムハンマドの正統な後継者だとする宗派。代々のカリフを正統とする多数派の**スンナ派**と対立した。

第1章 諸地域の歴史的特質

20. ゲルマン人の大移動とフランク王国の発展

入試重要度 B

01 大移動前のゲルマン人 ★ ★

① **初期のゲルマン人**…バルト海沿岸を原住地とし，アルプス山脈以北の**ケルト人**を圧迫しながら次第に南下し，ローマ帝国と接するようになった。

② **ゲルマン人の社会**…貴族・平民・奴隷の身分差があり，重要な決定は成年男性自由人による**民会**で決定された。

③ **重要史料**…カエサルの『ガリア戦記』，タキトゥスの『**ゲルマニア**』など。

02 ゲルマン人の大移動 ★ ★

① **大移動の開始**… 4 世紀後半，アジア系の**フン人**が西進し，ゲルマン人の一派である**東ゴート人**の大半を征服した。フン人の西進をおそれた**西ゴート人**が，375年に南下をはじめ，ローマ帝国領内に移住すると，ゲルマン諸部族が移動を開始した。

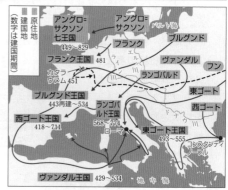

▲ゲルマン諸部族の移動と建国

② **フン人の大帝国**… 5 世紀前半にフン人の**アッティラ王**がパンノニア(現在のハンガリー)付近に建国した。451年，カタラウヌムの戦いで西ローマ帝国とゲルマンの連合軍に敗退し，のちに崩壊した。

③ **西ローマ帝国の滅亡**…476年，西ローマ皇帝はゲルマン人傭兵隊長**オドアケル**によって退位させられ，西ローマ帝国は滅亡した。

④ **ゲルマン諸部族の建国**…東ゴート王国滅亡(555年)の後，北イタリアでの**ランゴバルド王国**の建国(568年)で，ゲルマン人の民族大移動は終息した。

西ゴート人	アラリック王が一時ローマを占領(410年)。その後イベリア半島に移動し建国した。イスラーム勢力により滅亡。
ヴァンダル人	アフリカ北岸に建国した。 ビザンツ帝国のユスティニアヌス大帝により滅亡。

通史編

第1章 諸地域の歴史的特質

第2章 諸地域の交流・再編

第3章 諸地域の結合・変容

第4章 地球世界の課題

テーマ史編

東ゴート人	**テオドリック大王**がフン人の支配から脱出。オドアケルの国を滅ぼし、イタリアに建国。ユスティニアヌス大帝により滅亡。
ブルグンド人	ガリア東南部に建国した。フランク王国により滅亡。
フランク人	ガリア北部に建国した。 ゲルマン諸王国の中で最も有力で、9世紀まで存続した。
アングロ=サクソン人	5世紀、大ブリテン島に移動し、ケルト人を征服。 小国家群を形成していたが、七王国(ヘプターキー)に統合。
ランゴバルド人	東ゴート王国滅亡後、北イタリアへ移動し建国した。 フランク王国のカール大帝により滅亡。

03 ビザンツ帝国(東ローマ帝国、395〜1453)の成立 ★★

　ビザンツ帝国は皇帝による専制政治をおこない、**ギリシア正教会**を支配した。

　6世紀前半に即位した**ユスティニアヌス大帝**は、ゲルマン人国家(ヴァンダル王国・東ゴート王国)を征服し、一時的に地中海全域を支配下においた。内政では、**トリボニアヌス**に命じて『ローマ法大全』を編纂させたほか、**ハギア=ソフィア聖堂**の建立や商工業の振興に尽力し、このころ首都**コンスタンティノープル**は大いに栄えた。

▲ビザンツ帝国の領土(6世紀半ば)

04 フランク王国の建国と発展 ★★

① **メロヴィング朝(481〜751)**…メロヴィング家の**クローヴィス**が全フランク人を統一して建国した。クローヴィスはキリスト教正統派の**アタナシウス派に改宗**し、ローマ人の支持を得た。732年、宮宰**カール=マルテル**がイスラーム勢力(ウマイヤ朝)を**トゥール・ポワティエ間の戦い**で撃退した。

② **カロリング朝(751〜987)**…カール=マルテルの子**ピピン**が創始した。

▲フランク王国の発展

> **重要ファイル**　•西ゴート人の南下を機に、ゲルマン人の大移動がはじまった。
> CHECK　　　　•ビザンツ皇帝はコンスタンティノープル教会(ギリシア正教会)を支配した。

21. カトリック教会とフランク王国の分裂

中央ユーラシア

東アジア

日本

南・東南アジア

西アジア

ヨーロッパ

アメリカ

アフリカ

01 ローマ=カトリック教会の発展 ★★

① **カトリック教会とキリスト教の発展**…教皇**レオ1世❶**らはペテロを初代の**教皇**と位置づけ，ローマ教会の司教が教皇を継ぐと主張し，コンスタンティノープル教会（**ギリシア正教会**）と**首位権❷**をめぐって争った。6世紀前半，**ベネディクトゥス**は**修道院**を建て，世俗から離れて祈りと労働を重んじる戒律を修道士に課した。この修道院運動は，教育の広がりや農業技術の普及につながった。6世紀後半，教皇**グレゴリウス1世**は，ゲルマン諸族の支配者層へ聖像を利用して布教を熱心におこない，教皇の権威を高めた。

② **東西教会の対立**…西ローマ帝国崩壊後，ローマ教会はビザンツ皇帝から干渉をうけていた。726年，ビザンツ皇帝**レオン3世**が偶像崇拝を否定するイスラーム教への対抗策として**聖像禁止令**を発布すると，布教に聖像を利用するローマ教会と対立した。

③ **フランク王国との接近**…フランク王国の王位継承を認められたピピンは，イタリアのランゴバルド王国から**ラヴェンナ地方**を奪い，ローマ教皇に寄進した（教皇領の起源）。ピピンの子**カール大帝**は，アジア系の**アヴァール人**などを撃退し，西ヨーロッパを統一した。カールは全土を州に分け，地方の有力者などを長官の**伯**に任じ，**巡察使**を派遣して監督した。800年，教皇**レオ3世**はカールにローマ皇帝の帝冠を与え（**カールの戴冠**），「**西ローマ帝国**」復活を宣言した。このころのラテン語による文芸復興は**カロリング=ルネサンス**とよばれる。

④ **東西教会の分裂**…800年の教皇レオ3世によるカールの戴冠，「西ローマ帝国」復活の宣言は，ローマ教会や西ヨーロッパの政治・文化におけるビザンツ皇帝からの独立を意味した。こうして**西ヨーロッパ中世世界**が誕生した。1054年には，教皇が首長のローマ=カトリック教会と，ビザンツ皇帝が首長のギリシア正教会とが完全に分裂した。

▲カールの戴冠

❶ [**レオ1世**] ローマに侵入したフン人のアッティラの説得に成功し，ローマを破壊から救った。
❷ [**首位権**] 五本山における首位教会としての権利。ローマ教会が早くから主張した。

02 フランク王国の分裂 ★★

　フランク王国の分裂は，カール大帝の死後におきたカロリング家の相続争いが要因であった。843年の**ヴェルダン条約**で，王国は東フランク・西フランク・中部フランクに分断された。そして870年の**メルセン条約**で，北イタリアを除く中部フランクが東西フランクに分割・併合され，東西フランクとイタリアの3つに分裂した。これらはそれぞれ，のちの**ドイツ・フランス・イタリア**に発展した。

① **東フランク王国（ドイツ）**…ザクセン家の**オットー1世**が**マジャール人**やスラヴ人を討ち，北イタリア・ベーメンを制圧し，962年に教皇ヨハネス12世からローマ皇帝の帝冠をうけた。ここに**神聖ローマ帝国**が誕生した。歴代の皇帝は**イタリア政策❸**に力を注いだため，諸侯の自立化が進んだ。

② **西フランク王国（フランス）**…カロリング家断絶後の987年，パリ伯**ユーグ=カペー**が**カペー朝**を開いた。しかし，王権はパリ周辺しかおよばず，大諸侯が多数自立化した。

③ **イタリア**…カロリング家断絶の後，イスラーム勢力の侵入などで混乱が続き，北イタリアにはジェノヴァ・ヴェネツィアなどの都市が独立した。

▲ヴェルダン条約

▲メルセン条約

> 重要ファイル
> CHECK
> - レオン3世の聖像禁止令で東西教会の対立が決定的となった。
> - ヴェルダン条約・メルセン条約で，現在のドイツ・フランス・イタリアの原型ができた。
> - オットー1世の戴冠で，19世紀まで続く神聖ローマ帝国がはじまった。

❸ **[イタリア政策]** 10～13世紀，神聖ローマ皇帝が教皇や教皇領の保護を理由におこなったイタリア干渉政策。イタリアを掌握しようとしたが，失敗した。

通史編

中央ユーラシア

東アジア

日本

南・東南アジア

西アジア

ヨーロッパ

アメリカ

アフリカ

22. ヴァイキングの遠征と封建社会の成立

入試重要度 B

01 ノルマン人の活動（第2次民族移動） ★★

スカンディナヴィア半島やユトランド半島に居住していたゲルマン人の一派の**ノルマン人**（別名**ヴァイキング❶**）は，商業や略奪行為を目的に8世紀後半から海上遠征をおこない，9〜11世紀に各地へ移住をはじめた。

① **北方ルート**…アイスランドやグリーンランドへの移住。

② **東方ルート**…ドニエプル川流域のスラヴ人地域への移住。

▲9〜12世紀のヨーロッパ

このとき進出したノルマン人の一派をルーシという。

ノヴゴロド国	862年ごろ，**リューリク**が建国。ロシアの起源とされる。
キエフ公国	9世紀，ノヴゴロド公が南下し建国。次第にスラヴ化した。

③ **南方ルート**…北フランスや南イタリアへ移住，進出した。

ノルマンディー公国	911年に**ロロ**が建国。1066年にノルマンディー公ウィリアムはイングランドへ攻めこみ（**ノルマン=コンクェスト**），征服。ウィリアム1世として即位し，**ノルマン朝**を開いた（→④西方ルート）。
両シチリア王国	1130年にノルマンディー公国の一派が建国。

④ **西方ルート**…デンマーク地方のノルマン人（**デーン人**）が進出した。

アングロ=サクソン王国（イングランド）	七王国の一つウェセックスの王エグバートにより9世紀前半に統一された。9世紀末，**アルフレッド大王**はデーン人の一時撃退に成功したが，デーン人の王**クヌート**に征服された。

- -

❶ [**ヴァイキング**] 「入江の民」の意。農耕・漁業に従事し，航海術にたけ，北海・バルト海沿岸で略奪を兼ねた商業活動を展開した。

通史編

第1章 諸地域の歴史的特質

第2章 諸地域の交流・再編

第3章 諸地域の結合・変容

第4章 地球世界の課題

テーマ史編

✔**イングランド王国の成立**　デーン朝とノルマン朝が開かれた。

デーン朝 （1016〜42）	デーン人の王**クヌート**がアングロ＝サクソン王国を征服し，成立した。
ノルマン朝 （1066〜1154）	ノルマンディー公ウィリアムが**ウィリアム1世**として即位し開かれた（イングランド王国の成立）。

02　西ヨーロッパ中世の封建社会　★★

① **封建制（封建的主従関係）**…ローマの恩貸地制度❷とゲルマンの従士制❸が結びついて成立した。**封土**（領地）と軍役を媒介とする主君と家臣との**双務的契約**による主従関係で成り立つ。主君から授受された封土は**荘園**として営まれた。地方分権的な体制であった。

② **荘園制**…農奴制❹にもとづく**領主**中心の自給自足的経済システム。荘園は，領主直営地と農民保有地，入会地（農民の共同利用地）で構成されていた。領主は**不輸不入権**❺や**領主裁判権**などの特権をもち，農民を支配した。一方，農民は領主への**賦役・貢納**の義務を負った。中世の荘園では**三圃制**❻の農法が普及し，**重量有輪犂**を用いた耕作がおこなわれていた。

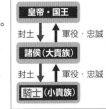

▲封建的主従関係

▲荘園制

> **重要ファイル**
> CHECK
> ● 封建制は，ローマの恩貸地制度とゲルマンの従士制を起源とし，主君と家臣との「契約」のもとに成り立つ。
> ● 西ヨーロッパ封建社会は，封建的主従関係と荘園制のもとに成り立つ。

❷ **[恩貸地制度]**　土地所有者が自らの土地を守るために，地域の有力者にその土地を献上し，改めて借りうける制度。

❸ **[従士制]**　古代ゲルマン人の慣習。貴族や自由民が，有力者から衣食・武器などを与えられて保護してもらうかわりに，従者となって忠誠を尽くす制度。

❹ **[農奴制]**　封建制度のもとでおこなわれる統治制度。領主などその土地の支配者が権力を行使して，不自由な身分である農民（農奴）を支配した。

❺ **[不輸不入権]**　荘園領主が，国王から派遣された役人の立ち入りや課税を拒否できる特権。領主はその所有地（荘園）の完全な支配者となった。

❻ **[三圃制]**　地力を保つため，耕地を春耕地・秋耕地・休耕地の3つに区分して3年で一巡する農法。旧来の二圃制にかわって普及し，19世紀初めまで続いた。

□① バラモン教への批判から生まれ，のちのヒンドゥー教哲学の基礎になった学問を□□□哲学という。 **ウパニシャッド**

□② マウリヤ朝の a 王やクシャーナ朝の b 王は仏教経典の編纂(仏典結集)をおこなった。 **a アショーカ** **b カニシカ**

□③ クシャーナ朝の時代に，仏教美術の□□□美術が栄えた。 **ガンダーラ**

□④ ベトナムでは，13世紀に陳朝(大越)がおこり，□□□とよばれる文字がつくられた。 **チュノム(字喃)**

□⑤ ビルマ(ミャンマー)では，11世紀に□□□がおこった。 **パガン朝**

□⑥ 前550年にペルシア人が建国した a はオリエントを統一し，最盛期の王 b はペルセポリスを造営した。 **a アケメネス朝** **b ダレイオス1世**

□⑦ アルダシール1世が224年に建国した a は，b 教を国教にした。 **a ササン朝** **b ゾロアスター**

□⑧ 古代ギリシアでは城山(アクロポリス)と広場(a)を中心に人々が集住し，都市国家(b)が建設された。 **a アゴラ** **b ポリス**

□⑨ スパルタでは，□□□が軍国主義の国家体制を築いた。 **リュクルゴス**

□⑩ アテネでは，政治家 a が陶片追放の制度をつくり，前5世紀半ば，将軍 b が民主政を完成させた。 **a クレイステネス** **b ペリクレス**

□⑪ 前431年，アテネとスパルタの間で□□□がおこった。 **ペロポネソス戦争**

□⑫ マケドニアの a 大王はアケメネス朝を滅ぼして大帝国を建て，東西の文化が調和した b 文化を生んだ。 **a アレクサンドロス** **b ヘレニズム**

□⑬ ゼノンの禁欲主義に対し，□□□は快楽主義を説いた。 **エピクロス**

□⑭ ヘロドトスは主著『歴史』で□□□戦争を物語風に描いた。 **ペルシア**

□⑮ 古代ギリシアの哲学者 a は「無知の知」を説き，その弟子の b はイデア論をとなえた。 **a ソクラテス** **b プラトン**

□⑯ 前264～前146年，ローマとフェニキア人植民市 a との間で，3回にわたって b 戦争がおこった。 **a カルタゴ** **b ポエニ**

□⑰ 前73年，ローマで剣闘士□□□の反乱がおこった。 **スパルタクス**

□⑱ 五賢帝時代の□□□帝の時，ローマは最大領土となった。 **トラヤヌス**

□⑲ キリスト教は，第一弟子の a や「異邦人の使徒」とよばれた b の布教によって，各地で信者を増やした。 **a ペテロ** **b パウロ**

□⑳ 第1回三頭政治の政治家□□□は『ガリア戦記』を著した。 **カエサル**

通史編

第1章 諸地域の歴史的特質

第2章 諸地域の交流・再編

第3章 諸地域の結合・変容

第4章 地球世界の課題

テーマ史編

□㉑ ローマ最大の弁論家＿＿＿は,『国家論』を著した。 | キケロ

□㉒ イスラーム教をおこした a は, 630年にアラビア半 | a ムハンマド
島の b を征服し, カーバ神殿を聖殿と定めた。 | b メッカ

□㉓ 661年, ムアーウィヤは＿＿＿朝を創始した。 | ウマイヤ

□㉔ 西ローマ帝国は476年, 軍人の＿＿＿によって滅亡した。 | オドアケル

□㉕ ビザンツ帝国(東ローマ帝国)は, 6世紀前半に即位した | ユスティニアヌス
＿＿＿大帝の時代に全盛期を迎えた。

□㉖ 800年, 教皇 a は, フランク王国の b にローマ | a レオ3世
帝国の帝冠を与えた。 | b カール大帝

□㉗ 870年の＿＿＿条約で, 今の独・仏・伊の原型ができた。 | メルセン

□㉘ 9世紀, ノヴゴロド公が南下し, ＿＿＿公国を建国した。 | キエフ

□㉙ 西ヨーロッパ中世の封建制は, ローマの a 制度とゲ | a 恩貸地
ルマンの b 制が結びついて成立した。 | b 従士

✐ 思考力問題にTRY

✓右下の貨幣は, アメリカ合衆国のクリーヴランド美術館に収蔵されている, 南アジアの金貨である。なお, 貨幣の写真は左が表側, 右が裏側である。次の文章は, この金貨について説明している。文章中の下線部について述べたa・bの正誤の組み合わせとして正しいものを, あとのア～エから1つ選べ。 【共通テスト試行調査－改】

裏側に描かれているのはインドの女神である。この貨幣を発行した王朝では, サンスクリット文学が栄え, それまで伝承されてきた法典や叙事詩が, 現在に伝わるような形へと集大成された。仏教もさかんで, ナーランダー僧院などを通じて, 中国との交流もおこなわれた。

 a 鳩摩羅什が, 中国から西域へ旅し, 仏教を広めた。

 b 法顕が, 中国からインドへ旅し,『仏国記』を著した。

ア a－正 b－正 　**イ** a－正 b－誤 　**ウ** a－誤 b－正 　**エ** a－誤 b－誤

解説 サンスクリット文学が栄えたのは, 4世紀に北インドにおこったグプタ朝である。仏教とジャイナ教がさかんになり, 多神教のヒンドゥー教も社会に定着した。このころ, 中国でも仏教が広まり, 東晋の僧・法顕がグプタ朝を訪れ, 仏教をおさめている。 a の鳩摩羅什は中央アジア出身の僧で, 父はインド人である。「中国から西域」ではなく,「西域から中国」を訪れて仏教を広め, 経典を漢訳した。

解答 ウ

ヨーロッパや南北アメリカでは，古代ギリシアに起源をもつ**ヘレニズム**と，ヘブライ人が生んだユダヤ教に起源をもつキリスト教思想（**ヘブライズム**）が思想の二大潮流となった（→p.56）。西・中央アジアや北アフリカでは，**イスラーム教**を抜きに政治や社会を語ることはできない。東アジアでは，キリスト教も一部で多くの信者を獲得したが，他の地域では見られない**儒教**が広く浸透した。儒教は家族から政治のありようまで説く幅広い教えであり，民と為政者の両方の指針になったのだった。今日でも儒教は，東アジア諸国で大きな影響力をもっている。

▸ 孔子の徳治主義

中国の春秋・戦国時代（前770〜前221年），**諸子百家**と称されるさまざまな思想が生まれた。とりわけ後世に大きな影響を与えたのが，**儒家**の思想である。

戦乱の世，儒教を創始した**孔子**は道徳にもとづく政治を理想とし，刑罰をともなう法による政治を否定した。民衆に向けては，親や年長者を敬うこと（**孝悌**）を説き，為政者に向けては，**仁徳**をもって政治をおこなうことを説いた。すなわち，法治主義を退け，**徳治主義**を強く推したのである。また，孔子は理性を重んじた。「怪力乱神を語らず」という言葉に示されているように，怪異現象や神秘的な存在には関心を示さなかった。

▲孔子（前551ごろ〜前479）

こうした孔子の言動は，のちに弟子によって『**論語**』としてまとめられた。日本には，4〜5世紀に**百済**から渡来人の**王仁**によって伝えられたとされる。

『論語』に見られる徳治主義

子曰く，「政を為すに徳を以てするは，譬えば北辰の其の所に居て，衆星の之に共うが如し。……之を道くに政を以てし，之を斉うるに刑を以てすれば，民免れて恥無し。」

(『論語』為政第二)

（孔子がおっしゃるには，「政治を道徳にもとづいておこなえば，北極星が真北にいつもあり，多くの星々が北極星を中心に回っているように，徳のある人の周りに民は集まる。……しかし，法によって政治を行い，刑罰で民を統制しようとすれば，民は法を免れる道ばかりを考え，悪事を恥じることもなくなる。」）

孔子の教えはその後，性善説をとなえた**孟子**や性悪説をとなえた**荀子**をはじめ，多くの儒家によって継承されていった。漢の時代には，**武帝**が儒学を官学と定め，さらに宋の時代には，**宋学**(儒学の一派)から**朱子学**がおこった。

▶ 朝鮮における儒教の受容

朝鮮半島には三国時代(4～7世紀)に伝わっていたが，本格的な受容は先のことだった。半島を統一した**新羅や高麗は仏教を重視した**からである。やがて中国でおこった朱子学が伝わると，高麗でも儒教専門の教育機関がつくられた。背景には，仏教と深く結びついていた支配層の腐敗・凋落もあった。

1392年，**李成桂**が高麗を滅ぼし，**朝鮮王朝**(李氏朝鮮)を建てると，仏教と儒教の地位は逆転した。李成桂は仏教を排し，朱子学を官学としたのである。上下関係や身分制度を重視する朱子学の教えは，君主による支配に好都合だった。主要な官職も，16世紀以降は儒教を学んだ**両班**とよばれる特権支配階級が独占した。

朝鮮王朝4代皇帝の**世宗**が儒学を重んじ，仏教を弾圧したことも大きい。世宗は，**訓民正音(ハングル)**の制定でも知られ，「名君」と讃えられている。ただし，李成桂・世宗とも晩年には仏教を信仰している。

儒教思想は，現在の韓国社会にも深く根ざしており，親や年長者への恭順の姿勢や「家」中心主義の志向は，日本をしのぐ。忠誠心や謙虚さという美徳も浸透しているが，儒教由来の権威主義や縁故主義は社会にさまざまな弊害ももたらしている。

▲世宗(1397～1450)

▶ 日本における儒教の受容

日本も例外ではない。古代より，儒教の教えは日本人の倫理観や政治意識の底層に流れ続け，功罪を半ばにしている。推古朝が制定した**十七条憲法**は，「和」を第一条に掲げるなど，儒教の強い影響をうけた。江戸時代には，幕府の正学となり，**聖堂学問所**では幕臣も**朱子学**を学んだ。

大日本帝国憲法発布の翌1890年に発布された**教育勅語**は，儒教的徳目と国家主義を一体化させることになった。大戦後，連合国軍総司令部(GHQ)によって，「罪」とみなされた教育勅語は廃され，**法治主義**へと転換されたのだった。

▲聖堂学問所での朱子学の講義

表現力 PLUS.1 アレクサンドロス東方遠征の影響

Q 前334年に始まるマケドニア王のアレクサンドロスによる東方遠征の結果，アケメネス朝は滅亡し，ギリシアからエジプト・インダス川流域に及ぶ統一が成し遂げられた。この結果，成立した文化の特徴を150字以内で説明せよ。

【愛知教育大－改】

── 解説 ──

① ギリシア文化とオリエント文化の融合

アレクサンドロス大王は前333年，イッソスの戦いでダレイオス3世軍を破ると，東方遠征で快進撃を続け，前330年に**アケメネス朝**を滅ぼした。地中海からインド西北部にまたがる大帝国を築き，ギリシアにならった都市を各地に建設した。これによって，**ヘレニズム文化**が形成されていった。

なかでもエジプト北部の**アレクサンドリア**は，ヘレニズム文化の中心地として栄えた（→p.35）。大王の死後，**プトレマイオス朝**の都となり，**ギリシア文化とオリエント文化の「結び目」**になったのである。王立研究所（ムセイオン）では，古典文学や自然科学の研究がおこなわれ，併設された図書館には，数十万点ものパピルスの文書が集められた。

▲再建された新アレクサンドリア図書館（外壁には，日本語をふくむ世界各地・各時代の文字が刻まれている）

② ヘレニズムとヘブライズム

ヘレニズムの思想は**合理主義**・主知主義であり，古代ギリシア哲学の「**人間を万物の基準とする**」という考えを基本にしている。これに対し，**ヘブライズム**の思想（ユダヤ教に起源をもつキリスト教思想）は非合理主義・主意主義であり，**神の啓示による愛と正義を基調**とし，**倫理的態度**を重んじる。対照的なヘレニズムとヘブライズムは以後，西洋思想の**二大潮流**となった。

A 東方にギリシア文化が伝わり，ギリシア風の都市が各地に建設され，ギリシア語が共通語になった。その後，オリエント文化とギリシア文化が融合され，世界市民的な生き方や個人主義的な考え方を特徴とする思想が広がり，ヘレニズム文化が生まれた。自然科学が発達し，「ミロのヴィーナス」などの彫刻の名作もつくられた。(148字)

通史編

第1章 諸地域の歴史的特質

第2章 諸地域の交流・再編

第3章 諸地域の結合・変容

第4章 地球世界の課題

テーマ史編

表現力 PLUS.2　ヒンドゥー教の成立と拡大

Q 近現代のアジアの独立運動における多くの指導者は，近代以前の歴史や宗教・文化によりどころを求めた。インド独立運動の指導者ガンディーが依拠したヒンドゥー教を中心とする，インドの宗教の興亡について，250字程度で説明せよ。　　　　　　　　　　　　　　　　　　　　　　　　　【大阪大－改】

── 解　説 ──

① 多神教のヒンドゥー教

インドは仏教の発祥国だが，現在もっとも信者が多いのは**ヒンドゥー教**である。ヒンドゥー教は土着の神話や伝承をもとに生まれた**多神教**で，**シヴァ神**（破壊と創造の神）と**ヴィシュヌ神**（世界を維持する神）を主神とする。**グプタ朝**の時代に社会に広く定着した。**エローラ石窟寺院**には，ヒンドゥー教の神々の彫刻が残されている。しかし，**仏教**や**ジャイナ教**も広く信仰されていたことから，寺院内には3つの宗教の彫刻が混在している。

▲エローラ石窟寺院（上はサイコロで遊ぶシヴァ神，下は乗り物の聖なる牛）

② ヒンドゥー教の改革

6世紀半ば，ヒンドゥー教の中で形式的な祭儀より信仰を重んじる**バクティ運動**がおこった。この動きが広がったことで，ヒンドゥー教は他宗教をしのぐようになった。しかし15〜16世紀になると，**カビール**や**ナーナク**がヒンドゥー教の偶像崇拝やカースト制度などを批判した。その後，ナーナクはイスラーム神秘主義の影響をうけながら**シク教**を開いた。

A 古代インドではバラモン（司祭）がつかさどるバラモン教が広く信仰されていたが，民間信仰との融合が進み，多神教のヒンドゥー教が形成された。グプタ朝の時代になると，ヒンドゥー教は社会に広く定着し，仏教やジャイナ教もさかんになった。ヒンドゥー教は特定の教義や聖典をもたず，人々の生活や思考にかかわったことで広く信仰された。6世紀半ば，ヒンドゥー教の中から，神々への帰依を重視するバクティ運動が広がると，密教の台頭でヒンドゥー教との違いが不明瞭になった仏教や戒律が厳しいジャイナ教は後退していった。

（244字）

通史編

中央ユーラシア

東アジア

日本

南・東南アジア

西アジア

ヨーロッパ

アメリカ

アフリカ

第2章 諸地域の交流・再編

23. イスラーム世界の発展

入試重要度 C

01 東方イスラーム世界 ★★

① **中央アジアのイスラーム化**…アッバース朝のアラブ軍は，751年に**タラス河畔の戦い**で唐の軍隊を破り，中央アジアで勢力を広げた。その後，中央アジアとイラン東北部に，アッバース朝の地方政権としてイラン系の**サーマーン朝**（875〜999）が成立し，ペルシア語などイラン=イスラーム文化の基礎が生まれた。サーマーン朝は，カリフの親衛隊にトルコ人の騎馬戦士を**マムルーク**（奴隷軍人）として起用した。

② **カラハン朝（10世紀半ば〜12世紀半ばごろ）**…中央アジアで最初のトルコ系イスラーム王朝。サーマーン朝を滅ぼした。中央アジアでトルコ語を話す人々が増加し，トルコ化が進んだことから，この地域を**トルキスタン**（ペルシア語で「トルコ人の土地」）とよぶ。

③ **セルジューク朝（1038〜1194）**

9世紀初めのマムルークの重用によりトルコ系の勢力が拡大した。トルコ系遊牧民の**トゥグリル=ベク**は，中央アジア（西トルキスタン）に**スン**

▲イスラーム王朝と指導者

ナ派のセルジューク朝を建国し，1055年にはバグダードに入城してブワイフ朝を滅ぼし，西アジアも支配下においた。トゥグリル=ベクはアッバース朝のカリフから**スルタン**（支配者）の称号を与えられた。セルジューク朝では，軍事封土制度である**イクター制❶**がおこなわれた。

3代マリク=シャーは，イラン人宰相**ニザーム=アルムルク**の補佐を得て王朝の最盛期を築き，スンナ派の学問奨励と官吏養成のため，各地に学院（**マドラサ**）をつくった。学院は，宰相の名をとって，**ニザーミーヤ学院**とよばれた。11世紀後半には，ビザンツ帝国を破り，イェルサレムを奪い，領土を拡大したが，セルジューク朝に対抗するために組織された十字軍の襲来によってイェルサレムを奪われ（1099），国内に十字軍国家が存続した。

❶ **［イクター制］** 9〜10世紀にブワイフ朝ではじまった制度。軍人は現金給与のかわりに，農地の管理権と徴税権を付与された。

通史編

第1章 諸地域の歴史的特質

第2章 諸地域の交流・再編

第3章 諸地域の結合・変容

第4章 地球世界の課題

テーマ史編

④ **モンゴル勢力の進出**…**フレグ**が率いるモンゴル軍の西アジア遠征で，1258年バグダードが陥落し，アッバース朝が滅亡した。同年，フレグは**イル=ハン国**（フレグ=ウルス）を建国した。イル=ハン国の7代**ガザン=ハン**はイスラーム教を国教と定め，宰相**ラシード=アッディーン**のもとで，イスラーム式税制の導入や農村復興など諸改革を実行し，イスラーム文化が成熟した。

> **重要ファイル**
> CHECK
> - **中央アジアのイスラーム王朝** サーマーン朝，カラハン朝，セルジューク朝，ホラズム=シャー朝（→ p.84）
> - **イラン地方のイスラーム国家** イル=ハン国など

02 エジプトのイスラーム王朝 ★ ★

① **アイユーブ朝（1169〜1250）**…クルド系軍人の**サラーフ=アッディーン（サラディン）**が，シリアのザンギー朝から自立し，シーア派のファーティマ朝を倒して建国したスンナ派の王朝。1187年に十字軍から**イェルサレム**を奪回した。トルコ系のマムルークを重用したことから，マムルーク朝につながった。

② **マムルーク朝（1250〜1517）**…エジプト・シリアに誕生した，マムルークが建国した王朝。第5代スルタンの**バイバルス**は，モンゴル軍の侵入をしりぞけ，イル=ハン国との間に和約を結び，アッバース朝のカリフをカイロに復活させて，メッカ・メディナを保護下においた。マムルーク朝の軍人らは，イクター制によって農村を管理した。

　マムルーク朝の首都**カイロ**は，紅海を中心に地中海とインド洋を結んだ香辛料の貿易で栄えた。カイロを拠点とした**カーリミー商人**らは，スルタンと結んで利益を独占した。

> **重要ファイル**
> CHECK
> - エジプトのイスラーム王朝はファーティマ朝→アイユーブ朝→マムルーク朝と推移した。
> - サラーフ=アッディーンは十字軍から聖地イェルサレムを奪回した。

▲12世紀後半のイスラーム世界

通史編

中央ユーラシア

東アジア

日本

南・東南アジア

西アジア

ヨーロッパ

アメリカ

アフリカ

24. インド・東南アジア・アフリカのイスラーム化

入試重要度 C

01 インドのイスラーム化 ★★

① **イスラーム王朝の侵入**…10世紀末，アフガニスタンを拠点とするトルコ系の**ガズナ朝**(977〜1187)が北インドへの侵入を開始し，インドのイスラーム化に道を開いた。12世紀に入ると，イラン系の**ゴール朝**(1148ごろ〜1215)がガズナ朝を滅ぼし，インドへの侵攻をくり返した。

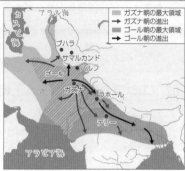
▲ガズナ朝とゴール朝のインド進出

② **デリー=スルタン朝**(1206〜1526)

奴隷軍人(マムルーク)出身の**アイバク**は，インド最初のイスラーム王朝である**奴隷王朝**(1206〜90)を建国した。奴隷王朝を含め，その後デリーを都に成立したハルジー朝・トゥグルク朝・サイイド朝・ロディー朝の5王朝を総称して**デリー=スルタン朝**という。ハルジー朝では地租の金納化がおこなわれた。

02 東南アジアのイスラーム化 ★★

8世紀ごろから，東南アジアに**中国商人**が**ジャンク船**で訪れるようになった。

① **インドネシア**…13世紀末，元軍を撃退してジャワにヒンドゥー教国のマジャパヒト王国(1293〜1520ごろ)が成立した。16世紀には，ジャワ島東部にイスラームの**マタラム王国**が成立したが，西部にはイスラームの**バンテン王国**があった。スマトラでは，15世紀末に**アチェ王国**が成立した。

▲東南アジアへのイスラーム教の伝播

② **マレーシア**…14世紀末，マレー半島では東南アジア最初の本格的なイスラーム国家である**マラッカ王国**(〜1511)が成立した。以後，イスラーム教はマラッカを拠点にジャワやフィリピンへ広まった。

03 アフリカ，イベリア半島のイスラーム化 ★★

① **北アフリカ・ベルベル人の王朝**…1056年，北アフリカ先住民の**ベルベル人**は，サハラ西部で**ムラービト朝**（〜1147）を建国した。ムラービト朝はジハード（聖戦）をとなえ，ガーナ王国を滅ぼし，イスラーム化を促進した。

　1130年には，モロッコに**ムワッヒド朝**（〜1269）がおこった。ムワッヒド朝はムラービト朝を滅ぼし，チュニジアまで支配し，イベリア半島へも進出したが，やがておとろえ，**国土回復運動**（レコンキスタ）が進展した。

② **ナスル朝（1232〜1492）**…イベリア半島最後のイスラーム王朝。スペイン王国によって国土回復運動が完成し，イスラーム教徒の多くは北アフリカへ引きあげた。首都**グラナダ**には**アルハンブラ宮殿**が残された。

③ **アフリカ西部のイスラーム国家**

ガーナ王国 (7世紀ごろ〜 13世紀半ばごろ)	金を豊富に産出し，ムスリム商人との交易で栄えた。11世紀，ムラービト朝に攻撃され，それを機に西アフリカでイスラーム化が進んだ。
マリ王国 (1240〜1473)	イスラーム教を受容。金を多く産出し，北アフリカとの交易などで栄えた。最盛期の王**マンサ゠ムーサ**はメッカ巡礼に際し，大量の金を奉納し，「黄金のマリ」の名を広めた。
ソンガイ王国 (1464〜1591)	マリ王国を滅ぼして建国。西アフリカ最大のイスラーム王朝。北アフリカとの交易で繁栄し，ニジェール川中流の都市**トンブクトゥ**は，隊商交易やイスラームの学問の中心地として発展した。

④ **アフリカ東部海岸**…10世紀以降，東部海岸の港湾都市で，季節風を利用して**ダウ船**を操るムスリム商人との交易が活発化した。やがて東部海岸地帯では，アラビア語の影響をうけた**スワヒリ語**が使用されるようになった。

⑤ **アフリカ南部**…ザンベジ川の南に建国された**モノモタパ王国**（15〜17世紀）はインド洋交易で栄えた。**大ジンバブエ遺跡**からその繁栄ぶりがわかる。

> **重要ファイル**
> CHECK
> - **インドのイスラーム化**　ガズナ朝→ゴール朝→デリー゠スルタン朝
> - **東南アジアのイスラーム化**　マラッカ王国を拠点にジャワやフィリピンのミンダナオ島などへ広まった。
> - **アフリカのイスラーム化**　ガーナ王国→マリ王国→ソンガイ王国

通史編

中央ユーラシア
東アジア
日本
南・東南アジア
西アジア
ヨーロッパ
アメリカ
アフリカ

25. イスラーム文明の発展

入試重要度 C

01 新しく誕生した融合的文明 ★★

① **イスラーム文明の特徴**…イスラームは商人の倫理を重んじる宗教で, **イスラーム文明**は商業とともに発達した**都市文明**の性格が強かった。のちに各地の文化と融合し, さまざまな文化が形成された。

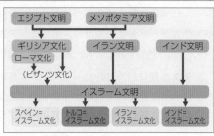
▲イスラーム文明

② **イスラーム社会**…都市は, 東南アジア, 中国, アフリカ, ヨーロッパにまたがる交易の拠点として栄えた。都市の中心部には**モスク**(礼拝所)があり, 学院(マドラサ), 市場(スーク, バザール)があり, 隣接地域には, 外部から訪れる商人のための隊商宿(キャラバンサライ), 公衆浴場が設けられていた。

> **重要ファイル**
> CHECK
> ・イスラーム文明は, 西アジア周辺地域の文化とイスラーム教, アラビア語とが融合して生まれた。
> ・イスラーム文明は, バグダードやカイロなど大都市を中心に発達した。

02 イスラーム教と固有の学問 ★★

① **イスラーム法(シャリーア)**…『**コーラン(クルアーン)**』やムハンマドの言行などの伝承(ハディース)を基礎として9世紀ごろまでに体系化。法学などイスラーム諸学を修めた学者(ウラマー)が司法や政治で活躍した。

② **学院(マドラサ)**…ウラマーを育成する教育機関が各都市に設けられた。ファーティマ朝の時代にカイロに創設された**アズハル学院**や, セルジューク朝下の**ニザーミーヤ学院**が有名である。

③ **イスラーム神秘主義**…**スーフィズム**とよばれ, 内面の信仰を重視し, 禁欲的な修行で神との一体化を求めようとした。その実践者ら(スーフィー)が12世紀ごろから教団を形成し, 各地に進出して地域文化と融合した。中でも**ガザーリー**は, スンナ派神学を深め, スーフィズムの理論化を進めた。

▲スーフィーの旋舞(セマー)

④ **歴史学**…**イブン=ハルドゥーン**は，都市民と遊牧民や農耕民との関係を通じて歴史が展開するという考えを『**世界史序説**』に著した。イル=ハン国の7代ガザン=ハンの宰相をつとめた**ラシード=アッディーン**は，ガザン=ハンの命でモンゴル史を中心とした『**集史**』を著した。

⑤ **解釈学・伝承学**…『コーラン』の解釈やムハンマドの言行などの伝承（**ハディース**）を学ぶ。**タバリー**は年代記『預言者たちと諸王の歴史』を編纂した。

03 外来の学問と文学・建築・美術 ★☆

　9世紀初め以降，バグダードの学問研究所「**知恵の館**」（バイト=アルヒクマ）を中心に，ギリシア語文献がアラビア語に翻訳され，学問が飛躍的に発達した。

① **哲学**…**イブン=ルシュド**（ラテン語名アヴェロエス）は，アリストテレス哲学の注釈をおこない，スコラ学の形成にも影響を与えた。

② **地理学**…**イブン=バットゥータ**は，モロッコから中国までの広大な旅行記を口述筆記によって『**大旅行記**』（『三大陸周遊記』）に残した。

③ **医学**…**イブン=シーナー**（ラテン語名アヴィケンナ）は『**医学典範**』を著した。彼はイスラーム哲学者としても知られ，哲学書を数多く残した。

④ **数学**…インド数字が伝わり**アラビア数字**（現在の算用数字）がつくられた。また，インドから伝わった**ゼロの概念**がアラビア数字・十進法と結合し，数学が発展した。**フワーリズミー**らは代数学を発達させた。

▲アラビア数字

⑤ **天文学**…ギリシアなどから伝来した**占星術**が発達した。

⑥ **化学**…エジプトなどから**錬金術**が伝わった。

⑦ **文学**…イランの民族詩人**フィルドゥシー**は『**シャー=ナーメ**』（『王の書』）を，**ウマル=ハイヤーム**は四行詩集（『**ルバイヤート**』）を著した。その他，インド・イラン・アラビアなどの説話を集めた『**千夜一夜物語**』（『アラビアン=ナイト』）がまとめられた。

▲アルハンブラ宮殿

⑧ **美術・工芸**…書物の挿絵として細密画（**ミニアチュール**）が流行し，装飾文様として**アラベスク❶**が発達した。スペイン=イスラーム文化の代表的建築である**アルハンブラ宮殿**は華麗なアラベスクに彩られている。

❶ ［**アラベスク**］　植物やアラビア文字を図案化した幾何学的文様。イスラーム教では偶像崇拝が禁止されているため，人物画ではない文様が発達した。

通史編

第1章 諸地域の歴史的特質

第2章 諸地域の交流・再編

第3章 諸地域の結合・変容

第4章 地球世界の課題

テーマ史編

通史編

中央ユーラシア

東アジア

日本

南・東南アジア

西アジア

ヨーロッパ

アメリカ

アフリカ

26. カトリック教会の全盛期と十字軍

入試重要度 B

01 教皇権の隆盛 ★★

① **教会の階層制組織**…ローマ=カトリック
教会では，教皇を頂点に聖職者の序列を
定めたピラミッド型の組織がつくられた。
教会は教区の農民から貢納として**十分の
一税**を取り立てるなど，大きな権力をも
っていた。

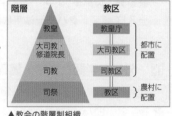

階層		教区	
教皇		教皇庁	都市に配置
大司教・修道院長		大司教区	
司教		司教区	
司祭		教区	農村に配置

▲教会の階層制組織

② **世俗権力の介入**…「西ローマ帝国」の復活
宣言後，皇帝や国王などの世俗権力は非聖職者を聖職に任命し，教会では聖
職売買が横行するなどの弊害が生じた。

③ **ベネディクト修道会の修道院運動**… 6 世紀
に**ベネディクトゥス**がイタリアのモンテ=
カシノに開いたベネディクト修道会は，厳
しい戒律を修道士に課し，以後，各地に広
まった。10世紀にフランス中東部に設立さ
れたベネディクト派の**クリュニー修道院**は，
教会改革運動の中心となった。

▲クリュニー修道院

④ **叙任権闘争**…教皇**グレゴリウス 7 世**は教会改革運動に乗り出し，聖職者の任
命権（**聖職叙任権**）を世俗権力から教会の手に取り戻そうとした。のちの神聖
ローマ皇帝**ハインリヒ 4 世**はこれに抵抗し，**叙任権闘争**がおこった。教皇は
ハインリヒを破門し，1077年，ハインリヒがイタリアのカノッサで謝罪して
決着した。この事件を**カノッサの屈辱**という。

⑤ **教皇権の全盛期**…教皇**ウルバヌス 2 世**は1095年の**クレルモン宗教会議**で**十字
軍**を提唱した。1122年の**ヴォルムス協約**で，聖職叙任権に関する教皇と皇帝の
妥協が成立した（**叙任権闘争の終結**）。13世紀の教皇**インノケンティウス 3 世**
のとき，教皇権は絶頂に達した。

⑥ **改革運動の経過**…12世紀にはシトー修道会が改革を進めた。13世紀には，フ
ランチェスコ修道会やドミニコ修道会などの**托鉢修道会**が，清貧を理想とし
て托鉢に頼り，市民に教えを説いた。

通史編

第1章 諸地域の歴史的特質

第2章 諸地域の交流・再編

第3章 諸地域の結合・変容

第4章 地球世界の課題

テーマ史編

02　十字軍の遠征　★★

① **原因**…ビザンツ帝国領の小アジアに，聖地イェルサレムを支配下においた**セルジューク朝**が進出したため，ビザンツ皇帝がローマ教皇に救援を依頼した。教皇**ウルバヌス2世**は1095年，**クレルモン宗教会議**で聖地回復のための聖戦を提唱し，翌年，**第1回十字軍**が派遣された。

▲おもな十字軍の遠征路

② **経過**…**十字軍**は約200年の間に7回派遣された。この間，ヨハネ騎士団・テンプル騎士団・ドイツ騎士団などの**宗教騎士団**が各地で活躍した。

<table>
<tr><td rowspan="3">十字軍の遠征</td><td>第1回
（1096～99）</td><td>イェルサレムの奪回に成功。1099年，十字軍国家である**イェルサレム王国**を建設した。</td></tr>
<tr><td>第3回
（1189～92）</td><td>1187年，アイユーブ朝のサラーフ=アッディーンがイェルサレムを奪ったことに対抗し，開始された。神聖ローマ皇帝，イギリス王，フランス王が参加したが失敗に終わった。</td></tr>
<tr><td>第4回
（1202～04）</td><td>教皇**インノケンティウス3世**が提唱。**ヴェネツィア商人**の要求で**コンスタンティノープル**を占領し，**ラテン帝国**を建国した。</td></tr>
</table>

③ **結果**…あいつぐ遠征の失敗から教皇権は失墜し，諸侯・騎士は没落し，一方で**国王の権威**は高まった。また，十字軍の輸送により人や物の交流がさかんになり，**貨幣経済**が進展し，**遠隔地貿易**が発展した。

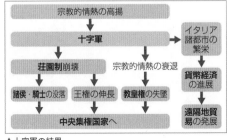

▲十字軍の結果

第2章 諸地域の交流・再編

27. 商業の発展と中世都市の成立

入試重要度 **A**

01 商業の発展（商業ルネサンス，11〜12世紀） ★ ★

① **貨幣経済の広がり**…封建社会が安定し農業生産が増大した結果，余剰生産物を交換し合う**市**が開かれるようになった。また，ノルマン人やムスリム商人，十字軍の活動によって，遠距離でおこなわれる**遠隔地貿易**で発達する都市があらわれるようになった。

② **地中海商業圏**…イタリアの港市には，**東方貿易（レヴァント貿易）**[1]によって香辛料・絹織物・宝石などの奢侈品がもたらされた。内陸都市では金融業や毛織物業が発達した。

　☑ **海港都市**　ヴェネツィア・ジェノヴァ・ピサなど。

　☑ **内陸都市**　ミラノ・**フィレンツェ**（金融の**メディチ家**）など。

③ **北ヨーロッパ商業圏**…北海・バルト海を中心に，海産物・穀物・木材・毛織物などの生活必需品の取引で繁栄した。

　☑ **北ドイツ諸都市**　リューベック・ハンブルク・ブレーメンなど。

　☑ **イギリス**　ロンドン

　☑ **その他の都市**　ガン・ブリュージュなど**フランドル地方**の都市では毛織物生産が発達した。

▲11〜12世紀の中世都市と商業圏

❶ ［**東方貿易（レヴァント貿易）**］　北イタリア諸都市とレヴァント（地中海東岸）地方との貿易。ムスリム商人によってアジアの物産品がレヴァント地方に運びこまれた。

④ **内陸商業圏**…地中海と北ヨーロッパを結ぶ中継基地となった。

    ✓**南ドイツ**　ニュルンベルク・**アウクスブルク**（鉱山業の**フッガー家**）など。

    ✓**フランス**　定期市で繁栄した**シャンパーニュ地方**・リヨンなど。

02　中世都市の成立　★★

① **自治都市の成立**…中世の都市は、カトリック教会の司教が管轄する教会がおかれている司教座都市などから発展した。11〜12世紀には、各地の都市は封建領主の保護と支配から自立し、**自治権**を獲得して**自治都市**となった。

▲リューベックのホルステン門

② **都市同盟**…北イタリアでは、諸都市が大商人や貴族の指導により、司教権力を上回る自治都市（**コムーネ**）となり、周辺地域も支配して、一種の都市国家が成立した。ドイツの諸都市は、皇帝から**特許状**を与えられ、皇帝直属の**自由都市**（帝国都市）となった。ミラノなどの北イタリアの有力都市は**ロンバルディア同盟**[2]、北ドイツの**リューベック**を盟主とする有力都市は**ハンザ同盟**[3]を結成した。ハンザ同盟は、14世紀には政治権力をもつまでに成長した。

③ **都市の自治**…都市には周辺の荘園から農奴が自由を求めて流入し、「**都市の空気は（人を）自由にする**」といわれた。

④ **都市の生活とギルド**…都市では、**ギルド**とよばれる同業組合が、自治にあたった。遠隔地貿易に従事する**商人ギルド**は、製造方法・品質・価格などを規約で統制し、市政を独占した。これに不満をもつ職種別の手工業者は、**同職ギルド**（ツンフト）を結成し、商人ギルトと市政への参加を争った。これを**ツンフト闘争**という。

```
商人ギルド ←→ 同職ギルド
              （ツンフト）
        ツンフト
         闘争
親方           親方
       市政への参加を実現
       徒弟
       制度
使用人          職人

              徒弟
```

▲商人ギルドと同職ギルド

　　都市の上層市民の中には、アウクスブルクの**フッガー家**、フィレンツェの**メディチ家**のような名家があらわれた。フッガー家は、鉱山・金融業を営み、皇帝とも取引をおこなった。メディチ家は、一族からローマ教皇を出した。

> **重要ファイル**　　• 封建社会が安定した結果、都市と商業が発達した。
> **CHECK**　　　　• 中世都市ではギルドの組合員が市政の運営にあたった。

❷ ［**ロンバルディア同盟**］　神聖ローマ皇帝の北イタリア侵攻に対し結成された軍事同盟。

❸ ［**ハンザ同盟**］　経済都市同盟に始まり、陸海軍を維持し、北ヨーロッパ商業圏を支配した。

通史編

第1章 諸地域の歴史的特質

第2章 諸地域の交流・再編

第3章 諸地域の結合・変容

第4章 地球世界の課題

テーマ史編

第2章 諸地域の交流・再編

28. ビザンツ帝国の衰退と文化，スラヴ人と周辺諸民族

入試重要度 **B**

01 ビザンツ帝国の滅亡 ★★

① **帝国領の縮小（11世紀〜）**…**ユスティニアヌス大帝**の死後，イタリア・シリア・エジプトの帝国領は失われた。多くのスラヴ人がバルカン半島に移住し，中央ユーラシアからトルコ系**ブルガール人**が進出してブルガリア帝国を建国したことも，ビザンツ帝国が縮小した要因となった。

② **帝国の滅亡**…11世紀後半にセルジューク朝の侵入をうけた。1204年に**第4回十字軍**がコンスタンティノープルを占領し，**ラテン帝国**を樹立したため，混乱が深まった。1453年，オスマン帝国により**コンスタンティノープル**が陥落し，ビザンツ帝国は滅亡した。

> **重要ファイル**
> CHECK
> ・コンスタンティノープルは一時，第4回十字軍に支配された。
> ・ビザンツ帝国はユスティニアヌス大帝の死後，外民族の侵入などにより衰退し，1453年に滅亡した。

02 ビザンツ帝国の社会と文化 ★★

① **地方統治制度**…初期のコロヌスを用いた大土地所有制度から，7世紀以降は異民族の侵入に対応するため，**軍管区（テマ）制**❶がしかれ，軍管区では**屯田兵制**❷もおこなわれた。屯田兵制では，自由農民が増え，帝国を支える力となった。11世紀末以降は，軍管区制にかわり**プロノイア制**❸がおこなわれるようになった。

② **ビザンツ文化**…7世紀以降，**ギリシア語**が公用語となった。美術では，ドーム（円屋根）と**モザイク壁画**を特徴とする**ビザンツ様式**の教会建築が有名で，**ハギア=ソフィア聖堂**はその代表である。また，**イコン**（聖像）美術もビザンツ文化の特徴的な美術である。

▲ハギア=ソフィア聖堂

❶ ［軍管区制］　帝国領を軍管区に分け，各区に軍事・行政の権限をもつ司令官を配置させた。

❷ ［屯田兵制］　農民に土地を与えるかわりに兵役の義務を課した。

❸ ［プロノイア制］　皇帝が有力な将軍・貴族などに一代限りで国有地と住民の管理をまかせ，その代償に軍役奉仕の義務を課す制度。

03　スラヴ人と周辺諸民族　★ ★

　スラヴ人はカルパティア山脈北方を原住地とし，ゲルマン人の移動後は東欧一帯に広がり，のちに**東スラヴ・南スラヴ・西スラヴ**に分かれた。

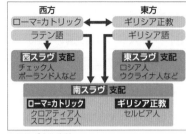

▲スラヴ人と宗教

① **東スラヴ人**（ギリシア正教の世界へ）

　　ロシア人やウクライナ人が9世紀に**ノヴゴロド国**を，ついで**キエフ公国**を建国した。

　　10世紀末，キエフ大公**ウラディミル1世**は，**ギリシア正教**に改宗・国教化し，**農民の農奴化**を進めた。

② **南スラヴ人**（ギリシア正教とローマ=カトリックの混在した世界へ）

セルビア人	ビザンツ帝国に服属し，9世紀にギリシア正教化。その後独立したが，14世紀末にオスマン帝国の支配下へ。
クロアティア人 スロヴェニア人	フランク王国の影響下でローマ=カトリックをうけ入れた。

③ **西スラヴ人**（ローマ=カトリックの世界へ）

チェック人	ベーメン（ボヘミア）王国を建国。11世紀以降，神聖ローマ帝国の支配下へ。
ポーランド人 リトアニア人	ポーランド人は10世紀に王国を建国。ドイツ騎士団に抵抗するため14世紀にリトアニアと同君連合❹となり，**ヤゲウォ**（ヤゲロー）**朝**リトアニア=ポーランド王国として強大化した。

④ **東欧の非スラヴ系諸民族**（両宗派の混在した世界へ）

ブルガール人 （トルコ系）	7世紀にブルガリア帝国を建国。その後スラヴ化してギリシア正教に改宗した。一時ビザンツ帝国に併合されたが，14世紀末にはオスマン帝国の支配下へ。
マジャール人 （アジア系）	10世紀末に**ハンガリー王国**を建国。11世紀にカトリック化した。16世紀にオスマン帝国の支配下へ。

> **重要ファイル**　• 西スラヴはカトリック，東スラヴはギリシア正教の支配下に入った。
> CHECK　　• 南スラヴは両宗派を信仰する国にそれぞれ分離した。

❹ [同君連合]　君主制をとる国家間で，一人の君主の下で結ばれる名目的な国家結合。それぞれが独立国家として存在する場合と，国際法上一つの国家として存在する場合がある。

通史編

中央ユーラシア

東アジア

日本

南・東南アジア

西アジア

ヨーロッパ

アメリカ

アフリカ

29. モスクワ大公国の発展，封建社会・教皇権の衰退

入試重要度 A

01 モスクワ大公国の発展 ★★

① モンゴル人の支配（13〜15世紀）

13世紀に**バトゥ**率いるモンゴル人がロシアに侵入し，1243年，南ロシアに**キプチャク=ハン国**（ジョチ=ウルス）が成立した。以後，ロシア（キエフ公以下の諸侯）は約240年にわたりモンゴルに支配され，これをロシアでは「**タタールのくびき**」❶とよんだ。

② モスクワ大公国（14〜16世紀）

1480年，モンゴルから完全自立を果たしたのが大公**イヴァン3世**である。彼はビザンツ帝国最後の皇帝の姪ソフィアと結婚してローマ帝国の後継者を自任し，**ツァーリ**❷の称号を用いた。この称号を正

▲14世紀半ば〜15世紀の東ヨーロッパ

式に使用したのは大公**イヴァン4世**である。彼は諸侯勢力をおさえて独自の絶対王政（**ツァーリズム**）を確立した。

02 西ヨーロッパの封建社会の衰退（14〜15世紀） ★★

① 荘園にもとづく経済体制の崩壊…貨幣経済の浸透や戦乱・凶作・**黒死病**（ペスト）の流行❸，農奴解放の進展による自営農民（貨幣地代が普及したイギリスでは**独立自営農民**〈ヨーマン〉とよばれる）の出現などによって，荘園制は変質・崩壊した。

▲黒死病の流行（死者の埋葬）

---

❶ ［**タタールのくびき**］ モンゴルによるロシアに対する厳しい間接支配を表す言葉。

❷ ［**ツァーリ**］ ロシア皇帝の称号。ローマ皇帝の称号であった「カエサル」のロシア語形。

❸ ［**黒死病の流行**］ この疫病で，当時の西ヨーロッパの人口の約3分の1が失われた。

通史編

第1章 諸地域の歴史的特質

第2章 諸地域の交流・再編

第3章 諸地域の結合・変容

第4章 地球世界の課題

テーマ史編

② **農民一揆**…封建制がいきづまり困窮した領主
たちは，農民に対する束縛を強化した。これ
に対し，西ヨーロッパでは大規模な農民一揆
がおこった。おもな一揆として，フランスの
ジャックリーの乱(1358)，イギリスの**ワット
=タイラーの乱**[4](1381)などがある。

▲ワット=タイラーの乱

03 教皇権の衰退 ★★

十字軍の失敗後，王権が伸長し，教皇権は傾きはじめていた。

① **アナーニ事件(1303)**…聖職者への課税に反対した教皇**ボニファティウス8世**
が，フランス国王**フィリップ4世**にアナーニで捕らえられ，教皇は憤死した。

② **「教皇のバビロン捕囚」**[5](1309〜77)…フィリ
ップ4世が教皇庁をフランスの**アヴィニョン**
に移し，教皇をフランス王が支配した。

③ **教皇の並立(1378〜1417)**…「教皇のバビロン
捕囚」後，ローマとフランスに教皇が並び立
ち，対立した。これを**教会大分裂(大シスマ)**
という。

④ **宗教改革の先駆的運動**…教会の堕落や腐敗に
対し，14世紀にイギリスでは**ウィクリフ**，15
世紀にベーメンでは**フス**が教皇や教会制度を
批判し，キリスト教の革新運動をおこなった。

⑤ **教会大分裂の終結**…神聖ローマ皇帝の提唱で
開かれた**コンスタンツ公会議**(1414〜18)で，
ウィクリフとフスは異端と宣告され，フスは

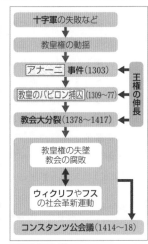

十字軍の失敗など
↓
教皇権の動揺
↓
アナーニ 事件(1303)
↓
教皇のバビロン捕囚 (1309〜77)
↓
教会大分裂(1378〜1417)
↓
教皇権の失墜
教会の腐敗
↓
ウィクリフやフス
の社会革新運動
↓
コンスタンツ公会議(1414〜18)

（王権の伸長）

▲教皇権の衰退

火刑となり，ローマ教皇が正統と認められた(教会大分裂の終結)。この後ベ
ーメンでは，フス派の住民が教皇や皇帝の圧迫に抗議し，チェコ民族運動と
結合した**フス戦争**(1419〜36)がおこった。

> **重要ファイル**　• ウィクリフやフスの革新運動は，のちの宗教改革につながった。
> **CHECK**　• コンスタンツ公会議は，教会大分裂(大シスマ)を終わらせた。

❹ [**ワット=タイラーの乱**] 聖職者**ジョン=ボール**は「アダムが耕しイヴが紡いだとき，誰が貴
族(領主)であったか」と説いて身分制社会を批判し，農奴制の廃止を訴えた。
❺ [**教皇のバビロン捕囚**] 古代のバビロン捕囚になぞらえたよび名。

通史編

中央ユーラシア

東アジア

日本

南・東南アジア

西アジア

ヨーロッパ

アメリカ

アフリカ

第2章
諸地域の
交流・再編

30. 英仏の発展と百年戦争・バラ戦争

入試重要度 A

01 イギリス議会の成長 ★★

① **ノルマン朝**(1066〜1154)…**ウィリアム1世**が封建制を確立し，王権を強化した。

② **プランタジネット朝**(1154〜1399)

☑ **ヘンリ2世** フランス西部を領有した。

☑ **リチャード1世** 第3回十字軍に参加した。

☑ **ジョン王** フランス王フィリップ2世と争い，フランス領のほとんどを失った。カンタベリ大司教の任免問題をめぐり教皇インノケンティウス3世から破門された。重税を課したため貴族と対立し，**大憲章**(マグナ=カルタ)❶に署名させられた。

☑ **ヘンリ3世** 大憲章を無視し，重税を課した。これに対し，**シモン=ド=モンフォール**が反乱をおこして王を破り，1265年に議会を招集した。

☑ **エドワード1世** 聖職者・貴族のほか，騎士や市民の代表からなる**模範議会**を開催した(1295)。

③ **イギリス議会**…騎士が軍事力としてではなく，地方の地主である**ジェントリ**(郷紳)となり，市民とともに下院の勢力となった。

```
大憲章(マグナ=カルタ)
(ジョン王, 1215)
     ↓
シモン=ド=モンフォール
の議会(ヘンリ3世, 1265)
※イギリス議会の起源
     ↓
模範議会
(エドワード1世, 1295)
     ↓
上院・下院の二院制
(14C半ば)
```
▲イギリス議会の発展

> **重要ファイル**
> CHECK
> ・大憲章(マグナ=カルタ)により，イギリス立憲政治の基礎が築かれた。
> ・各身分(聖職者・貴族・市民など)の代表者からなる議会を身分制議会といい，イギリスの模範議会を皮切りに，ヨーロッパ各国で成立した。

02 フランス王権の伸長 ★★

① **カペー朝**(987〜1328)

☑ **ユーグ=カペー** カロリング朝断絶後，王朝を創始。王権は弱体だった。

☑ **フィリップ2世** イギリスのジョン王と争い，国内のイギリス領の大半を奪回。第3回十字軍に参加した。

☑ **ルイ9世** キリスト教の一派で異端の**アルビジョワ派**(カタリ派)を征服し，南フランスに勢力を拡大。第6回・7回十字軍を主導した。

❶ [**大憲章**] 1215年，ジョン王が貴族の要求をうけ入れて調印。63か条からなる。新たな課税には貴族の同意を必要とするなど法の支配を明文化した。イギリス憲法のはじまりとされる。

通史編

第1章 諸地域の歴史的特質

第2章 諸地域の交流・再編

第3章 諸地域の結合・変容

第4章 地球世界の課題

テーマ史編

- ✓**フィリップ4世** 聖職者への課税をめぐり，ローマ教皇ボニファティウス8世と対立。これに際して**全国三部会**を招集し，聖職者・貴族・市民の支持を得て，王権を強化した。1303年の**アナーニ事件**で教皇を捕らえた。

② **ヴァロワ朝(1328〜1589)**…カペー朝の断絶により成立した。

03 百年戦争(1339〜1453) ★ ★

① **原因**…カペー朝の断絶に際し，イギリス国王**エドワード3世**がフランス王位継承権を主張し，対立した。背景には**フランドル地方**(毛織物産地)をめぐる両国の勢力争いもあった。

▲15世紀のフランス

② **経過**…前半はイギリスが優勢だった。**エドワード黒太子**の活躍により，クレシーの戦い(1346)，ポワティエの戦い(1356)でフランス軍に圧勝した。当時，フランス国内は**ジャックリーの乱**や**黒死病**の流行で混乱していた。

　　後半は，フランスに農民の娘**ジャンヌ=ダルク**があらわれ，イギリス軍から**オルレアン**の包囲を解放した。

③ **結果**…フランスが勝利。カレーを除く全フランス国土からイギリス勢力が追放された。フランス国王**シャルル7世**は財政を立て直し，常備軍を創設し，中央集権化を推進した。

▲ジャンヌ=ダルク

04 バラ戦争(1455〜85) ★ ☆

百年戦争後のイギリスでは，**ランカスター家**と**ヨーク家**の王位継承問題から，**バラ戦争**がおこった。内乱をおさめたランカスター家の**ヘンリ7世**は1485年に即位し，**テューダー朝**(1485〜1603)を開いた。ヘンリ7世は**星室庁裁判所**を設置して反抗する貴族を処罰し，中央集権化を推進した。

❝ 重要ファイル
CHECK
- 百年戦争は，フランドル地方をめぐる争いでもあった。
- 百年戦争・バラ戦争で英仏は絶対王政への道を開いた。 **❞**

73

31. ヨーロッパ諸地域の変容

入試重要度 **A**

中央ユーラシア

東アジア

日本

南・東南アジア

西アジア

ヨーロッパ

アメリカ

アフリカ

01 ドイツ（神聖ローマ帝国） ★★

① **シュタウフェン朝（1138〜1208，1215〜54）**…歴代の皇帝が**イタリア政策**に力を注いだため，国内の統一はさまたげられた。

② **皇帝不在の時代（1256〜73）**…シュタウフェン朝の断絶後，実質的な皇帝がいない「**大空位時代**」が生じ，政治的混乱が頂点に達した。

③ **ルクセンブルク朝（1347〜78）**…1356年，**カール4世**は「**金印勅書**」を発布し，皇帝選出権を**七選帝侯**に認めた。大諸侯の領地（**領邦**）では集権化が進み，帝国から自立する勢いをみせるところもあった。15世紀前半以降，皇帝は**ハプスブルク家**から選ばれるようになったが，国内には300ほどの領邦が分立し，統一は難航した。

④ **ハプスブルク家の統治（1273〜1308，1438〜1806）**…13世紀末，**スイス**地方の農民がハプスブルク家の支配に対抗し，1499年，神聖ローマ帝国から事実上独立した。1648年の**ウェストファリア条約**でスイスは国際的な承認を得た。

▲1400年ごろのドイツ・イタリア・フランス

⑤ **東方植民（12〜14世紀）**

かつてスラヴ人やマジャール人が住んでいたエルベ川以東へのドイツ人による植民がおこなわれ（**東方植民**），ブランデンブルク辺境伯領や**ドイツ騎士団領**などの諸侯国が成立した。

> **重要ファイル**
> CHECK
> ・歴代のドイツ（神聖ローマ）皇帝によるイタリア政策への追求が，ドイツの領邦化につながった。
> ・カール4世の「金印勅書」で領邦が法的に認められた。

02 イタリア ★★

① **イタリアの分裂**…中世末期には，多数の国・諸侯・都市に分立していた。
- ✓ **北部** ヴェネツィア・ジェノヴァ・フィレンツェなどの都市国家が分立。
- ✓ **中部** 教皇領
- ✓ **南部** 両**シチリア王国**が，**シチリア王国**と**ナポリ王国**に分裂した。

② **イタリア政策（10〜13世紀）**…ドイツ（神聖ローマ）皇帝がイタリアに干渉した。これによりイタリア国内では内部抗争に発展し，**教皇党（ゲルフ）**と**皇帝党（ギベリン）**が対立した。

03 イベリア半島 ★★

① **イスラーム勢力の支配**…711年，ウマイヤ朝が西ゴート王国を滅ぼし，756年に**後ウマイヤ朝**が成立した。

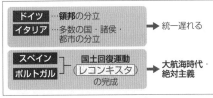

▲ヨーロッパ諸地域の動向（14〜15世紀）

② **国土回復運動（レコンキスタ，718〜1492）**…西ゴート王国滅亡後のイスラームの支配に対し，キリスト教徒がイスラーム勢力の駆逐を掲げて戦った。12世紀までにイベリア半島北部がキリスト教圏に回復し，そこに**カスティリャ・アラゴン・ポルトガル**の3王国が建国された。

③ **国土回復運動の完成と大航海時代の幕開け**…アラゴン王子**フェルナンド**とカスティリャ王女**イサベル**との結婚で両国が統合し，1479年，**スペイン**（イスパニア）**王国**が成立した。1492年，彼らはイスラーム勢力最後の拠点**グラナダ**を陥落させ，ここに国土回復運動が完成した。以後，スペインは絶対主義国家として海外進出に乗り出した。

一方，ポルトガルは15世紀後半，**ジョアン2世**が王権を強化し，バルトロメウ=ディアスなどの探検家によるインド航路の開拓を援助した。

> **重要ファイル**
> CHECK
> - アラゴン王子とカスティリャ王女の結婚でスペインが成立した。
> - 国土回復運動後，スペイン・ポルトガルで大航海時代が幕を開けた。

04 北欧諸国 ★★

北ヨーロッパでは，14世紀末，デンマーク女王**マルグレーテ**の主導により，デンマーク・スウェーデン・ノルウェーからなる**カルマル同盟**が結ばれ，同君連合の王国が成立した。

通史編

第1章 諸地域の歴史的特質

第2章 諸地域の交流・再編

第3章 諸地域の結合・変容

第4章 地球世界の課題

テーマ史編

通史編

中央ユーラシア

東アジア

日本

南・東南アジア

西アジア

ヨーロッパ

アメリカ

アフリカ

第2章 諸地域の交流・再編

32. 西ヨーロッパの中世文化

入試重要度 A

01 教会と修道院 ★★

中世の西ヨーロッパでは，ローマ=カトリック教会の権威が浸透しており，人々は人生の節目で教会による儀式をうけた。また，世俗と離れた修道院も大きな文化的役割を果たしていた。12〜13世紀の**大開墾時代**に耕地開墾の先頭に立ったのは，シトー修道会を中心とする修道院であった。

02 学問と大学 ★★

① **12世紀ルネサンス**…12世紀にイスラーム圏からもたらされたギリシア語の古典が**ラテン語**に翻訳され，学問や文芸などが大きく発展した。学問は神学中心で，哲学や自然科学はその下に位置づけられた（「**哲学は神学の婢**」❶）。また，信仰を理論的に体系化する**スコラ学**が発達した。

② **スコラ学**…キリスト教の教理にアリストテレス哲学を結びつけて体系化した。実在論と唯名論が対立して**普遍論争**がおこった。

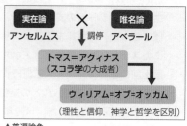

▲普遍論争

- ☑ **アンセルムス** スコラ学の父。神や普遍の概念が事物に先行して存在するという実在論をとなえた。

- ☑ **アベラール** 実在するものは個々の事物だけであり，神や普遍の概念は名目にすぎないという唯名論を説いた。

- ☑ **トマス=アクィナス** 普遍論争を調停し，信仰と理性の一致を説いてスコラ学を大成した。主著『神学大全』。

- ☑ **ロジャー=ベーコン** イスラーム科学の影響をうけ，観察と経験を重視し，近代科学の発展に影響を与えた。

- ☑ **ウィリアム=オブ=オッカム** 唯名論に立ち，信仰と理性，神学と哲学はそれぞれ調和しないと説いた。

③ **大学**…教授や学生の自治組合（ギルド）として誕生した。おもな大学には3つの学部（神学・医学・法学）があった。また教養科目として，文法学・修辞学・論理学の3学科と算術・幾何・天文・音楽の4学科もおかれた。

❶ ［哲学は神学の婢］ 神学が最高の学問であったことを示すことわざ。

最古の大学で法学が有名な**ボローニャ大学**(イタリア)，医学で有名な**サレルノ大学**(イタリア)，神学で有名な**パリ大学**(フランス)，**オクスフォード大学・ケンブリッジ大学**(イギリス)などがある。

03 文学(騎士道物語) ★★

騎士を主題として，口語(俗語)で**騎士道物語**が書かれた。おもな作品は，ドイツの『**ニーベルンゲンの歌**』[2]，フランスの『**ローランの歌**』[3]，イギリスの『**アーサー王物語**』[4]など。**吟遊詩人**は宮廷をめぐり，騎士の恋愛を詩によんだ。

04 教会建築 ★★

① **ロマネスク様式(11世紀)**…半円状アーチを多く使用し，重厚・荘重。**ピサ大聖堂**(イタリア)，シュパイアー大聖堂(ドイツ)など。

② **ゴシック様式(12世紀)**…高い**尖塔**と**ステンドグラス**が特徴。**ノートルダム大聖堂・シャルトル大聖堂**(フランス)，**ケルン大聖堂**(ドイツ)など。

▲ピサ大聖堂

▲おもな大学と代表的なロマネスク様式・ゴシック様式の教会

> 66 **重要ファイル**
> CHECK
> ・スコラ学はトマス=アクィナスにより大成された。
> ・建築は，11世紀にロマネスク様式，12世紀にゴシック様式へと変化した。 99

❷ [ニーベルンゲンの歌] 13世紀に完成した英雄叙事詩。英雄ジークフリートの活躍と死，その妻の陰惨な復讐劇を描いた。

❸ [ローランの歌] 11世紀末に完成した英雄叙事詩。カール大帝の対イスラーム戦を描いた。

❹ [アーサー王物語] ケルト人の伝説をもとにした騎士道物語。

□① セルジューク朝の軍事封土制度を［＿＿＿＿］制という。 ／ イクター

□② 1187年，アイユーブ朝のサラーフ＝アッディーン（サラディ ／ イェルサレム
ン）は，十字軍から［＿＿＿＿］を奪回した。

□③ 1250年，エジプトで［ a ］（奴隷軍人）がイスラーム王朝 ／ a マムルーク
を建国し，首都［ b ］は香辛料の貿易で栄えた。 ／ b カイロ

□④ マレー半島で14世紀末，東南アジア最初の本格的なイスラ ／ マラッカ
ーム王朝となる［＿＿＿＿］王国が成立した。

□⑤ イスラーム王朝の都市には［＿＿＿＿］（礼拝所）が建てられた。 ／ モスク

□⑥ イスラーム社会では，修行を重んじる［＿＿＿＿］（イスラー ／ スーフィズム
ム神秘主義）がおこり，12世紀ごろから教団を形成した。

□⑦ イスラームの歴史学者イブン＝［ a ］は『世界史序説』を ／ a ハルドゥーン
著し，旅行家イブン＝［ b ］は『大旅行記』を著した。 ／ b バットゥータ

□⑧ 10世紀，フランス中東部に設立されたベネディクト派の ／ クリュニー
［＿＿＿＿］修道院は，教会改革運動の中心となった。

□⑨ 教皇と叙任権闘争で対立して破門された神聖ローマ皇帝 ／ a ハインリヒ4世
［ a ］は，1077年にイタリアの［ b ］で教皇に謝罪した。 ／ b カノッサ

□⑩ 教皇ウルバヌス2世は1095年，［＿＿＿＿］宗教会議で聖地回 ／ クレルモン
復のための聖戦を提唱した。

□⑪ 第4回十字軍は［ a ］商人の要求に応じ，コンスタンティ ／ a ヴェネツィア
ノープルを占領して，［ b ］帝国を建てた。 ／ b ラテン

□⑫ 11〜12世紀以降，［ a ］家がイタリアのフィレンツェで ／ a メディチ
栄え，［ b ］家が南ドイツのアウクスブルクで栄えた。 ／ b フッガー

□⑬ 中世都市では，［＿＿＿＿］（同業組合）が自治をおこなった。 ／ ギルド

□⑭ 11世紀末以降，ビザンツ帝国では軍管区制にかわって ／ プロノイア
［＿＿＿＿］制がおこなわれるようになった。

□⑮ 15世紀末，［ a ］大公国のイヴァン3世は，ローマ帝国 ／ a モスクワ
の後継者を自任し，［ b ］（皇帝）の称号を用いた。 ／ b ツァーリ

□⑯ 14〜15世紀，ヨーロッパでは，黒死病（［＿＿＿＿］）が流行した。 ／ ペスト

□⑰ 1309〜77年，教皇庁がフランスの［ a ］に移され，フラ ／ a アヴィニョン
ンス王の支配に下ったことを「教皇の［ b ］」という。 ／ b バビロン捕囚

□⑱ 1215年，ジョン王は大憲章（［＿＿＿＿］）に署名した。 ／ マグナ＝カルタ

通史編

第1章 諸地域の歴史的特質

第2章 諸地域の交流・再編

第3章 諸地域の結合・変容

第4章 地球世界の課題

テーマ史編

□⑲ 1302年，仏王フィリップ4世は初めて[　　　]を開いた。　**全国三部会**

□⑳ 1339〜1453年にイギリスとフランスのあいだで[　**a**　]が　**a百年戦争**
　　おこり，1455〜85年にイギリス国内で[　**b**　]がおこった。　**bバラ戦争**

□㉑ 15世紀前半以降，神聖ローマ帝国の皇帝は代々，[　　　]　**ハプスブルク**
　　家から選ばれることになった。

□㉒ 8〜15世紀，イベリア半島では国土回復運動([　　　])が　**レコンキスタ**
　　続いた。

□㉓ 1479年，アラゴン王子[　**a**　]とカスティリャ王女イサベ　**aフェルナンド**
　　ルの結婚で，[　**b**　]（イスパニア）王国が成立した。　**bスペイン**

□㉔ 『神学大全』を著した[　　　]はスコラ学を大成した。　**トマス=アクィナス**

□㉕ 11世紀以降，ピサ大聖堂など[　**a**　]様式の教会が，12世紀　**aロマネスク**
　　以降，ケルン大聖堂など[　**b**　]様式の教会が建造された。　**bゴシック**

思考力問題にTRY

✓次の資料は，歴史家のウマリーが14世紀前半，エジプトのカイロでマムルーク朝の接待係から
あるスルタンに関する話を耳にし，文章にまとめたものである。文章中のスルタンは，地図中
のどこ（**a**）から来て，どこ（**b**）に向かう途中だったのか。正しい組み合わせをあとのア〜エか
ら1つ選べ。なお，地図の国境線は現在のものである。

「スルタンは，大勢の従者や大量の黄金を積ん
だラクダ隊を引き連れ，カイロにやって来ました。
巡礼に向かう途中で立ち寄ったのです。マムルー
ク朝の王家の人々や役職者は，皆このスルタンか
ら贈り物をもらいました。カイロの住民も分け前
を手にし，スルタン一行との商売で大もうけした
のです。たくさんの金が流入したため，エジプトの
金の価格が下落したほどです。」

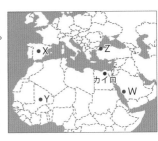

ア a—X b—Z　**イ** a—X b—W　**ウ** a—Y b—Z　**エ** a—Y b—W

解説 設問文の「14世紀前半」，資料中の「大量の黄金」「巡礼」から考える。スルタンは，
イスラーム王朝の君主のこと。イスラーム教徒が巡礼するのは，聖地メッカ（**W**）であ
る。14世紀前半，マリ王国は産出した金とサハラ交易で栄え，首都トンブクトゥ（**Y**）
は「黄金の都」とよばれた。文章中のスルタンは，マリ王国最盛期の王マンサ=ムーサ。
1324年のムーサの豪勢なメッカ巡礼は，ヨーロッパでも評判になった。

解答 エ

通史編

中央ユーラシア　東アジア

日本

南・東南アジア

西アジア

ヨーロッパ

アメリカ

アフリカ

第2章
諸地域の
交流・再編

33. 東アジアの勢力交替，宋の政治

入試重要度 A

01 東アジア諸地域 ★★

唐が滅亡した10世紀前半，近隣諸地域でも政権の交替や動揺が相次いだ。

① **キタイ(遼)(916〜1125)**…モンゴル系**キタイ(契丹)**人の耶律阿保機(太祖)が東モンゴルに建国した。926年に渤海を滅ぼし，936年には中国王朝(後晋)の華北の政変に介入し，**燕雲十六州**を獲得した。さらに，五代の諸王朝や宋(北宋)を圧迫した。11世紀初めに北宋と和議(**澶淵の盟**)を結んで国境を維持したが，1125年，金に滅ぼされた。

　キタイは，北方民族を部族制により，中国の農耕民族を州県制により統治する**二重統治体制**をとった。文化においては仏教を奨励し，漢字とウイグル文字の影響をうけた**契丹文字**を作成した。

② **西夏(1038〜1227)**…チベット系の遊牧民族**タングート**の李元昊が建国した。**西夏文字**という独自の文字を作成した。

③ **高麗(918〜1392)**…王建が朝鮮に建国した。都は開城。13世紀にモンゴルの侵入をうけ，服属。14世紀には**倭寇**の侵入に苦しみ，李成桂によって滅ぼされた。高麗では文官(文班)と武官(武班)からなる官僚(**両班**)は貴族化した。仏教が国の保護をうけて栄え，仏教経典を集成した**高麗版大蔵経**がつくられた。また，**高麗青磁**とよばれるすぐれた陶磁器も製作された。

④ **大理(937〜1254)**…南詔の滅亡後，雲南に建国された。宋に入貢したが，モンゴルに征服された。

⑤ **大越(1009〜1225)**…李氏がベトナムに建国。**李朝**といわれる(大越は国号)。首都は昇竜(現在のハノイ)。

⑥ **日本**…8世紀末に平安京に遷都し，貴族政治が花開いた。9世紀末に遣唐使が中止されると，日本独自の国風文化が形成された。

▲11世紀後半の東アジア

> **重要ファイル**　・唐が滅亡(907)したことで，朝鮮半島では新羅→高麗，雲南では南詔→
> CHECK　　　大理など，東アジアの諸地域で政権交替が進んだ。

通史編

第1章 諸地域の歴史的特質

第2章 諸地域の交流・再編

第3章 諸地域の結合・変容

第4章 地球世界の課題

テーマ史編

02 宋(北宋, 960〜1127)　★★

　五代の後周の将軍であった趙匡胤(太祖)が建国し, 都を開封においた。

① **文治主義**…宋は, 文人官僚による統治をめざし, 官吏登用法として科挙を整備し, 皇帝みずから試験官となって宮中でおこなう殿試を実施した。

② **対外関係**…キタイとは澶淵の盟(1004)を, 西夏とは慶暦の和約(1044)を結んだ。宋は両国に莫大な金品を贈り, 財政危機をもたらした。

③ **新法**…6代神宗が宰相に起用した王安石は, 青苗・均輸・市易・募役・保甲など新法とよばれる諸政策を実施し, 国家財政の立て直しと軍事力強化をはかった。しかし, 新法を支持する新法党と司馬光らを中心とした旧法党との党争が続き, 宋はさらに弱体化した。

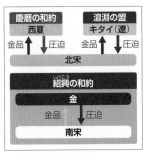

▲宋と北方民族との関係

④ **靖康の変(1126〜27)**…キタイを滅ぼした金が, 開封を占領して上皇の徽宗と皇帝の欽宗らを北方に連れ去り, 宋(北宋)は滅亡した。

03 金(1115〜1234)　★★

　ツングース系女真の完顔阿骨打(太祖)が中国東北地方に建国した。金は, 宋と結んでキタイを滅ぼしたが, のちに宋と争い華北を支配下においた。部族制にもとづく軍事・行政組

▲12世紀ごろのアジア

織(猛安・謀克)を採用する一方, 華北では州県制をしいた。独自の文字(**女真文字**)を作成し, 儒教・仏教を融合した道教の一派の**全真教**がおこった。

04 南宋(1127〜1276)　★★

　欽宗の弟の高宗が江南にのがれて建国し, 都を臨安(現在の杭州)においた。南宋では, 和平派と主戦派が対立し, 和平派の宰相秦檜が主戦派の岳飛を獄死させて和平派が勝利した。金とはその後和議を結び, 淮河をもって国境とした。

通史編

中央ユーラシア

東アジア

日本

南・東南アジア

西アジア

ヨーロッパ

アメリカ

アフリカ

第2章 諸地域の交流・再編

34. 宋の社会・文化

入試重要度 A

01 宋の社会 ★★

① **唐の滅亡と商業の発達**…唐が滅亡した後，後梁・後唐・後晋・後漢・後周の5王朝が交替した(五代)。五代の多くが，黄河と大運河の接点である開封を都とし，豊かな江南の経済力とつながりをもっていた。

② **宋の支配階層**…開封に都をおいた宋(北宋)は，文治政治をおこない，科挙で官僚を選んだ。文人官僚を出した官戸は，唐末以降の経済の発展により富裕層となった新興地主層である形勢戸の出身が多く，また減免などの特権が与えられたことから，さらに力を蓄えた。形勢戸は，小作農(佃戸)を使って農地を管理・経営し，地域社会を支配する士大夫となっていった。

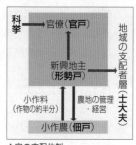

▲宋の支配体制

③ **商業活動と商業の発展**…都市や草市・鎮❶で発達した商業活動のなか，塩や茶，酒などの専売や，米や絹などの商品を扱う大商人が出現し，商人と結んだ宋に大きな利益をもたらした。商人らは行，手工業者らは作とよばれる同業者組合をつくり，商業を活発化させた。宋は，広州・泉州・明州(現在の寧波)などの港に市舶司をおき，海上交易をさかんにおこなった。

④ **江南の開発**…長江下流域が稲作の中心地となり，「蘇湖(江浙)熟すれば天下足る」といわれた。北宋の時代には，ひでりに強い早稲種の占城稲がベトナムから伝来した。南宋の時代には，長江下流域は穀倉地帯となった。また，陶磁器や茶，絹の生産も増大して，水運がさらに発達した。

⑤ **貨幣**…商業の発達により，銅銭が大量に流通するようになった。鋳造された銅銭(宋銭)は，東アジアの基軸通貨ともなり，手形として発生した交子(北宋)，会子(南宋)が紙幣として使われるようになった。銅銭は，日宋貿易で日本にも輸出され，日本では貨幣経済への移行の役割を担った。

▲銅銭(宋銭)

> 重要ファイル
> CHECK
> ・宋の時代，商業の発達は豊かな江南に支えられていた。
> ・隋・唐の時代にはじまった科挙は，宋代に完成した。

❶ [草市・鎮] 草子は都市の城外に形成された交易場，鎮は地方の小都市をいう。

① **文化の特徴**…貴族的な華麗さより，教養人として勢力を拡大してきた士大夫が好む，精神的・理知的な文化。

② **儒学**…万物生成の正しい本質である理法に至ろうとする**宋学**が，北宋の周敦頤によってはじまった。南宋の**朱熹**（**朱子**）は宋学を大成した（**朱子学**）。朱子学は，華夷秩序，身分の上下，君臣の秩序を重んじる**大義名分論**や**理気二元論**を説き，経典として**四書**（『大学』『中庸』『論語』『孟子』）を重んじた。朱子学は，のちに朝鮮半島や日本にも伝えられ，影響を与えた。

▲朱熹

南宋の**陸九淵**（陸象山）は，「**心即理❷**」の一元論を説いて，実践を重視した。その思想は，明の陽明学に影響を与えた。

③ **歴史学**…北宋の**司馬光**は，編年体で『**資治通鑑**』を著した。身分の上下などを重視する立場をとった。

④ **文学**…名文家では，唐宋八大家の**欧陽脩**，**蘇軾**（蘇東坡），王安石らが出た。韻文では，民謡をもとにした**詞**がうまれた。

⑤ **仏教**…中国特有の仏教の一派である**禅宗**は，士大夫の支持をうけて広まった。12世紀には日本へも伝わった。一方，民衆には**浄土宗**が広まった。

⑥ **庶民の文化**…商業の発達によって力を蓄えた庶民が担い手となり，都市では講釈師によって語られる小説と歌，踊りを融合させた**雑劇**が生まれた。また，音楽に合わせて詞がつくられた。

⑦ **美術**…水墨の濃淡，あるいは淡い色彩で文人（士大夫）らによって描かれた**文人画**（北画），宮廷画家を中心とする**院体画**（南画）がさかんになった。

⑧ **陶磁器**（**宋磁**）…単色で簡素な造りの**青磁**と**白磁**が代表的。喫茶の普及で需要が増えた。

⑨ **技術の発達**…唐の時代にはじまった**木版印刷**は宋の時代に広まり，活字による印刷技術である活版印刷が発明された。**羅針盤**や**火薬**も実用化され，これらはのちにヨーロッパに伝えられた。

▲馬遠「山径春行図」（院体画）

❷ [**心即理**] 朱熹の理気二元論に対して，心そのものが理に合致するという考え。

通史編

第1章 諸地域の歴史的特質

第2章 諸地域の交流・再編

第3章 諸地域の結合・変容

第4章 地球世界の課題

テーマ史編

35. モンゴルの大帝国，元の東アジア支配と東西交流

入試重要度 A

01　大モンゴル国(モンゴル帝国，1206〜1388)　★★

① **チンギス=カン(ハン)**…テムジンがモンゴル系・トルコ系の諸部族を統一し，1206年の**クリルタイ**(集会)で君主の位についた。軍事・行政組織として**千戸制**(せんこ)を実施した。対外的には，トルコ系の**ナイマン**，中央アジア・イラン高原の**ホラズム=シャー朝**，西夏(せいか)を滅ぼして大帝国を建設した。

② **オゴデイ**…カアン(カンに勝る「皇帝」の意味)を称して即位した。1234年に金(きん)を滅ぼし，都を**カラコルム**に定めた。**バトゥ**にヨーロッパ遠征を命じ，1241年，**ワールシュタットの戦い**でドイツ・ポーランド連合軍を撃破した。

③ **モンケ**…**クビライ**にチベット・雲南(うんなん)への遠征を命じ，**フレグ**には西アジア遠征を命じてアッバース朝を滅ぼした。

④ **諸ハン国**…中央ユーラシア西部に**バトゥ**が**キプチャク=ハン国**(ジョチ=ウルス)を，イラン地方に**フレグ**が**イル=ハン国**(フレグ=ウルス)を建国した。また，中央アジアに**チャガタイ=ハン国**(チャガタイ=ウルス)が成立した。

⑤ **モンゴル帝国**…1260年，**クビライ**はカアンを称して即位した。モンゴル帝国は，各国のハンとともにゆるやかに連合していた。

▲モンゴル帝国の最大領域

02　元(げん)(大元(だいげん)，1271〜1368)　★★

① **クビライ(世祖**(せいそ)**)**…都を**大都**(だいと)(現在の北京(ペキン))に定め，国号を**元**(大元)とした。1266年，クビライに対してハイドゥが反乱をおこし，40年あまり争乱が続いた。

通史編

第1章 諸地域の歴史的特質

第2章 諸地域の交流・再編

第3章 諸地域の結合・変容

第4章 地球世界の課題

テーマ史編

② **クビライの対外遠征**…南宋を滅ぼして中国全土を支配し，高麗を属国とした。日本には2度大軍を派遣したが失敗した(**元寇**)。ビルマのパガン朝を滅ぼしたが，ベトナムの陳朝に撃退され，インドネシア遠征にも失敗した。

③ **モンゴル人第一主義**…元の中国統治では，要職をモンゴル人が独占し，中央アジア・西アジア出身の人々を**色目人**，金の支配下にあった人々を**漢人**，南宋の支配下にあった人々を**南人**として区別し，身分秩序を厳格にした。

④ **東西文化の交流**…**駅伝制(ジャムチ)**の施行によって，隊商らによる陸路交易がさかんにおこなわれた。海上交易では，**杭州・泉州・広州**などの港市が繁栄し，**海運**も発達した。ムスリム商人やウイグル商人が活躍した。

プラノ=カルピニ (1182ごろ〜1252)	フランチェスコ会修道士。ローマ教皇によって派遣され，カラコルムを訪れた。
ルブルック (1220ごろ〜93ごろ)	フランチェスコ会修道士。十字軍への協力要請のため，フランス国王ルイ9世によって派遣された。
モンテ=コルヴィノ (1247〜1328)	ローマ教皇の使節として派遣され，大都の大司教に就任。**中国で最初にカトリックを布教**した。
マルコ=ポーロ (1254〜1324)	ヴェネツィア出身の商人・旅行家。1275年大都に到着し，長くクビライに仕えた。帰国後，**『世界の記述』**(『東方見聞録』)を口述筆記した。
イブン=バットゥータ (1304〜68/69または77)	モロッコ出身の旅行家。元末の大都に入り，帰国後，『大旅行記』(**『三大陸周遊記』**)を口述筆記した。

▲元を訪れたヨーロッパ人

⑤ **元の文化**…庶民文化では**元曲(雑劇)**が発達した。代表作は**『西廂記』**や**『琵琶記』**など。**郭守敬**はイスラーム暦をもとに**授時暦**を作成した。また，クビライの命でチベット文字をもとに**パクパ文字**が作成された。

⑥ **モンゴル帝国の解体と元の滅亡**…14世紀には，疫病や天災が重なり，モンゴル帝国の解体が進んだ。キプチャク=ハン国はティムールに攻められ弱体化し，カザン=ハン国，クリミア=ハン国などに分裂した。元では，14世紀半ば以降，**交鈔**(紙幣)の濫発による経済的混乱などから，白蓮教徒らによる**紅巾の乱**をはじめとする反乱が頻発した。この混乱の中で，元は明軍によってモンゴル高原に追われ，**北元**(1368〜88)となった。

> **重要ファイル**
> CHECK
> ・クビライによって元(大元)が成立し，中国全土を支配した。
> ・駅伝制(ジャムチ)の整備はマルコ=ポーロら西欧人の渡来をうながした。

中央ユーラシア

東アジア

日本

南・東南アジア

西アジア

ヨーロッパ

アメリカ

アフリカ

36. ティムール朝の興亡，オスマン帝国とサファヴィー朝

入試重要度 B

01 ティムール朝の興亡 ★★

① **ティムール朝（1370〜1507）の建国**…14世紀半ば，チャガタイ＝ハン国が東西に分裂した後，トルコ化した西チャガタイ＝ハン国の軍人**ティムール**が1370年，**サマルカンド**を都として建国した。

② **ティムール朝の発展**…ティムールは，旧イル＝ハン国領を征服し，キプチャク＝ハン国や北インドに侵入した。1402年には，**アンカラの戦い**でオスマン帝国を破り**バヤジット１世**を捕虜としたが，明への遠征途上で病死した。ティムール朝は16世紀初め，トルコ系遊牧集団のウズベクに滅ぼされた。

③ **トルコ＝イスラーム文化**…イラン＝イスラーム文化が基調。細密画（**ミニアチュール**），天文学（**ウルグ＝ベク❶**による天文台の建設など），暦法が発達した。

> ❝ **重要ファイル** ● ティムール朝の都サマルカンドを中心に，イラン＝イスラーム文化を基
> CHECK 調とするトルコ＝イスラーム文化が発達した。 ❞

02 オスマン帝国の成立と発展 ★★

① **オスマン帝国（1300ごろ〜1922）の成立**…トルコ人のオスマンがアナトリア西部に建国した。

② **ムラト１世**…ビザンツ帝国からアドリアノープル（エディルネ）を奪い，1366年に遷都した。1389年，スラヴ勢力をコソヴォの戦いで撃破した。

③ **バヤジット１世**…1396年，ハンガリー王ジギスムント率いる連合軍を**ニコポリスの戦い**で破るが，1402年，ティムールに**アンカラの戦い**で大敗した。

▲オスマン帝国とサファヴィー朝の最大領域

④ **メフメト２世**…1453年に**ビザンツ帝国**を滅ぼし，コンスタンティノープル（のちの**イスタンブル**）に遷都した。

❶ ［**ウルグ＝ベク**］ ティムール朝の４代君主。学芸を愛好し，天文台で自ら天文観測を行った。

通史編

第1章 諸地域の歴史的特質

第2章 諸地域の交流・再編

第3章 諸地域の結合・変容

第4章 地球世界の課題

テーマ史編

⑤ **セリム1世**…サファヴィー朝を破った後，1517年にマムルーク朝を滅ぼして，イスラーム教の両聖都メッカとメディナの保護権を獲得した。

⑥ **スレイマン1世**…オスマン帝国最盛期のスルタンで，ハンガリーを征服し，1529年**第1次ウィーン包囲**をおこなった。さらに1538年，スペイン・ヴェネツィアの連合艦隊を**プレヴェザの海戦**で破り，地中海の制海権を獲得した。

> 重要ファイル
> CHECK
> ● メフメト2世は1453年にビザンツ帝国を滅ぼした。
> ● セリム1世は聖都（メッカとメディナ）の保護権を手に入れた。
> ● オスマン帝国はスレイマン1世のときに最盛期をむかえた。

03 オスマン帝国の社会 ★★

① **統治**…イスラーム法とスルタンの法（**カーヌーン**）による支配。税制は，**ティマール制❷**から徴税請負制へと変化した。徴税請負により富と権力が集中し，各地に有力者（アーヤーン）が出現した。**ミッレト❸**には自治が認められた。軍隊では，歩兵常備軍の**イェニチェリ軍団**が主力となった。

② **対外政策**…セリム2世は，ヨーロッパ商人に，**カピチュレーション**という商業活動や居住の自由を認める特権を与えた。

04 サファヴィー朝の興隆 ★★

① **サファヴィー朝（1501〜1736）の成立**…イスマーイール（1世）がタブリーズを都に建国した。シーア派の中で穏健派の**十二イマーム派❹**を国教とし，君主は**シャー**（支配者）の称号を用いた。

② **最盛期**…5代**アッバース1世**は新首都**イスファハーン❺**を建設した。

	オスマン帝国	イル=ハン国（フレグ=ウルス）	チャガタイ=ハン国（チャガタイ=ウルス）
ヨーロッパ連合軍敗退 ← ニコポリスの戦い	バヤジット1世		
ビザンツ帝国滅亡 ←	メフメト2世	アンカラの戦い	ティムール朝 ティムール
神聖ローマ帝国を攻撃するが失敗 第1次ウィーン包囲	スレイマン1世		サファヴィー朝 イスマーイール（1世）アッバース1世
ヨーロッパ連合軍敗退 ← プレヴェザの海戦			

▲14〜16世紀の西アジアの興亡

❷ [**ティマール制**] スルタンから軍事奉仕の代償として与えられた，土地の管理と徴税権。

❸ [**ミッレト**] 帝国内に住んでいるキリスト教徒やユダヤ教徒の共同体。

❹ [**十二イマーム派**] シーア派の主要宗派で，イラン・イラクに信徒が多い。

❺ [**イスファハーン**] 「王の広場」を中心とする都市計画がおこなわれ，「**イスファハーンは世界の半分**」と称されるほどの繁栄をとげた。

通史編

中央ユーラシア

東アジア

日本

南・東南アジア

西アジア

ヨーロッパ

アメリカ

アフリカ

第2章
諸地域の
交流・再編

37. ムガル帝国の興隆

入試重要度 **B**

01 ムガル帝国の成立(1526〜1858) ★★

① **帝国の建国**…ティムールの子孫の**バーブル**が，アフガニスタンのカーブルを拠点に北インドに進出した。彼は1526年，パーニーパットの戦いで火器を使って**ロディー朝❶**を破り，デリーを都としてムガル帝国を建国した。

② **帝国の発展**…ムガル帝国3代皇帝**アクバル**が，一時途絶していた帝国を再興し，首都を**アグラ**に移した。アクバルは，支配階層の組織化をはかり，**マンサブダール制❷**という位階制度を導入した。検地をおこない，地税が確定したことにより，中央集権化を実現した。

③ **ヒンドゥー教徒との融合**…アクバルは，ヒンドゥー教徒最大勢力の**ラージプート**とイスラーム教徒の融和をはかり，非イスラーム教徒に課されていた**人頭税(ジズヤ)**を廃止した。

02 ムガル帝国の衰退 ★★

① **帝国の衰退**…第6代皇帝**アウラングゼーブ**の時代に，ムガル帝国は最大の領土になった。しかし，領土の拡大にともなって財政は悪化した。また，純粋なイスラーム国家を取り戻そうとして，非イスラーム教徒に対する**人頭税(ジズヤ)**を復活させたことで，ヒンドゥー教徒の反発を強め，ラージプートやシク教の反乱をまねいた。

② **地方勢力の台頭**…地方の有力な官僚たちは自立への動きを強め，18世紀初めにアウラングゼーブ帝が死去すると，ムガル帝国は解体に向かった。

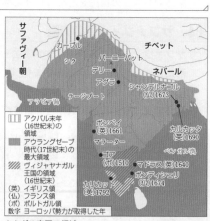

▲ムガル帝国の領域

地図凡例：
||| アクバル末年(16世紀末)の領域
■ アウラングゼーブ時代(17世紀末)の最大領域
/// ヴィジャヤナガル王国の領域(16世紀末)
(英) イギリス領
(仏) フランス領
(ポ) ポルトガル領
数字 ヨーロッパ勢力が取得した年

地図注記：サファヴィー朝，カーブル，チベット，シク，パーニーパット，デリー，ネパール，アグラ，シャンデルナゴル(仏)1673，ラージプート，アラビア海，ボンベイ(英)1661，マラーター，ゴア(ポ)1510，カルカッタ(英)1690，ベンガル湾，マドラス(英)1640，ポンディシェリ(仏)1674，カリカット(英)1792

----

❶ [ロディー朝] デリー=スルタン朝最後の王朝。

❷ [マンサブダール制] 官僚を維持すべき騎兵・騎馬数とそれに応じた給与によって序列をつけ，官位を与えた位階制度。

通史編

第1章 諸地域の歴史的特質

第2章 諸地域の交流・再編

第3章 諸地域の結合・変容

第4章 地球世界の課題

テーマ史編

> **重要ファイル** • アクバルはヒンドゥー教徒との融和をはかり，人頭税を廃止した。
> CHECK • アウラングゼーブは人頭税を復活させて，ヒンドゥー教徒を弾圧した。

03 地方勢力の自立化 ★★

① **デカン高原**…チョーラ朝の滅亡後，14世紀にヒンドゥー王朝である**ヴィジャヤナガル王国**がインド洋交易を通じて繁栄した。カリカット，クイロンなどの港市を支配したが，17世紀にはヨーロッパ勢力の進出❸を許した。

② **西インド**…17世紀の中ごろ，西インドでは，**マラーター**❹の**シヴァージー**が**マラーター王国**を建国し，18世紀には南アジア最大の勢力となった。

③ **西北インド**…迫害をうけた**シク教徒**が反乱をおこし，強大化した。

④ **南インド**…マイソール王国が台頭した。

⑤ **農村社会**…地方の領主層である**ザミンダール**が，農業生産の増加にともなって力を伸ばした。

04 インド=イスラーム文化 ★★

① **宗教**…イスラーム教とヒンドゥー教との融合をはかる信仰がさかんになり，神は根本的に同一と説いた**カビール**や，**シク教**❺の祖**ナーナク**が登場した。

② **文化**…**細密画（ミニアチュール）**❻が多数生み出され，北インドの口語にペルシア語の語彙をとり入れた**ウルドゥー語**が誕生した。建築では，インド様式とイスラーム様式が融合した**タージ=マハル**❼などがつくられた。

▲タージ=マハル

❸ ［ヨーロッパ勢力の進出］ 上座部仏教国家が存続していたスリランカ（セイロン島）には，16世紀以降ポルトガル，次いでオランダが進出した。

❹ ［マラーター］ デカン高原西部に居住し，ヒンドゥー教（バクティ運動）に帰依し，反ムガル運動の中心となったカースト集団。

❺ ［シク教］ ヒンドゥー教を基礎に，イスラーム教の影響を強くうけて成立。ナーナクが創始し，パンジャーブ地方を中心に普及した。

❻ ［細密画］ イランからインドに伝わり，ムガル絵画とラージプート絵画に発展した。

❼ ［タージ=マハル］ ムガル帝国5代皇帝シャー=ジャハーンが妃の死をいたみ，都アグラに建てた廟。インド=イスラーム建築の代表とされる。

第2章 諸地域の交流・再編

38. 明の成立とその朝貢世界

入試重要度 A

01 明朝の成立と政治体制 ★★

① **明（1368〜1644）の建国**…元末の**白蓮教徒❶**による紅巾の乱で頭角をあらわした**朱元璋**は，1368年，**南京**を都として明朝を建て，**洪武帝❷**と称した。

② **明初の政治**…洪武帝は**中書省**と丞相を廃止し，**六部**を皇帝直属とするとともに，農村では，**里甲制❸**を実施し，土地台帳（**魚鱗図冊**）や租税台帳（**賦役黄冊**）を整備し，君主独裁体制を確立した。また，民衆教化のために**六諭❹**を定めた。官制・法制の面では，**朱子学**を官学として科挙を整備し，**明律や明令**などの法典を制定した。軍制の面では，**衛所制**を編成した。さらに，沿海部の治安維持のために民間の海上貿易を禁止し（**海禁**），**朝貢貿易**を推進した。貿易を含む対外関係は，国家間の朝貢・冊封関係に限定した。

③ **永楽帝**…2代**建文帝**の諸王抑圧策に対して，北京に本拠をおいた燕王が**靖難の役**で帝位を奪って即位した（**永楽帝**）。彼は，都を**北京**に移し，モンゴル遠征や，ベトナムを一時占領するなど積極的な対外政策をとった。また，**鄭和❺**を南海遠征に派遣し，南海諸国の明朝に対する朝貢を勧誘した。

洪武帝 君主独裁体制の確立	**永楽帝** 明の全盛期を築く
●**行政**…中書省・丞相を廃止 六部を皇帝に直属 ●**法制**…明律・明令　●**兵制**…衛所制 ●**官制**… 朱子学 の官学化と科挙の整備 ●**対外政策**…海禁政策→朝貢推進 農村 ●**里甲制**（村落行政組織） ●**魚鱗図冊**（土地台帳） ●**賦役黄冊**（戸籍・租税台帳） ●**六諭**（民衆の教化）	**内政** ●内閣大学士の設置 ● 北京 へ遷都 **外政** ●モンゴル遠征 ●ベトナム占領 ●鄭和の南海遠征 南海諸国に明への**朝貢**をうながす

▲洪武帝と永楽帝の政治

❶ ［白蓮教］　仏教系の宗教結社。弥勒仏が救世主としてあらわれるという下生信仰をもつ。

❷ ［洪武帝］　元号を洪武で通し，以後は皇帝一代を一元号とする**一世一元の制**が定着した。

❸ ［里甲制］　民戸110戸を1里とし，そのうち財力のある10戸を里長戸，残りの100戸を10戸ずつの10甲として甲首戸をおいた。里長と甲首は交替当番制で徴税や治安維持にあたった。

❹ ［六諭］　6か条の儒教的教訓である六諭を毎月6回となえさせ，里老人がそれを指導した。

❺ ［鄭和］　イスラーム教徒の宦官。1405年から33年にかけて7回遠征し，遠くはアフリカのマリンディにまで到達した。

通史編

第1章 諸地域の歴史的特質

第2章 諸地域の交流・再編

第3章 諸地域の結合・変容

第4章 地球世界の課題

テーマ史編

02 明朝の朝貢世界　★★

① 琉球…15世紀初めに中山王によって統一され、朝貢貿易で栄えた。

▲明代のアジア(15世紀ごろ)

地図中の凡例:
- ■ 永楽帝時代の明の最大領域
- ■ ティムール朝の領域（14C後半～15C初め）

地図ラベル: クリミア＝ハン国、キプチャク＝ハン国（ジョチ＝ウルス）、バイカル湖、カラコルム、イスタンブル、トルファン、モンゴル、オイラト、土木堡、北京、朝鮮、日本、オスマン帝国、サマルカンド、カシュガル、南京、ダマスクス、ティムール朝、イスファハーン、チベット、雲南、マムルーク朝、メディナ、デリー、デリー＝スルタン朝、メッカ、広州、明、カイロ、アラビア海、カリカット、ベンガル湾、アユタヤ朝、チャンパー、ヴィジャヤナガル王国、カンボジア、インド洋、マラッカ、スマトラ、パレンバン、マジャパヒト、ジャワ、スラバヤ、琉球、麻港

② **マラッカ王国**…14世紀末、マレー半島南西部に成立。鄭和の遠征を機に急成長した。

③ **朝鮮**…1392年、李成桂が高麗を倒して建国し、漢城を都とした。4代世宗のときには、**金属活字**による出版や訓民正音(**ハングル**)が制定された。

④ **タイ**…上座部仏教を奉ずる**アユタヤ朝**が、明や琉球と貿易をおこなった。

⑤ **ベトナム**…黎朝が明の制度をとり入れ、朱子学を振興した。

⑥ **日本**…室町幕府3代将軍足利義満のときに**勘合貿易**がおこなわれた。

⑦ **北方民族の侵入**…1449年、西モンゴルの**オイラト**部の**エセン＝ハン**が土木堡で明の正統帝を捕虜にした。これを**土木の変**という。

> **重要ファイル**
> CHECK
> ● 洪武帝は、農村に里甲制を、軍制では衛所制をしいた。
> ● 明との貿易では、諸外国は朝貢・冊封をうけ入れなければならなかった。
> ● 永楽帝は、鄭和に南海遠征を命じ、南海諸国の朝貢を勧誘した。

03 朝貢体制の動揺と明朝の改革　★★

① **北虜南倭**…16世紀半ば、**モンゴル**(タタール、韃靼)を統一した北元の**アルタン＝ハーン**は、しばしば明に侵攻し(**北虜**)、東南沿岸では交易の利益を求める人々が**倭寇**として活動をおこなった(**南倭**)。

② **税制の改革**…海外から**日本銀**や**メキシコ銀**が流入し、銀の流通が一般化したことから、**万暦帝**の初期に**張居正**の改革により**一条鞭法**が実施された。これにより、別々に割り当てられていた各種の税をまとめて銀で納入することとされ、中央集権化がはかられた。

> **重要ファイル**
> CHECK
> ● 北虜南倭は、明の貿易統制政策を打破しようとする動きだった。
> ● 銀の流通にともない、税制で一条鞭法が実施された。

通史編

中央ユーラシア

東アジア

日本

南・東南アジア

西アジア

ヨーロッパ

アメリカ

アフリカ

39. 明代の社会・文化と東アジア，明朝の滅亡

入試重要度 **A**

01 明代の社会 ★★

① **産業の発展**…長江下流域では綿織物や**生糸**などの家内制手工業がさかんになり，その原料となる**綿花**や**桑**(蚕の飼料)の栽培が普及した。明末には，長江中流域の**湖広**が新たな穀倉地帯となり，「**湖広熟すれば天下足る**」と称された。また，**景徳鎮**などで**陶磁器**の生産がさかんになり，生糸とともに主要な輸出品にもなった。

② **商人の活躍**…**山西商人**や**徽州(新安)商人**などの**特権商人**が巨大な富を築いた。主要都市では，同郷・同業者の相互扶助のための**会館・公所**が整備され，商人や**郷紳❶**などの富裕な人々が文化生活を楽しんだ。

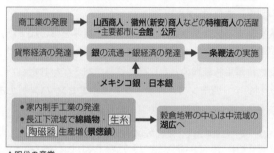

```
商工業の発展 ━▶ 山西商人・徽州(新安)商人などの特権商人の活躍
                →主要都市に会館・公所

貨幣経済の発達 ━▶ 銀の流通→銀経済の発達 ━▶ 一条鞭法の実施
                      ▲
                メキシコ銀・日本銀

・家内制手工業の発達
・長江下流域で綿織物・ 生糸  ━▶ 穀倉地帯の中心は中流域の
・陶磁器 生産増(景徳鎮)          湖広へ
```

▲明代の産業

▲赤絵　明代後期に流行した陶磁器。景徳鎮などで製作された。

> **重要ファイル**　• **商工業**　綿織物や生糸などの家内制工業が発達した。
> CHECK　• **農業**　湖広が新たな穀倉地帯となった。

02 明代の文化 ★★

① **儒学**…洪武帝は朱子学を官学とし，永楽帝は，『**四書大全**』や『**五経大全**』，百科事典の『**永楽大典**』などを編纂させた。王守仁(**王陽明**)は，当時の朱子学を批判し，**心即理**を主張し，**致良知・知行合一❷**を説く**陽明学**を創始した。

② **出版・芸術**…庶民文化として，『**三国志演義**』『**水滸伝**』『**西遊記**』『**金瓶梅**』の四大奇書といわれる**小説**が出版された。絵画では，北宗画(院体画)の**仇英**，南宗画(文人画)の**董其昌**などがあらわれた。

❶ [郷紳] 科挙の合格者や官僚経験者など，郷里の名士として勢力をもった人々のこと。

❷ [知行合一] 認識することと実践することの両者は一体であるという考え。

③ **実学**…科学技術への関心が高まり，**李時珍**の『**本草綱目**』，**徐光啓**の『**農政全書**』，**宋応星**の『**天工開物**』などの**科学技術書**がつくられた。

④ **イエズス会宣教師の活動**…宣教師の活動が科学技術の発展に大きな役割を果たし，**マテオ=リッチ**の『**幾何原本**』（徐光啓と共著），**アダム=シャール❸**の『**崇禎暦書**』（徐光啓らと共著）などが刊行された。

▲坤輿万国全図（着色写本）

マテオ=リッチは中国最初の世界地図（「**坤輿万国全図**」）の作製でも貢献した。

03 16～17世紀の東アジア ★★

① **日本**…**豊臣秀吉**は，国内統一後，2度にわたって朝鮮に侵攻した（**文禄・慶長の役**）。その後，江戸幕府を開いた**徳川家康**が**朱印船貿易❹**で利益をあげたため，ポルトガルは**マカオ**，オランダは台湾を拠点として貿易に介入した。しかし江戸幕府は1630年代に**鎖国**体制をしいた。

② **朝鮮**…豊臣秀吉の朝鮮侵攻（**壬辰・丁酉倭乱❺**）では，**亀甲船**を駆使した**李舜臣**らが日本に打撃を与えた。秀吉の死とともに日本軍は撤退した。

▲朝鮮の亀甲船

04 明朝の滅亡 ★★

　北虜南倭や朝鮮半島・中国東北地方での戦争，宮廷での浪費により，一条鞭法で一時改善していた明の財政は再び悪化した。中央集権の強化で地方官僚の不満が高まり，**東林派❻**と非東林派の党争により，政治が混乱した。17世紀には**女真**（のち**満洲**と改称）が自立し，**鄭氏**などの強力な武装商業集団が出現した。そうした中，**李自成の乱**により**崇禎帝**は自害し，1644年，明は滅亡した。

❸ ［アダム=シャール］ ドイツ出身の宣教師。清では天文台長官として活躍した。

❹ ［朱印船貿易］ 江戸幕府は渡航許可証（**朱印状**）を発行し，東南アジアに**朱印船**を派遣した。ベトナムのホイアン，フィリピンのマニラなどの港市に**日本町**がつくられた。

❺ ［壬辰・丁酉倭乱］ 秀吉の朝鮮侵略に対する朝鮮での呼称。日本では文禄・慶長の役。

❻ ［東林派］ 江蘇省の東林書院の顧憲成が政治批判の中心となったため，このようによばれた。非東林派は，魏忠賢らの宦官派と組み，東林派と対立した官僚勢力。

通史編

第1章 諸地域の歴史的特質

第2章 諸地域の交流・再編

第3章 諸地域の結合・変容

第4章 地球世界の課題

テーマ史編

通史編

中央ユーラシア　東アジア

日本

南・東南アジア

西アジア

ヨーロッパ

アメリカ

アフリカ

40. 清朝の東アジア支配

入試重要度 **A**

01 清朝の成立 ★★

① **清朝(1616〈36〉～1912)の建国**…満洲に住む**女真**の**ヌルハチ(太祖)**が，アイシン**(後金)**を建国し，**八旗❶**の編成や満洲文字の制定など，国家建設を進めた。

② **ホンタイジ(太宗)**…内モンゴルのチャハルを従え，国号を**清**と改めた。

02 清朝支配の拡大 ★★

① **順治帝(世祖)**…東北国境を守っていた明の武将**呉三桂**を従えて，明を滅ぼした李自成軍を破り，1644年北京に遷都した。一方，反清活動をおこなっていた**鄭成功**とその一族は，台湾を拠点に清に抵抗した。

② **康熙帝(聖祖)**…呉三桂ら漢人の藩王がおこした**三藩の乱❷**を鎮圧し，台湾の鄭氏を降伏させて中国を統一，清朝統治の基礎を固めた。対外政策では，ロシアと**ネルチンスク条約**を締結して国境を定め，さらに，**ジュンガル❸**を破って外モンゴルを支配し，チベットにも進出した。

③ **雍正帝(世宗)**…キリスト教の布教を禁止し，ロシアと**キャフタ条約**を締結してモンゴル方面の国境を画定した。

④ **乾隆帝(高宗)**…ジュンガルを滅ぼして東トルキスタン全域を占領し，これを「**新疆**」(新しい領土)と称するなど，清の最大領域を実現した。

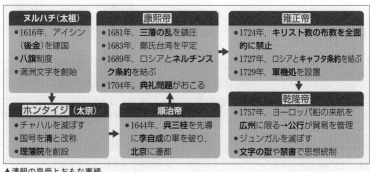

▲清朝の皇帝とおもな事績

❶ [**八旗**] 満洲族の血縁・地縁集団を再編成した，8つの軍団からなる軍事・行政組織。

❷ [**三藩の乱**] 雲南・広東・福建に藩王として駐留した勢力(三藩)による反乱(1673～81)。

❸ [**ジュンガル**] オイラト系部族で17世紀に強大となり，トルキスタン・青海・チベットや外モンゴルに進出した。中央ユーラシア最後の遊牧帝国。

通史編

第1章 諸地域の歴史的特質

第2章 諸地域の交流・再編

第3章 諸地域の結合・変容

第4章 地球世界の課題

テーマ史編

> **重要ファイル**
> **CHECK**
> - 女真のヌルハチがアイシン(後金)を建国し，2代皇帝のホンタイジが国号を清と改めた。
> - 清朝は，康熙帝・雍正帝・乾隆帝の時代に，大帝国に発展した。
> - 皇帝は平常時に北京の紫禁城で政務をとりおこなった。

03 清朝の統治制度 ★★

① **中国統治**…要職の定員を満・漢同数とする**満漢併用制**や皇帝直属の諮問機関である**軍機処❹**を設置するなど，独自の制度を創設した。地方では総督・巡撫を制度化して，漢人も多く登用した。

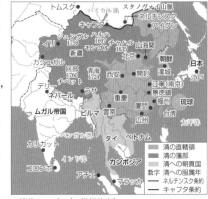

▲清代のアジア(18世紀後半)

② **軍制**…漢人で編成する**緑営**が主力となり，満洲・モンゴル・漢の3軍で編成する**八旗**を要地に駐屯させた。

③ **対反清政策**…反清的言論に対しては，**文字の獄❺**で弾圧し，**禁書**をおこない思想を統制した。また，漢人男性に対して**辮髪**を強制し，**白蓮教**などの民間宗教も邪教として弾圧した。

▲辮髪

④ **領土統治策**…中国内地・東北地方・台湾を直轄領とし，モンゴル・チベット・青海・新疆を**藩部**(非直轄領)として統轄した。藩部を統轄したのは中央の機関(**理藩院**)だが，実際の統治は現地の支配者に委ねられていた(間接統治)。チベットではチベット仏教の指導者**ダライ=ラマ❻**らが，新疆ではウイグル人有力者(ベグ)がそれぞれ支配者として存続した。

> **重要ファイル**
> **CHECK**
> - 清朝は漢人に対して，満漢併用制などで懐柔する一方，辮髪の強制や文字の獄・禁書で思想統制をはかるなど弾圧した。
> - 清朝は，藩部を理藩院に統轄させたが，藩部の習慣や宗教にはほとんど干渉せず寛大であった。

❹ [軍機処] 軍事行政上の最高機関。のちに政治上でも内閣にかわる最高機関となった。

❺ [文字の獄] 反満・反清的な内容の文や文字を書いたものを厳罰に処した思想弾圧。

❻ [ダライ=ラマ] ツォンカパが開いた黄帽派チベット仏教の教主，政治の最高権力者の尊称。

通史編

中央ユーラシア

東アジア

日本

南・東南アジア

西アジア

ヨーロッパ

アメリカ

アフリカ

41. 清代の社会・文化と東アジア・東南アジア

入試重要度 A

01 清朝と東アジア・東南アジア ★★

清の最盛期には，東アジア・東南アジアの国々が清に朝貢をおこなっていた。

① **朝鮮**…16世紀以降，**両班❶**が政治の実権をめぐって争った。朝鮮こそ明の正当な継承者である（小中華意識）とし，**儒教**の儀礼を厳格に守った。

② **琉球**…17世紀初め薩摩の島津氏に服属。清にも朝貢した。琉球独特の文化が首里城を中心に形成された。

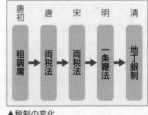
▲琉球貿易図屏風

③ **日本**…鎖国後も，長崎で中国と交易をおこなった。琉球を介した中国との交易も，江戸時代を通じて続いた。

④ **東南アジアの国々**…名目的に清の**冊封**をうけたが，対等な独立国という意識をもっていた。中国系の移民（**華僑**）が経済を動かした。16世紀にポルトガルがマラッカを占領，スペインは**マニラ**に拠点をおき，18世紀に**オランダ**が**ジャワ島**を植民地とした。

☑ **東南アジア諸島部** 17世紀末以降，オランダの支配が進んだ。

☑ **インドシナ半島** ビルマでは**タウングー朝**（1531～1752）がモン人によって倒され，**コンバウン朝**（1752～1885）が成立した。タイでは**ラタナコーシン朝**（チャクリ朝，1782～），ベトナムでは**阮朝**（1802～1945）が成立した。

02 清代の社会 ★★

① **貿易の発展**…清は当初，**海禁**政策をとっていたが，台湾の鄭氏の降伏後，海禁を解除したため**海上貿易**が発展した。生糸や陶磁器，茶などの輸出によって中国には**銀**が流入した。東南アジアとの貿易をおこなう福建や広東の人々は東南アジアに住みついて経済力を伸ばし，各地に**華僑**社会が形成された。

唐初	唐	宋	明	清
租調庸	→ 両税法	→ 両税法	→ 一条鞭法	→ 地丁銀制

▲税制の変化

❶ ［両班］ 高麗・朝鮮王朝時代の特権階層で，政治的には高級官職を独占し，経済的には土地所有者となり，さまざまな特権が認められた。

通史編

第1章 諸地域の歴史的特質

第2章 諸地域の交流・再編

第3章 諸地域の結合・変容

第4章 地球世界の課題

テーマ史編

　　乾隆帝の時代には，ヨーロッパ船の来航を広州1港に制限し，公行❷に貿易を管理させた。

② **税制**…18世紀初め，一条鞭法にかわり**地丁銀制**❸が実施された。この制度の採用で人口動態が明らかになり，大規模な土地開発と食料増産により，清代に人口が急増した。

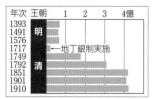

年次	王朝	1	2	3	4億
1393	明				
1491					
1576					
1717	←地丁銀制実施				
1749					
1792	清				
1851					
1901					
1910					

▲明・清代の人口推移

> 　**重要ファイル** ・清朝の盛期には，東・東南アジア諸国は清の属国とみなされた。
> 　CHECK　　・海禁は解かれたが，ヨーロッパ船の来航は広州1港に制限された。

03　清代の文化　★★

① **編纂事業**…康熙帝時代に『**康熙字典**』，雍正帝時代に『**古今図書集成**』，乾隆帝時代に『**四庫全書**』などの大規模な編纂事業がおこなわれた。

② **儒学**…黄宗羲や顧炎武❹らの実証を重視する主張は，経典の研究を精密におこなう**考証学**に発展し，**銭大昕**などの学者が出た。

③ **文学**…『**紅楼夢**』『**儒林外史**』などの小説や，『**長生殿伝奇**』『**桃花扇伝奇**』などの戯曲がつくられた。

④ **イエズス会宣教師**…技術者として重用され，暦の改定をおこなった**アダム=シャール**(湯若望)や**フェルビースト**(南懐仁)，「**皇輿全覧図**」の作製に協力したブーヴェ(白進)，離宮**円明園**❺の設計に加わった**カスティリオーネ**❻(郎世寧)などがいた。

▲円明園

⑤ **典礼問題**…イエズス会宣教師は中国文化を尊重して布教した。これに対し，ドミニコ修道会などは，カトリックの教義に反するとしてローマ教皇に訴えた(**典礼問題**)。教皇がイエズス会の布教方法を否定したため，雍正帝は**キリスト教の布教を全面禁止**し，弾圧した。

❷ [公行]　広州での外国貿易を独占した特許商人(**行商**)の組合。

❸ [地丁銀制]　地銀(土地税)に丁銀(人頭税)をくり入れ，一括して銀納する制度。

❹ [顧炎武]　実証的な学問を尊び，考証学の祖となった。

❺ [円明園]　北京郊外に建設された離宮で，バロック様式の西洋建築を含む広大な庭園。

❻ [カスティリオーネ]　イタリア出身のイエズス会宣教師。康熙・雍正・乾隆の3帝に宮廷画家として仕え，西洋画法を伝えた。

□① 東アジアでは916年，モンゴル系の□□□□（契丹）人が強力な国家をつくり，華北にまで勢力をのばした。 ｜ キタイ

□② 朝鮮半島では918年，□□□□が高麗を建国した。 ｜ 王建

□③ 中国では960年，□a□（太祖）が宋（北宋）を建国し，都を□b□においた。 ｜ a 趙匡胤 b 開封

□④ 儒学の一派で，北宋の□a□によってはじまった宋学は，南宋の□b□によって大成され，日本にも影響を与えた。 ｜ a 周敦頤 b 朱熹（朱子）

□⑤ 1115年，完顔阿骨打が中国東北地方に□□□□を建国した。 ｜ 金

□⑥ モンゴル帝国の5代カアンの□□□□は元（大元）を開いた。 ｜ クビライ

□⑦ 元の大都は□□□□（ジャムチ）と連結され，隊商が各地とさかんに交易をおこなった。 ｜ 駅伝制

□⑧ トルコ化した西チャガタイ=ハン国の軍人が1370年，□a□朝を開き，□b□に都をおいた。 ｜ a ティムール b サマルカンド

□⑨ オスマン帝国の□□□□は1453年，ビザンツ帝国を滅ぼした。 ｜ メフメト2世

□⑩ オスマン帝国最盛期のスルタン□a□はハンガリーを征服すると，1529年に第1次□b□包囲をおこなった。 ｜ a スレイマン1世 b ウィーン

□⑪ オスマン帝国軍は，歩兵常備軍の□□□□が主力となった。 ｜ イェニチェリ

□⑫ 1501年，イスマーイール（1世）は□a□朝を成立させると，シーア派の中で穏健派の□b□を国教とした。 ｜ a サファヴィー b 十二イマーム派

□⑬ ティムールの子孫□a□は1526年，ロディー朝を破ると，イスラーム王朝である□b□の基礎を築いた。 ｜ a バーブル b ムガル帝国

□⑭ 16世紀初頭，ナーナクが□□□□教を開いた。 ｜ シク

□⑮ 中国では1368年，□□□□が明朝を建て，洪武帝と称した。 ｜ 朱元璋

□⑯ 明の3代皇帝の□a□は，都を南京から北京に移し，南海遠征に□b□が率いる艦隊を派遣した。 ｜ a 永楽帝 b 鄭和

□⑰ 明は海禁を実施し，周辺諸国との□□□□貿易を推進した。 ｜ 朝貢

□⑱ 1392年，□a□が高麗を倒して朝鮮を建国し，4代世宗は□b□（ハングル）を制定した。 ｜ a 李成桂 b 訓民正音

□⑲ 明の時代，朱子学への批判から□□□□がおこった。 ｜ 陽明学

□⑳ 明の時代，『三国志演義』『□□□□』『西遊記』『金瓶梅』の四大奇書が出版された。 ｜ 水滸伝

通史編

第1章 諸地域の歴史的特質

第2章 諸地域の交流・再編

第3章 諸地域の結合・変容

第4章 地球世界の課題

テーマ史編

□㉑ 朝鮮の［　　　］は亀甲船を駆使し，豊臣秀吉の侵攻を退けた。 ： 李舜臣

□㉒ 満洲に住む女真の［　a　］(太祖)がアイシン(後金)を建国 ： a ヌルハチ
し，［　b　］(太宗)が国号を清と改めた。 ： b ホンタイジ

□㉓ 清の康熙帝は，呉三桂らがおこした［　a　］を鎮圧し，ロ ： a 三藩の乱
シアと［　b　］条約を結んで国境を定めた。 ： b ネルチンスク

□㉔ 清は漢人男性に対して，［　　　］を強要した。 ： 辮髪

□㉕ 朝鮮では16世紀以降，［　　　］(特権階層)が実権を争った。： 両班

□㉖ 清は18世紀初め，一条鞭法にかわり［　　　］を実施した。： 地丁銀制

□㉗ 康熙帝の時代に字書『［　a　］』が編纂され，乾隆帝の時代 ： a 康熙字典
には一大叢書『［　b　］』が編纂された。 ： b 四庫全書

思考力問題にTRY

☑ あるクラスの班は，オスマン帝国時代のイスタンブルに興味をもち，17世紀の各宗教・宗派の宗教施設の分布を示した右の図をもとに，次のメモを作成した。メモ中の（　a　）・（　b　）にあてはまる内容の正しい組み合わせを，あとのア～エから１つ選べ。【共通テスト試作問題－改】

〔メモ〕 図の時代のオスマン帝国は，非ムスリム臣民を庇護民(ズィンミー，ジンミー)として遇して，（　a　）。イスタンブルにおいては，住民は，それぞれの宗教施設の近隣に居住していたと考えられるので，図の宗教施設の分布から，キリスト教徒とユダヤ教徒が（　b　）ことが推測される。

● モスク ---おもな城壁
■ ギリシア正教の教会
▲ ユダヤ教の礼拝所
★ その他の宗教施設

a あ 人頭税の支払いと引き換えに，一定の自治を認めた

　 い 人頭税を廃止し，ムスリムと平等に扱った

b X 分離して居住していた

　 Y それぞれ同じ教徒だけで一箇所に集中して居住していた

ア あ―X　　イ あ―Y　　ウ い―X　　エ い―Y

解説 非ムスリムのキリスト教徒やユダヤ教徒は，地図に見られるように，点在する宗教共同体(ミッレト)で暮らしていた。オスマン帝国は非ムスリムに人頭税(ジズヤ)を課す一方，宗教共同体の自治を認め，自由な商業活動や交易も奨励した。外国の商人にも特権を与えたことで，イスタンブルは東西交易や文化融合の結節点となった。

解答 ア

中央ユーラシア

東アジア

日本

南・東南アジア

西アジア

ヨーロッパ

アメリカ

アフリカ

第2章
諸地域の
交流・再編

42. ヨーロッパの海洋進出, アメリカ大陸の征服

入試重要度 A

01 新航路の発見 ★★

① **海外進出の背景**…マルコ=ポーロの著作『**世界の記述**』(『**東方見聞録**』)などによるアジアへの関心の高まりや, **香辛料**の需要の高まりに加え, **羅針盤**の改良や航海術の発達が遠洋航海を可能にした。

② **インド航路開拓**…国土回復運動(**レコンキスタ**)により13世紀にイスラームの影響から脱したポルトガルは, インド航路の開拓を国営事業とし, 香辛料の直接取引で利益をあげ, 首都**リスボン**は世界商業の中心地となった。

人　名	支援国	年　代	業　績
エンリケ (航海王子)	ポルトガル	15世紀 前半	アフリカ西岸の探検やインド航路の開拓を奨励した。
バルトロメウ= ディアス	ポルトガル	1488	国王**ジョアン2世**の支援のもとで探検をおこない, **喜望峰**に到達した。
ヴァスコ=ダ=ガマ	ポルトガル	1498	インドの**カリカット**に到達した。

02 アメリカ大陸への到達 ★★

① **コロンブス**…1492年, スペイン女王**イサベル**の援助で, フィレンツェの天文学者**トスカネリ**の地球球体説を信じて大西洋を西に向かって航海し, カリブ海のサンサルバドル島に到着した。

▲ヨーロッパ人による航海

② **カブラル**…インドに向かう途中で**ブラジル**に漂着し, この地を**ポルトガル領**とした。

③ **アメリゴ=ヴェスプッチ**…南アメリカ探検を行い, コロンブスがインドの一部と信じていた土地がアジアではなくヨーロッパ人には未知の「新大陸」であると明らかにした。「新大陸」は彼の名にちなんで「アメリカ」と名づけられた。

④ **世界周航の達成**…ポルトガル人の**マゼラン**は，スペイン王の支援のもとで西回りの大航海に出発し，1521年フィリピンに到達した。彼自身はそこで死亡したが，翌年，部下によって世界周航が達成された。

03 スペインのアメリカ大陸征服 ★★

　コロンブスの航海以後，ポルトガルとスペインの対立が激化するなか，1493年にローマ教皇アレクサンデル6世がスペインに有利な教皇子午線を設定した。しかし翌年，スペインとポルトガルの間で**トルデシリャス条約**が成立し，両国の海外領土の勢力圏が決められた。その後スペインはアメリカ大陸に進出し，「征服者」(コンキスタドール)の率いる軍隊をアメリカ大陸に送りこんだ。

① **メキシコ征服**…1521年，**コルテス**が**アステカ王国**を滅ぼした。
② **ペルー征服**…1533年，**ピサロ**が**インカ帝国**を滅ぼした。
③ **植民地支配**…**エンコミエンダ制❶**が導入され，植民者が先住民を労働力として酷使し，それでも足りない労働力は，アフリカからの**黒人奴隷**で補った。スペインの聖職者**ラス=カサス**は，『インディアスの破壊についての簡潔な報告』の中でエンコミエンダ制を批判した。

❝ 重要ファイル
CHECK
　• ポルトガルは，インド航路の開拓によるアジア貿易で繁栄した。
　• スペインはアメリカ大陸へ進出し，アステカ王国・インカ帝国を滅ぼした。 **❞**

04 世界の一体化 ★★

① **商業革命**…アジア・アメリカ大陸が貿易圏として加わり，ヨーロッパ貿易の中心が地中海から**リスボン**など大西洋沿岸の諸都市へ移動した。
② **価格革命**…新大陸(おもに**ポトシ銀山**)から大量の銀が流入し，ヨーロッパの物価が急上昇した。貨幣価値の下落は，領主層を没落させ，封建社会を崩壊させた。
③ **商業革命の影響**…東ヨーロッパ地域では**農場領主制❷**(グーツヘルシャフト)が広まり，経済面では先進地域の西ヨーロッパに従属する地域となっていった。

❝ 重要ファイル
CHECK
　• 世界の諸地域が交易を通じて結ばれ，「世界の一体化」がはじまった。
　• 商業革命の結果，西欧諸国は経済的先進地域となった。 **❞**

❶ [エンコミエンダ制]　スペインがアメリカ大陸で採用した植民地経営形態。先住民をキリスト教に改宗させることを条件に，先住民およびその土地の支配をスペイン人入植者に認めた。
❷ [農場領主制]　領主が輸出用穀物を生産するために，農民の賦役労働を利用して直営地経営をおこなった。

通史編

第1章 諸地域の歴史的特質

第2章 諸地域の交流・再編

第3章 諸地域の結合・変容

第4章 地球世界の課題

テーマ史編

43. ルネサンス

入試重要度 A

01　ルネサンスとヒューマニズム　★★

① **ルネサンス**…カトリック教会の権威の もとにあった中世文化から，人間性の 自由と解放を求め，各人の個性を尊重 しようとする文化運動がおきた。

② **人文主義（ヒューマニズム）**…ギリシ ア・ローマの古典研究によって，人間 らしい生き方を追求しようとする思想 が生まれ，ルネサンスの精神を支えた。

▲ルネサンス時代のイタリア

02　イタリア=ルネサンス　★★

イタリアでは，フィレンツェの**メディ チ家**❶やミラノ公などがルネサンスの文 芸・美術を保護した。

	人　名	作品等
文学・思想	ダンテ	『神曲』（トスカナ語で記述）
	ペトラルカ	『叙情詩集』
	ボッカチオ	『デカメロン』
	マキァヴェリ	『君主論』（近代政治学の先駆者）
絵画・彫刻	ジョット	「聖フランチェスコの生涯」
	ボッティチェリ	「ヴィーナスの誕生」「春」
	レオナルド=ダ=ヴィンチ	「最後の晩餐」「モナ=リザ」
	ミケランジェロ	「ダヴィデ像」「最後の審判」
	ラファエロ	聖母子像，「アテネの学堂」
建築	ブルネレスキ	サンタ=マリア大聖堂ドームの設計
	ブラマンテ	サン=ピエトロ大聖堂の設計

❶ ［メディチ家］　14世紀末より金融業で成功したフィレンツェの大富豪。

通史編

第1章 諸地域の歴史的特質

第2章 諸地域の交流・再編

第3章 諸地域の結合・変容

第4章 地球世界の課題

テーマ史編

03 西欧諸国のルネサンス ★★

	人　名	国　名	時　代	作品等
文学・思想	**チョーサー**	イギリス	14世紀	『カンタベリ物語』
	エラスムス	ネーデルラント	15〜16世紀	『愚神礼賛』
	トマス=モア	イギリス	15〜16世紀	『ユートピア』
	ラブレー	フランス	15〜16世紀	『ガルガンチュアとパンタグリュエルの物語』
	モンテーニュ	フランス	15〜16世紀	『エセー』（『随想録』）
	セルバンテス	スペイン	16〜17世紀	『ドン=キホーテ』
	シェークスピア	イギリス	16〜17世紀	『ヴェニスの商人』『ハムレット』
絵画	**ファン=アイク兄弟**	ネーデルラント	14〜15世紀	フランドル派画家 油絵技法の改良
	デューラー	ドイツ	15〜16世紀	「四人の使徒」
	ブリューゲル	ネーデルラント	16世紀	フランドル派の農民画家「農民の踊り」

04 科学と技術の発達 ★★

① **三大発明と改良**…鉄砲や大砲などの**火器**が発達し，戦術を変化させたため，騎士を没落させた（**軍事革命**）。中国から伝わった**羅針盤**は14世紀にイタリアで改良され，新航路の発見に貢献した。また，**グーテンベルク**が改良した**活版印刷術❷**は，**製紙法❸**の普及と結びついて書物の大量印刷を可能にした。

② **科学**…イタリアの**トスカネリ**は**地球球体説**を，ポーランドの**コペルニクス**は**地動説❹**をとなえた。イタリアの**ガリレイ**によって地動説が実証され，17世紀初めの**ケプラー**（ドイツ）の惑星運行の法則の発見につながった。

❷ ［活版印刷術］ 活字印刷は中国の宋で，金属活字印刷は朝鮮の高麗で実用化された。

❸ ［製紙法］ 中国からイスラーム世界を経て，ヨーロッパには13世紀ごろに伝わった。

❹ ［地動説］ 地球を宇宙の中心と考える教会の天動説に対し，地球の自転・公転を認める学説。

通史編

中央ユーラシア

東アジア

日本

南・東南アジア

西アジア

ヨーロッパ

アメリカ

アフリカ

44. 宗教改革

入試重要度 A

01 ドイツの宗教改革 ★★

① **改革の発端**…教皇**レオ10世**による**贖宥状（免罪符）❶**の販売に対し，1517年，ドイツの修道士**ルター**が「**九十五か条の論題**」を発表し，教皇庁を批判した。ルターは，「人は信仰によってのみ救われる」と主張し，すべての信者が平等なキリスト者であるとする**万人司祭主義**をとなえた。1521年，ルターは教皇から破門され，神聖ローマ皇帝**カール5世**に**ヴォルムス帝国議会**によびだされたが，自説の撤回を拒否し，**ザクセン選帝侯フリードリヒ**の保護のもとで**『新約聖書』のドイツ語訳**を完成させた。

② **ルター派をめぐる動向**…ルターに影響をうけた**ミュンツァー**は農奴制の廃止などを要求して**ドイツ農民戦争**をおこし，処刑された。また，ルター派諸侯が**シュマルカルデン同盟**を結成して皇帝の弾圧に抗議したことから，ルター派は**プロテスタント**（抗議する者）とよばれた。1555年に皇帝との間で**アウクスブルクの和議**が成立し，ルター派の信仰は容認された。ルター派の地域では，領邦君主が教会を監督する**領邦教会制**が成立した。

■プロテスタント信仰が普及した地域 →ルター派伝播
■カトリック信仰の地域 ●カルヴァン派中心地
■カトリック信仰がある程度勢力を回復した地域 →カルヴァン派伝播
青文字 地域でのカルヴァン派の呼称

▲プロテスタントとカトリックの分布

02 スイスの宗教改革 ★★

① **ツヴィングリ**…**チューリヒ**で宗教改革を始めたが，保守派と戦い，戦死した。

② **カルヴァン**…**ジュネーヴ**で宗教改革をおこなった。司教制度を廃止し，信徒の代表である長老と牧師で教会を運営する**長老主義**をとり入れた。彼の説いた**予定説❷**は禁欲と勤労を尊び，蓄財を肯定したため，商工業者に支持された。

---

❶ ［贖宥状（免罪符）］ **サン=ピエトロ大聖堂**を改築する資金を得るために売り出された。

❷ ［予定説］ 魂の救いは，あらかじめ神によって定められているという説。

通史編

第1章 諸地域の歴史的特質

第2章 諸地域の交流・再編

第3章 諸地域の結合・変容

第4章 地球世界の課題

テーマ史編

03 イギリスの宗教改革　★★

① **ヘンリ8世**…離婚問題が原因で教皇と対立した。1534年の**首長法（国王至上法）**で，国王がイギリス国内の教会の首長であると宣言し，カトリック世界から分離独立。ここに**イギリス国教会**が成立した。

② **エドワード6世**…「一般祈禱書（きとうしょ）」を制定し，国教会の儀式と教義を規定した。

③ **メアリ1世**…スペイン王室と結んでカトリックを復活させようとした。

④ **エリザベス1世**…1559年に**統一法**を制定し，イギリス国教会を定着させた。

> **重要ファイル**
> CHECK
> ● 宗教改革はドイツのルターからはじまり，スイスではツヴィングリ，次いでカルヴァンによっておこなわれた。
> ● イギリスでは，ヘンリ8世の首長法，エリザベス1世の統一法により，イギリス国教会が定着した。

04 カトリック改革（対抗宗教改革）　★★

宗教改革に対し，カトリック教会は教義の明確化と内部改革を通じて体制のたて直しをはかった（**カトリック改革，対抗宗教改革**）。

① **公会議**…1545年から63年にかけて開かれた**トリエント公会議**で，教皇の至上権やカトリックの教義が再確認された。

② **思想統制**…禁書目録をつくり，**宗教裁判❸**を強化した。

③ **イエズス会**…**イグナティウス＝ロヨラ**や日本にキリスト教を伝えた**フランシスコ＝ザビエル**らが結成し，学校教育や海外布教を積極的におこなった。

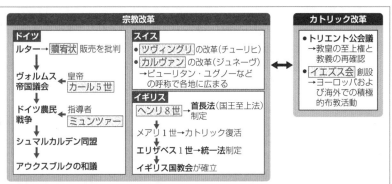

▲宗教改革とカトリック改革

❸ ［宗教裁判］　異端者を発見し処罰する教会の法廷。一部の地域では**魔女狩り**とよばれる激しい迫害もおこなわれた。

通史編

中央ユーラシア

東アジア

日本

南・東南アジア

西アジア

ヨーロッパ

アメリカ

アフリカ

45. イタリア戦争とスペインの全盛期

入試重要度 A

01 主権国家と主権国家体制 ★★

① **主権国家**…明確な国境で囲まれた領域をもち，対外的には主権者としての君主のみが国を代表する体制をもつ国家のこと。

② **主権国家体制**…主権国家が相手国と協力・対抗しながら相互の利害を調整しようとする国際秩序のこと。

③ **絶対王政**…主権国家形成期にスペイン・フランス・イギリスなどで生まれた，国王を中心とした強力な統治体制のこと。王の支配権は神から授けられたとする**王権神授説❶**のもと，**常備軍**と**官僚制**を整備し，国内の統一支配を強めた。また，財源確保のために**重商主義❷**政策がとられた。

02 イタリア戦争 ★★

① **背景**…教皇領と多くの小国家に分裂していたイタリア半島が，有力諸国の勢力拡大を目的とする戦いの主要な舞台となった。

② **戦争の勃発**…1494年，フランス王シャルル8世がイタリアに侵入し，神聖ローマ皇帝がこれに対抗して**イタリア戦争**がおこった。とくに，1519年**ハプスブルク家**出身のスペイン王**カルロス1世**が神聖ローマ皇帝**カール5世**として選出されて以降，フランスの**フランソワ1世**とヨーロッパの覇権をめぐって激しく戦った。

③ **終結**…カトー＝カンブレジ条約❸で講和。フランスはイタリア進出を断念した。

④ **イタリア戦争と主権国家体制**…イタリア戦争は，フランス王家とハプスブルク家の対立を軸として，イギリスやオスマン帝国などの**主権国家間の勢力争い❹**となり，ヨーロッパ主権国家体制が形成されるきっかけとなった。

> **重要ファイル**
> CHECK
> ・イタリア戦争は，諸外国をまきこみ，ヨーロッパの主権国家体制形成の起点となった。

❶ ［**王権神授説**］ イギリスのジェームズ1世，フランスのルイ14世やボシュエらが主張した。

❷ ［**重商主義**］ 国家が経済活動に積極的に介入し，国内産業の保護・育成をめざす動き。

❸ ［**カトー＝カンブレジ条約**］ フランスのアンリ2世，スペインのフェリペ2世，イギリスのエリザベス1世が中心となって結んだ講和条約。

❹ ［**主権国家間の勢力争い**］ カトリックのフランスとイスラーム教のオスマン帝国，カトリックのスペインと国教会のイギリスなど，宗教とは関係なく国際的な関係がもたれた。

通史編

第1章 諸地域の歴史的特質

第2章 諸地域の交流・再編

第3章 諸地域の結合・変容

第4章 地球世界の課題

テーマ史編

03 スペインの全盛期 ★★

① **カルロス1世**…**カール5世**として、
神聖ローマ皇帝を兼ね、その支配
はスペイン・ネーデルラント・ナ
ポリ・ミラノ・オーストリア・ア
メリカ大陸に及んだ。イタリア戦
争ではフランスの**フランソワ1世**
との対立が激化した。退位後、ハ
プスブルク家はスペイン系とオー
ストリア系に分かれた。

▲16世紀中ごろのヨーロッパ

② **フェリペ2世**…1571年の**レパント
の海戦**でオスマン帝国艦隊を破り、
80年にポルトガルの王位を継承し、
同君連合が1640年まで続いた。ポルトガルの海外植民地も支配下におき、
「太陽の沈まぬ国」とよばれた。一方、カトリック化政策を強力に推進して
1568年に**オランダ独立戦争**をまねき、88年にはエリザベス1世率いるイギリ
スに**無敵艦隊（アルマダ）**で挑んだが敗北した。没後にポルトガルとの同君連
合が解消され、国力が衰退した。

> **重要ファイル**　•スペインは、フェリペ2世の時代に絶対王政の全盛期をむかえたが、16
> CHECK　　　世紀末には超大国の地位を失った。

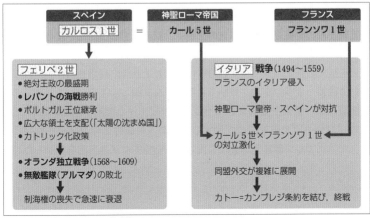

▲イタリア戦争とスペインの全盛期

46. 16世紀後半の西ヨーロッパ諸国の動向

入試重要度 B

中央ユーラシア

東アジア

日本

南・東南アジア

西アジア

ヨーロッパ

アメリカ

アフリカ

01 オランダ独立戦争(1568〜1609) ★★

① **原因**…ネーデルラントはカルヴァン派の新教徒(**ゴイセン**)が多く,そこへスペイン王**フェリペ2世**がカトリック化を強めて在地貴族から自治権を奪おうとしたことから戦争に発展した。

② **ネーデルラント諸州の動向**…カトリック勢力の強い南部10州(のちのベルギー)はスペインの支配下にとどまった。**北部7州**は1579年,**ユトレヒト同盟**を結成して**オラニエ公ウィレム**の指導の下に抵抗を続け,81年,**ネーデルラント連邦共和国**(オランダ)の独立を宣言した。

▲オランダの独立

（凡例）
■ ユトレヒト同盟加盟の州
— ウェストファリア条約で承認されたオランダ国境

③ **スペインの介入**…オランダを支援したイギリスに対し,スペインは1588年に**無敵艦隊(アルマダ)**を送ったが,イギリス海軍に敗北した。

④ **オランダの独立**…1609年の休戦条約で事実上独立した。**アムステルダム**は国際金融の中心都市となり,**バルト海貿易**でも栄えた。

02 エリザベス1世の治世 ★★

① **絶対王政の全盛期**…イギリスの王権は,新興地主の**ジェントリ**(郷紳)の協力のもと,**テューダー朝**で強化された。統一法(1559)を制定し,イギリス国教会を確立した**エリザベス1世**の時代に絶対王政の全盛期をむかえた。

② **対外政策**…オランダ独立戦争でオランダを支援し,スペインを撃破した。

③ **経済政策**…**重商主義**政策を採用し,15世紀末からの**第1次囲い込み(エンクロージャー)** [1] で羊毛生産が増大したため,毛織物工業の育成をはかった。また,1600年に**東インド会社**を設立して積極的な海外進出を展開した。

> **重要ファイル**
> **CHECK**
> ● オランダの独立はスペイン衰退の大きな要因となった。
> ● イギリスは,エリザベス1世の時代に絶対王政の全盛期をむかえた。

[1] [囲い込み] 領主や地主が農地を小作人からとり上げて,生垣や塀で囲いこんだこと。

通史編

第1章 諸地域の歴史的特質

第2章 諸地域の交流・再編

第3章 諸地域の結合・変容

第4章 地球世界の課題

テーマ史編

03　フランスの宗教戦争と絶対王政　★★

① **宗教戦争**…16世紀半ば，**シャルル9世**と
母**カトリーヌ**の治世のもと，カトリック
とカルヴァン派の新教徒（**ユグノー**）との
間で**ユグノー戦争**がおこった。

② **虐殺事件**…1572年，パリに集まったユグ
ノーをカトリック教徒が急襲し，大量虐
殺した（**サンバルテルミの虐殺**）。

▲サンバルテルミの虐殺

③ **ブルボン朝の成立**…内乱のなかで，ブルボン家の**アンリ4世**が王位につき，
ブルボン朝が成立した。王みずからはカトリックに改宗したうえで，1598年
の**ナントの王令❷**で個人の信仰の自由を認め，ユグノー戦争を終結させた。

④ **絶対王政の確立**…次いで即位した**ルイ13世**は，宰相**リシュリュー**とともに王
権の強化をはかった。1615年以降は，王権に抵抗する貴族やユグノーをおさ
えて全国三部会の招集を停止した。**ルイ14世**が幼くして即位すると，王権強
化策は宰相**マザラン**によって継続され，1648年には，この強化策に反発して
フロンドの乱❶がおきたが鎮圧された。

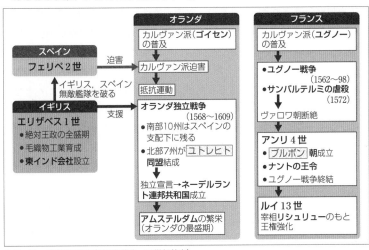

	オランダ	フランス
スペイン **フェリペ2世** →迫害→	カルヴァン派（**ゴイセン**）の普及 ↓ カルヴァン派迫害 ↓ 抵抗運動	カルヴァン派（**ユグノー**）の普及 ↓

スペイン
フェリペ2世

↑イギリス，スペイン
無敵艦隊を破る

イギリス
エリザベス1世
● 絶対王政の全盛期
● 毛織物工業育成
● **東インド会社**設立

→支援→

オランダ

カルヴァン派（**ゴイセン**）
の普及
↓
カルヴァン派迫害
↓
抵抗運動
↓
オランダ独立戦争
　　　　（1568〜1609）
● 南部10州はスペインの
支配下に残る
● 北部7州が ユトレヒト
同盟結成
↓
独立宣言→ネーデルラン
ト連邦共和国成立
↓
アムステルダムの繁栄
（オランダの最盛期）

フランス

カルヴァン派（**ユグノー**）
の普及
↓
● **ユグノー戦争**
　　　　（1562〜98）
● **サンバルテルミの虐殺**
　　　　（1572）
↓
ヴァロワ朝断絶

アンリ4世
● ブルボン 朝成立
● **ナントの王令**
● ユグノー戦争終結

ルイ13世
宰相**リシュリュー**のもと
王権強化

▲ヨーロッパ諸国の動向（16世紀後半〜17世紀前半）

❷ ［**ナントの王令**］　ユグノーにカトリックとほぼ同等の権利を与えたもの。近代ヨーロッパ
で最初に個人の信仰の自由を認めた。

❸ ［**フロンドの乱**］　王権強化策に反対する高等法院や貴族がおこした反乱。

第**2**章
諸地域の
交流・再編

47. 三十年戦争，ヨーロッパのアジア進出

入試重要度 **A**

01　17世紀のヨーロッパの危機と三十年戦争　★★

① **17世紀の危機**…ヨーロッパでは16世紀後半から続いていた経済成長が止まり，政治・経済・社会のあらゆる局面で危機をむかえた。急激な経済発展を遂げていたオランダを除き，とくにドイツの危機は深刻で，**三十年戦争**

▲17世紀半ばのヨーロッパ

凡例：
- ハプスブルク家の領土（スペイン系・オーストリア系）
- ホーエンツォレルン家（ブランデンブルク＝プロイセン）の領土
- スウェーデンの領土
- 神聖ローマ帝国の境界

（1618～48）という大規模な戦乱となってあらわれた。

② **三十年戦争勃発の背景**…神聖ローマ帝国では，アウクスブルクの和議が成立したあとも，カトリックとプロテスタントの間で宗教対立が続いていた。1618年，帝国内の**ベーメン**（ボヘミア）のプロテスタントが，神聖ローマ皇帝（カトリックのハプスブルク家）の支配に抵抗し，三十年戦争に発展した。

③ **経過**…宗教紛争としてはじまったが，しだいに列国間の覇権争いへと拡大していった。**スペイン**はカトリック側（皇帝軍）を支援し，プロテスタント国家の**デンマーク**や**スウェーデン**と戦った。傭兵隊長**ヴァレンシュタイン**率いる皇帝軍が優勢になると，スウェーデン国王**グスタフ＝アドルフ**が参戦した。さらに，カトリック国の**フランス**がプロテスタント側について参戦し，ハプスブルク家とフランスの戦いともなった。

④ **終結**…1648年の**ウェストファリア条約**で終結した。カルヴァン派の公認，アウクスブルクの和議の確認，ドイツ諸侯の領邦国家の主権確立，**スイス・オランダ**の独立承認，フランスによるアルザス・ロレーヌの一部獲得，スウェーデンによる西ポンメルンの獲得などがとり決められた。

> **重要ファイル**
> **CHECK**
> ・ウェストファリア条約でドイツ諸侯の主権が確立したことで，神聖ローマ帝国は事実上解体した。

通史編

第1章 諸地域の歴史的特質

第2章 諸地域の交流・再編

第3章 諸地域の結合・変容

第4章 地球世界の課題

テーマ史編

02 アジア市場の攻防 ★ ★

① **ポルトガル**…1510年にインドの**ゴア**を占領し，アジア貿易の拠点とした。
1557年には**マカオ**に居住権を得て，対中国貿易を展開した。

② **スペイン**…フェリペ2世の時代にフィリピンを領有し，**マニラ**を拠点にアジア貿易を展開した。また，マニラとアカプルコ（メキシコ）を結ぶ航路を開き，大型帆船の**ガレオン船**を用いて交易をおこなった。ポルトガルと同君連合となったあと，アジアやアフリカの交易を一手に担った。

③ **オランダ**…各貿易会社を統合して1602年に**東インド会社**を設立し，ジャワ島の**バタヴィア**（現在のジャカルタ）を拠点に香辛料（こうしんりょう）貿易の実権をにぎった。1623年の**アンボイナ事件**❶を契機にイギリスをインドネシアから排除し，1652年には，アジアへの中継地として南アフリカに**ケープ**植民地を設けた。17世紀の日本とは，他のヨーロッパ諸国が撤退したあとも交易をおこなった。

④ **イギリス**…1600年に**東インド会社**を設立し，アジア進出に乗り出した。アンボイナ事件後はインド経営に専念し，**マドラス・ボンベイ・カルカッタ**を拠点に通商活動をおこなった。

⑤ **フランス**…1664年に財務総監**コルベール**が東インド会社を再建し，インドの**ポンディシェリ・シャンデルナゴル**を拠点に通商活動をおこなった。

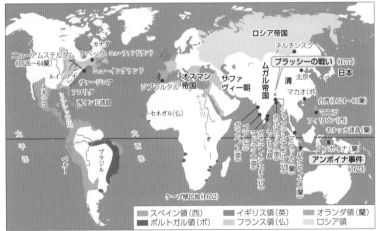

▲ヨーロッパ諸国の植民活動

❶［**アンボイナ事件**］ モルッカ諸島のアンボイナ島で，日本人を含む多数のイギリス商館員をオランダ人が殺害した事件。

48. ピューリタン革命・名誉革命と議会政治の確立

入試重要度 A

01 イギリスの王権と議会の対立 ★★

① **ジェームズ1世**…エリザベス1世の死去後，**ステュアート朝**(1603〜49，1660〜1714)を開いた。スコットランド王でもあったため同君連合が成立した。**王権神授説**をとなえて，**議会**を軽視し，**ピューリタン**を弾圧した。

② **チャールズ1世の治世**…1628年，議会は国王の専制政治を批判した**権利の請願❶**を提出したが，チャールズ1世はこれを無視して議会を解散した。1639年にスコットランドで反乱がおこると，翌年，王は再び議会を招集した。しかし議会は王と激しく対立し，王は軍隊で鎮圧をはかろうとしたため，**議会派**と**王党派**の間で内戦(**ピューリタン革命**)がはじまった。

02 ピューリタン革命 ★★

① **共和政の樹立**…議会派の**クロムウェル**は鉄騎隊を組織し，1645年ネーズビーの戦いに勝利した。クロムウェルは穏健な長老派を議会から追放し，1649年に国王チャールズ1世を処刑し，**共和政**を樹立した。

② **クロムウェルの独裁**…急進的な水平派を弾圧し，アイルランドやスコットランドを征服した。経済面では，**重商主義**政策を推進し，1651年に貿易からオランダを排除する**航海法**を制定した結果，**イギリス＝オランダ**（英蘭）**戦争❷**がおこった。1653年，クロムウェルは終身の護国卿に就任し，軍事独裁をおこなった。

▲イギリス革命

地図内の表記:
- クロムウェル、スコットランド征服(1650)
- エディンバラ
- スコットランド
- クロムウェル、アイルランド征服(1649)
- 1643年までの征服地
- 王党派
- 議会派
- 1645年末の王党派の支配地域
- アイルランド
- アイリッシュ海
- ダブリン
- 王党派拠点
- ヨーク
- ハル
- マンチェスター
- リンカン
- ネーズビー
- ケンブリッジ
- ウェールズ
- オクスフォード
- ロンドン
- カンタベリー
- プリマス
- 議会派拠点
- イギリス海峡

> **重要ファイル**　●イギリスの革命では，成長した市民階級が絶対王政を打倒し，市民層の
> **CHECK**　　　立場を強めた。このような革命を「市民革命」という。

❶ [**権利の請願**] 議会の承認を得ない課税や不当逮捕の禁止などを内容とする請願書。

❷ [**イギリス＝オランダ（英蘭）戦争**] 戦いは3回あり，イギリス優勢のうちに終わった。

通史編

第1章 諸地域の歴史的特質

第2章 諸地域の交流・再編

第3章 諸地域の結合・変容

第4章 地球世界の課題

テーマ史編

03 名誉革命 ★★

① **王政復古**…クロムウェルの死後，1660年にチャールズ2世が即位し，王政復古が実現，ステュアート朝が再興した。王の専制的な態度に対し，議会は官吏を国教徒に限定する**審査法**(1673)や，不当な逮捕や投獄を禁止する**人身保護法**(1679)を制定した。このころ，現在の政党の起源となる，国王の権利を主張する**トーリ党❸**と議会の権利を主張する**ホイッグ党❹**が誕生した。

② **名誉革命**…次のジェームズ2世はカトリックの復活と専制政治をおこなったが，議会はオランダ総督ウィレム3世と妻メアリ(ジェームズの娘)をまねいたため，フランスへ亡命した。夫妻は王権を制限する議会の「**権利の宣言**」を認め，**ウィリアム3世**と**メアリ2世**として王位についた。議会は「権利の宣言」に基づく「**権利の章典**」を制定し，議会政治に基づく**立憲君主政**が確立した。

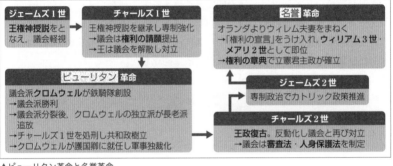

▲ピューリタン革命と名誉革命

04 イギリス議会政治の確立 ★★

アン女王の時代の1707年，イギリスとスコットランドが合併し，**グレートブリテン王国**が成立した。女王の死後，ドイツのハノーヴァー選帝侯がジョージ1世として即位し，**ハノーヴァー朝**が新たな同君連合として成立した。1721年にホイッグ党の**ウォルポール**が首相となり，内閣は国王ではなく議会に対して責任を負うという**議院内閣制**(**責任内閣制**)が形成され，「**王は君臨すれども統治せず**」という伝統が形づくられた。

> ❝ **重要ファイル** • 名誉革命における「権利の章典」の制定により，立憲政治が確立され，
> CHECK　　　　18世紀初めには議院内閣制が形成された。 ❞

❸ [**トーリ党**] イギリス国教会を擁護した政党で，のちに**保守党**となった。

❹ [**ホイッグ党**] 非国教徒や商工業者の支持を集めた政党で，のちに**自由党**となった。

通史編

中央ユーラシア

東アジア

日本

南・東南アジア

西アジア

ヨーロッパ

アメリカ

アフリカ

第2章
諸地域の
交流・再編

49. フランス絶対王政，英仏植民地戦争，ロシアの台頭

入試重要度 **A**

01 フランスの絶対王政　★★

① **ルイ14世**…**フロンドの乱**を鎮圧した後，王権神授説を主張する**ボシュエ**を重用して，絶対王政の最盛期を築いた。**官僚制**と**常備軍**を強化し，「太陽王」といわれるほどの権力体制をしいた。パリ郊外に豪華な**ヴェルサイユ宮殿**を建設し，各国の宮殿，宮廷に影響を与えた。

② **経済政策**…ルイ14世は財務総監に**コルベール**を任用して，積極的な**重商主義**政策をおこない，オランダに対抗した。東インド会社を国営化してインドに進出し，カナダなどへの植民もおこなった。

③ **侵略戦争**…ルイ14世は，積極的に侵略戦争をおこした。スペインの王位をめぐる**スペイン継承戦争**では，1713年の**ユトレヒト条約**によってブルボン家の王位継承は認められたが，イギリスにハドソン湾などの植民地を奪われた。たび重なる戦争によりフランスの財政は悪化した。

▲ルイ14世の侵略戦争

④ **産業の衰退**…1685年の**ナントの王令の廃止**によって，ユグノーの商工業者が大量に他国に亡命したため，国内産業は衰退した。

02 アメリカの植民地争奪と三角貿易　★★

① **オランダ**…1621年に西インド会社を設立し，**ニューネーデルラント植民地**を領有して，**ニューアムステルダム**（のちニューヨーク）を建設した。

② **フランス**…17世紀初めから**ケベック**を中心にカナダに進出し，ルイ14世の時代にミシシッピ川流域の**ルイジアナ**を獲得した。

③ **イギリス**…17世紀初頭，北アメリカ東岸に最初の植民地**ヴァージニア**を建設した。その後，本国から多くのピューリタンが入植し，**ニューイングランド植民地**が形成された。1730年代までに東海岸に**13植民地**が成立した。

▲大西洋三角貿易

④ **奴隷貿易と大西洋三角貿易**…17世紀にアメリカ大陸や西インド諸島で**プランテーション**（大農園）が発達

通史編

第1章 諸地域の歴史的特質

第2章 諸地域の交流・再編

第3章 諸地域の結合・変容

第4章 地球世界の課題

テーマ史編

すると，多くの黒人が奴隷としてアフリカから送りこまれた。この**奴隷貿易**は，ヨーロッパ・アメリカ・アフリカの**三角貿易**の一環である。

03 英仏の植民地抗争 ★★

　イギリスとフランスはヨーロッパでの戦争と並行して，アメリカでも抗争した。スペイン継承戦争の結果，イギリスは北アメリカに領土を拡大し，七年戦争(アメリカの戦場では**フレンチ=インディアン戦争**)後の1763年に結んだ**パリ条約**で，カナダとミシシッピ川以東のルイジアナ，フロリダなどを獲得した。フランスはミシシッピ川以西のルイジアナをスペインに譲渡し，北アメリカにおける領土をほぼすべて失った。

戦地	ヨーロッパ	ファルツ(継承)戦争 (1688〜97)	スペイン継承戦争 (1701〜14)	オーストリア継承 戦争(1740〜48)	七年戦争 (1756〜63)
	北アメリカ	ウィリアム王戦争 (1689〜97)	アン女王戦争 (1702〜13)	ジョージ王戦争 (1744〜48)	フレンチ=イン ディアン戦争 (1754〜63)

▲ヨーロッパの戦争と同時期の英仏の植民地抗争

04 ロシアの台頭 ★★

① **モスクワ大公国**…16世紀に**イヴァン4世(雷帝)**がツァーリ(皇帝)の称号を正式に採用し，**ツァーリズム**とよばれる独自の絶対王政を確立した。また，**コサック**の首長**イェルマーク**が占領したシベリアの一部も領土に組み入れた。

② **ロマノフ朝**…1613年，**ミハイル=ロマノフ**が創始した。17世紀後半には，コサックの首長によるステンカ=ラージンの農民反乱がおきた。

③ **ピョートル1世**…積極的な西洋化政策を進めた。東方では，1689年，中国の清朝と**ネルチンスク条約**を締結。南方ではオスマン帝国と戦ってアゾフ海沿岸を獲得した。また，スウェーデン国王**カール12世**との**北方戦争**に勝利し，バルト海の覇権をにぎった。**ペテルブルク**を新たに建設し，首都とした。

④ **エカチェリーナ2世**…フランスの啓蒙思想家**ヴォルテール**らの影響をうけた**啓蒙専制君主**で改革を試みたが，1773年におきた**プガチョフの農民反乱**後は農奴制を強化した。オスマン帝国からクリミア半島を獲得し，オホーツク海まで進出した。日本にも使節**ラクスマン**を派遣したが通商には失敗した。また，アメリカ独立革命時には**武装中立同盟**を結成し，イギリスを孤立させた。

> **重要ファイル** ●ロシアは，ノヴゴロド国・キエフ公国→キプチャク=ハン国(ジョチ=ウ
> CHECK 　ルス)→モスクワ大公国→ロマノフ朝と変遷を重ねた。

50. プロイセンとオーストリアの動向，ポーランド分割

入試重要度 A

01　プロイセン王国の絶対王政　★★

① **プロイセン王国の成立**

1618年，**ホーエンツォレルン家**の支配下にあったブランデンブルク選帝侯国とプロイセン公国が同君連合となり，**プロイセン**が成立した。1701年に王国となり，ベルリンを首都とした。

② **フリードリヒ＝ヴィルヘルム1世**…軍備を強化し，地方の領主貴族（**ユンカー**）の農奴支配を認めた。

▲18世紀半ばのヨーロッパ

凡例：
ハプスブルク家領
プロイセン領
— 神聖ローマ帝国の境界

③ **フリードリヒ2世**…**啓蒙専制君主**であり，君主主導で重商主義政策によって財政の確保をはかり，富国強兵策をおこなった（**啓蒙専制主義**）。オーストリアとの2度の戦争で，資源の豊かな**シュレジエン**を確保した。

> **重要ファイル**
> CHECK
> ・プロイセンは，フリードリヒ2世のときに対墺戦争（オーストリア継承戦争，七年戦争）を経て，ヨーロッパ強国の地位についた。

02　オーストリアの絶対王政　★★

オーストリアを支配していた**ハプスブルク家**は神聖ローマ帝国の皇帝を兼ねていたが，三十年戦争で形骸化した。1683年，オーストリアは**ウィーン包囲**戦（第2次）でオスマン帝国を撃退し，1699年の**カルロヴィッツ条約**でハンガリーを奪還し，権威を高めた。

① **女性大公の統治**…ハプスブルク家で男子の継承者が途絶えると，皇女**マリア＝テレジア**がハプスブルク家の全領土を継承し，内政改革を進めた。外政では，マリア＝テレジアの継承に異議をとなえるプロイセン・フランスなどとの間で1740年に**オーストリア継承戦争**がおこり，シュレジエンを奪われた。この

通史編

第 1 章 諸地域の歴史的特質

第 2 章 諸地域の交流・再編

第 3 章 諸地域の結合・変容

第 4 章 地球世界の課題

テーマ史編

▲マリア=テレジア

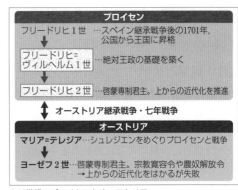

プロイセン	
フリードリヒ 1 世	…スペイン継承戦争後の1701年，公国から王国に昇格
↓	
フリードリヒ= ヴィルヘルム 1 世	絶対王政の基礎を築く
↓	
フリードリヒ 2 世	啓蒙専制君主。上からの近代化を推進

↕ オーストリア継承戦争・七年戦争

オーストリア	
マリア=テレジア	…シュレジエンをめぐりプロイセンと戦争
↓	
ヨーゼフ 2 世	…啓蒙専制君主。宗教寛容令や農奴解放令 →上からの近代化をはかるが失敗

▲18世紀のプロイセンとオーストリア

地の奪回をめざして宿敵だったフランスと提携（「外交革命」）し，1756年には**七年戦争**をおこしてプロイセンと戦ったが，敗れた。

② 啓蒙専制君主の統治…マリア=テレジアの子**ヨーゼフ 2 世**は農奴解放などを実施し近代化に努めたが，保守派貴族や領内の**異民族の反乱**❶で挫折した。

> **重要ファイル** ・オーストリアのマリア=テレジアは，さまざまな国内改革をおこない，
> **CHECK** その子ヨーゼフ 2 世も啓蒙専制君主として近代化に努めた。

03 ポーランド分割 ★ ★

ポーランドは16世紀後半のヤゲウォ朝断絶後，**選挙王政**のもとで貴族間の対立と大国の干渉をまねいた。

① **第 1 回分割**（1772）…プロイセン（フリードリヒ 2 世）がオーストリア（ヨーゼフ 2 世）を誘って，ロシア（エカチェリーナ 2 世）に**ポーランド分割**を提案。それぞれ国境近くのポーランドを奪った。

② **第 2 回分割**（1793）…ロシアとプロイセンが強行。**コシューシコ**率いる義勇軍が抵抗したが，失敗した。

③ **第 3 回分割**（1795）…ロシア・プロイセン・オーストリアの 3 国が残りの領土も分割し，ポーランドは消滅した。

▲ポーランド分割

（地図内表記）
第 1 回分割（1772）
第 2 回分割（1793）
第 3 回分割（1795）
ロシア オーストリア プロイセン
スウェーデン王国
ロシア
プロイセン王国
ケーニヒスブルク
ミンスク
ダンツィヒ
ポズナニ
ブレスト=リトフスク
ワルシャワ
クラクフ
キエフ
オーストリア
━ポーランド国境（1771）
ハンガリー王国

❶ ［異民族の反乱］ チェック人のベーメン王国，マジャール人のハンガリー王国，北イタリア地方（ミラノ），南ネーデルラント（ベルギー）などが，ヨーゼフ 2 世の急激な改革に抵抗した。

51. 17〜18世紀のヨーロッパの社会と文化

入試重要度 **A**

中央ユーラシア

東アジア

日本

南・東南アジア

西アジア

ヨーロッパ

アメリカ

アフリカ

01 科学と哲学 ★★

① **自然科学**…17〜18世紀のヨーロッパは科学が発達し，**科学革命**の時代とよばれる。万有引力の法則を発見した**ニュートン**(英)をはじめ，近代化学の父とよばれる**ボイル❶**(英)，質量不変の法則を発見した**ラヴォワジェ**(仏)などが活躍した。医学では，**ハーヴェー**(英)が血液の循環を発見し，**ジェンナー**(英)は種痘法を開発した。スウェーデンの**リンネ**は植物の分類法を確立した。

② **哲学**…帰納法による**経験主義**を説いた**フランシス=ベーコン**(英)，演繹法による**合理主義**を説いた**デカルト❷**(仏)や**パスカル❸**(仏)らが近代哲学を確立した。**カント❹**(独)は経験論と合理論を統合し，**観念論哲学**を打ち立てた。**スピノザ**(蘭)は汎神論，**ライプニッツ**(独)は単子論を説いた。

02 政治思想と啓蒙思想 ★★

① **自然法思想**…「国際法の祖」とよばれる**グロティウス**(蘭)は，三十年戦争の惨禍をみて『**戦争と平和の法**』を著した。**社会契約説❺**としては，**ホッブズ**(英)が『**リヴァイアサン**』を著し，自然状態を「万人の万人に対する闘争」と捉えて絶対王政を擁護した。一方，**ロック**(英)は『**統治二論**』を著し，人民主権の立場から名誉革命を擁護した。

▲ルソー

② **啓蒙思想**…理性を重視し，社会の偏見を批判し民衆を無知の状態から解放しようとする考え方を**啓蒙思想**という。**モンテスキュー**(仏)は『**法の精神**』で三権分立を説き，**ヴォルテール❻**は『**哲学書簡**』でイギリスを賛美した。**ルソー**(仏)は『**社会契約論**』を著し，人民主権論を主張した。**ディドロ**や**ダランベール**はフランスの啓蒙思想を集大成した『**百科全書**』を編集した。

---

❶ [ボイル]　気体の体積と圧力の関係を明らかにし，気体力学をはじめた。

❷ [デカルト]　「われ思う，ゆえにわれあり」という言葉(『方法序説』の一節)が有名。

❸ [パスカル]　「人間は考える葦である」という言葉(『パンセ(瞑想録)』の一節)が有名。

❹ [カント]　ドイツ観念論を創始し，『純粋理性批判』などの批判書を著し，『永遠の平和のために』において国際平和機構の設立などを説いた。

❺ [社会契約説]　社会も国家も人民相互の契約により成立するとした学説。

❻ [ヴォルテール]　フランス啓蒙主義の代表的思想家。プロイセンのフリードリヒ2世やロシアのエカチェリーナ2世に大きな影響を与えた。

③ **経済思想**…『経済表』の著者**ケネー**(仏)や**テュルゴ**(仏)が**重農主義**を説いた。
『諸国民の富(国富論)』で自由放任主義を主張した**アダム=スミス**(英)は**古典派経済学**を確立した。

03 芸術と文学 ★★

① **美術**…17世紀にはフランス・スペインが中心の壮大・豪華な**バロック美術**が栄えた。代表例はルイ14世が造営した**ヴェルサイユ宮殿**。絵画では，フランドル派の**ルーベンス**，オランダ画派の**レンブラント**❼，**フェルメール**らが肖像画や風俗画を描いた。ほかにスペイン画派の**エル=グレコ**や**ベラスケス**などがいる。18世紀に入ると，フランスで繊細・優雅な**ロココ美術**が発達した。ワトーなどによる絵画，建築では**サンスーシ宮殿**❽などがある。

▲「夜警」(レンブラント)

▲「地理学者」(フェルメール)

② **音楽**…**バロック音楽**では，音楽の父とよばれるドイツの**バッハ**や**ヘンデル**が宮廷や貴族の要望をうけて活躍した。18世紀後半には，**モーツァルト**(墺)や**ベートーベン**(独)が**古典派音楽**を確立した。

③ **文学**…フランスでは，悲劇作家の**コルネイユ・ラシーヌ**，喜劇作家の**モリエール**らの**古典主義文学**❾が全盛となった。イギリスでは17世紀に**ミルトン**の『失楽園』，バンヤンの『天路歴程』などの**ピューリタン文学**が生まれ，18世紀には，**デフォー**の『ロビンソン=クルーソー』，**スウィフト**の『ガリヴァー旅行記』が書かれた。

> **重要ファイル**
> **CHECK**
> ● 17世紀のヨーロッパでは，バロック美術，古典主義文学，ピューリタン文学が開花した。
> ● 18世紀にはロココ美術が広まり，古典派音楽が完成した。

❼ [**レンブラント**] オランダ画派の代表で，近代油絵技法を確立した。代表作は「夜警」。
❽ [**サンスーシ宮殿**] プロイセンのフリードリヒ2世がポツダムに建てた夏の離宮。
❾ [**古典主義文学**] 古代ギリシア・ローマをモデルに，規則と調和を重んじる作風で宮廷劇を中心に描かれた。

□① 15世紀，ヨーロッパ諸国はアジア産の　a　を入手する
ため，　b　の改良などにより遠洋航海を可能にした。

a 香辛料
b 羅針盤

□② 1498年，ヴァスコ=ダ=ガマはインドの□□□に到達した。

カリカット

□③ 1533年，ピサロは□□□帝国を滅ぼした。

インカ

□④ ルネサンスの思想は人文主義（□□□）を基調とした。

ヒューマニズム

□⑤ ダンテはトスカナ語で『　a　』を書き，マキァヴェリは
近代政治学の先駆となる『　b　』を書いた。

a 神曲
b 君主論

□⑥ ポーランドの□□□は地動説をとなえた。

コペルニクス

□⑦ 教皇　a　が贖宥状（免罪符）を販売したことに対し，ド
イツの　b　が「九十五か条の論題」を出して批判した。

a レオ10世
b ルター

□⑧ カルヴァンは　a　主義を取り入れ，　b　説を説いた。

a 長老　b 予定

□⑨ カトリック教会は1545年から開かれた□□□公会議で，
ラテン語聖書の正統性や教皇の至上権などを再確認した。

トリエント

□⑩ 16世紀半ば～17世紀半ば，ヨーロッパ各地で，明確な国
境を画定し，中央に権力を集中させた□□□が成立した。

主権国家

□⑪ スペインの　a　は1571年，　b　でオスマン帝国の艦
隊を破り，80年にはポルトガルの王位も継承した。

a フェリペ2世
b レパントの海戦

□⑫ イギリス国教会を確立した女王　a　は，1588年にスペ
インの無敵艦隊（　b　）を破り，王政の全盛期を築いた。

a エリザベス1世
b アルマダ

□⑬ フランスでは16世紀半ば，カトリックと□□□（カルヴ
ァン派の新教徒）とのあいだで戦争がおこった。

ユグノー

□⑭ ブルボン朝ルイ14世の宰相　a　は1648年，王権強化に
反発した高等法院や貴族らがおこした　b　を鎮圧した。

a マザラン
b フロンドの乱

□⑮ 三十年戦争は1648年，□□□条約の締結により終結した。

ウェストファリア

□⑯ 1602年，オランダは貿易会社を統合し□□□を設立した。

東インド会社

□⑰ イギリス議会は国王を批判し，1628年□□□を提出した。

権利の請願

□⑱ 17世紀後半，イギリスでは国王の権利を主張する　a
党と，議会の権利を主張する　b　党が誕生した。

a トーリ
b ホイッグ

□⑲ フランスでは，　a　が1685年にユグノーの自由な活動
を認める　b　を廃止したため，国内産業は衰退した。

a ルイ14世
b ナントの王令

□⑳ ロシアでは17世紀後半，□□□が西欧化政策を進めた。

ピョートル1世

□㉑ イギリスは17世紀，アメリカ，アフリカと＿＿＿＿を展開した。 ：三角貿易

□㉒ オーストリアでは18世紀，女性大公　a　が内政改革を進め，さらに子の　b　も近代化に努めた。 ：a マリア=テレジア　b ヨーゼフ2世

□㉓ ポーランドでは1793年，＿＿＿＿の義勇軍がロシア・プロイセンによる第2回分割に抵抗した。 ：コシューシコ

□㉔ イギリスの　a　は『リヴァイアサン』で絶対王政を擁護し，フランスの　b　は『法の精神』で三権分立を説いた。 ：a ホッブズ　b モンテスキュー

🖉 思考力問題にTRY

✓ 右の資料は，「神の水車小屋」という題の木版画である。これに関する次の先生と生徒の会話文中の（　a　）・（　b　）にあてはまる内容の正しい組み合わせを，あとのア〜エから1つ選べ。

先生　木版画の❶は神，❷はイエス，❸は福音書の作者たち，❹はエラスムス，❺はルター，❻はローマ教皇です。この版画が制作された4年前の1517年，ルターは「九十五か条の論題」を発表しました。

生徒　この木版画は，何を訴えているのでしょうか。

先生　人文主義者エラスムスが製粉職人として神の粉をかき集め，ルターがパン（聖書）に焼き上げています。一方，ローマ教皇や教会の代表者は手にしていた聖書を手離しています。

生徒　つまり，この木版画は（　a　）のですね。

先生　そう，宣伝のためにつくられ，版画や活版印刷によって，（　b　）のです。

a　あ　贖宥状の効力を説くカトリック教会が，宗教改革の指導者を批判している

　　い　聖書を重んじる宗教改革の指導者たちが，カトリック教会を批判している

b　X　ルターの考えが都市や農村の人々にも広く伝わった

　　Y　聖書をドイツ語に翻訳する必要がなくなった

ア　あ—X　　イ　あ—Y　　ウ　い—X　　エ　い—Y

解説　宗教改革は「エラスムスが卵を産み，ルターが孵した」といわれた。木版画は「人は信仰によってのみ救われる」と説くルターのカトリック批判を宣伝するために作成されたものである。活版印刷の普及でルターの思想は広く伝わり，宗教改革は運動として拡大していった。なお，ルターは『新約聖書』のドイツ語訳も完成させている。

解答　ウ

人類はどのようにして記録を残してきたのか？

考古学の分類では，人類が**文字**によって記録を残すようになった時代を**歴史（有史）時代**，それ以前を**先史時代**という。日本の有史のはじまりは，漢字が伝わったとされる4世紀ごろと考えられている。しかし，まとまった文献記録は，飛鳥時代の7世紀まで待たなければならない。世界では，いつから文字を使用するようになり，どのようにして記録を残してきたのだろうか？

▸ 文字の誕生と解読

人類の長い歴史において，文字の使用は新しい。古代文明が生まれた前5000〜前3000年ごろからで，メソポタミア文明の**楔形文字**，エジプト文明の**神聖文字**（ヒエログリフ），中華文明の**甲骨文字**が代表である。こうした文字を解読することで，私たちは人類の歩みをたどることが可能になったのである。

その先がけが，**ロゼッタ＝ストーン**に刻まれた古代エジプト文字の解読である。ロゼッタ＝ストーンは石碑の断片で，**ナポレオン1世**のエジプト遠征の際にナイル川河口で発見された。フランスの考古学者**シャンポリオン**が1822年に解読に成功し，古代エジプト研究を飛躍的に向上させた。

なお，文字に限らなければ，ヨーロッパを中心に発見されている**洞穴絵画**が最古（6〜7万年前）の記録媒体となる。

▲ロゼッタ＝ストーン

▸ 現在につながる文字

現在の多くの文字の元になったのが，**フェニキア文字，アラム文字，ブラーフミー文字，漢字**などである。

フェニキア文字は，地中海交易で栄えた**フェニキア人**が創案した文字で，22の**アルファベット**からなる。その後，ギリシア文字を経てラテン文字（ローマ字）やキリル文字に継承され，英語やドイツ語，ロシア語などの書き文字となった。

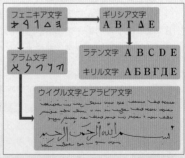

▲文字の継承（フェニキア文字からの変遷）

アラム文字は西アジアの**アラム人**が創案し，アラビア語やヘブライ語，ウイグル語などの書き文字となり，ブラーフミー文字は古代インドで創案され，南・東南アジア諸語の書き文字となった。

漢字は殷(いん)の時代に甲骨文字として創始され，**秦**の時代に一つの字体(篆書(てんしょ))に統一された。その後，簡略化されながら，漢(かん)の末期から隋(ずい)・唐(とう)の時代にかけて，現在につながる**楷書(かいしょ)**が成立していった。

▲サウジアラビアの国旗
アラビア語は右から左へ読み，国旗には「アッラーの他に神はなし，ムハンマドは神の預言者なり」と書かれている。

▶ 世界を変えた紙と印刷機

画期的な記録媒体は，中国で2世紀に**蔡倫(さいりん)**が確立したとされる**製紙法**による紙である。植物の繊維を溶かし，薄くすく製紙法は，中央アジア・北アフリカを経てヨーロッパへと伝わった。なお，古代エジプトの**パピルス**はパピルス草の茎を薄切りにし，縦横に束ねた

▲製紙法の伝播

もので，**羊皮紙(ようひし)**や**木簡(もっかん)**などと同じく，現代の定義では紙に分類されない。

中国の宋(北宋)では，1枚の木の板に文字や絵を彫(ほ)った版で印刷する**木版印刷**が広まった。その後，文字を彫った活字を版に組んで印刷する**活版印刷術**が発明された。宋では粘土活字，13世紀に**高麗(こうらい)**で**金属活字**が考案された。活版印刷術は，**火薬・羅針盤(らしんばん)**と並ぶ世界三大発明といわれる。

▲現在も使われている活版印刷

15世紀にドイツの金属職人**グーテンベルク**は活版印刷術を実用化し，1455年ごろに本格的な書物(『42行聖書』)を印刷した。聖書や論文が大量に印刷されて流布し，ルターの**宗教改革**は勢いを増した。

漢字は文字数が多く活字の種類も膨大になるため，中国では木版印刷が主流のままだったが，高麗で金属活字の活版印刷がはじまった。朝鮮王朝の世宗の時代，漢字や世宗が制定した**訓民正音(くんみんせいおん)(ハングル)**の金属活字が鋳造(ちゅうぞう)され，多くの書籍が編纂(へんさん)された。16世紀後半に活版印刷術が日本へ伝来して印刷がはじまったが，主流は木版印刷であった。日本で活版印刷がさかんになるのは明治時代以降である。

通史編

第1章 諸地域の歴史的特質

第2章 諸地域の交流・再編

第3章 諸地域の結合・変容

第4章 地球世界の課題

テーマ史編

Q マルコ＝ポーロは，クビライについて，「われらの始祖アダムより以来今日に至るまで，かつてこの地上に実在したいかなる人物に比べても，はるかに巨大な実力を有している」と述べている。それを可能とした大元ウルスの官僚制度について，次の語句をすべて用いて，70字以内で説明せよ。なお，使用する回数，順番は問わないが，使用する箇所には下線を引くこと。

〔語句〕　色目人　　科挙　　モンゴル人　　　　　　　　　　　　　　　　【新潟大－改】

─────────────┤ 解 説 ├─────────────

① クビライと大元ウルス

　　クビライはモンゴル帝国の第5代皇帝で，中国全土を統一した**元（大元）**の建国者である。「大元ウルス」の「**ウルス**」は，モンゴル語で「国家」の意味。中央アジアのチャガタイ＝ハン国はチャガタイ＝ウルス，西アジアにフレグが建てたイル＝ハン国はフレグ＝ウルスなどともいう。**マルコ＝ポーロ**はイタリアの旅行家で，1275年に大都に至り，クビライに面会している。帰国後，口述によって，『**世界の記述**』（『**東方見聞録**』）を著した。

② モンゴル人第一主義の官僚制度

　　元は中国の伝統に従い，**中央集権的な官僚制度**を採用した。家柄や実績を重視し，政府・地方の高官には**モンゴル人**をあてたが，経済面では**色目人**を重用した。色目人とは，中央アジアや西アジアから移住してきた人々のこと。金の支配下にあった華北の人々は**漢人**，南宋の支配下にあった人々は**南人**とよばれ，功績をあげれば要職に登用された。元の初期には，儒学の教養に特化していて実務と結びつかない**科挙**は廃止されたが，広大な領域を統治するためには膨大な官僚がいることから14世紀初頭に復活した。

支配階級 ┤ モンゴル出身（1.4%）
　　　　　　主要官僚を独占
　　　　　　色目人（1.4%）
　　　　　　おもに経済を担当

実務能力重視による人材の登用（科挙は軽視）

漢人：旧金朝治下の出身者（14%）（契丹人・女真人など）

南人：旧南宋治下の漢人（83%）

▲元の支配構造

A 中国の中央集権的な官僚制度を採用したが，実務能力を重視し，当初は科挙も廃止された。政治の中枢は<u>モンゴル人</u>が独占し，経済面は<u>色目人</u>が担った。

(69字)

通史編

第1章 諸地域の歴史的特質

第2章 諸地域の交流・再編

第3章 諸地域の結合・変容

第4章 地球世界の課題

テーマ史編

表現力 PLUS.4 十字軍の遠征とその結果

Q 次の教皇の演説（抄訳）の結果，組織された遠征軍について，その第1回・第2回・第3回の結果を，あとの語句をすべて用いて170字以内で説明せよ。

> 東方に住む汝らの信徒同胞はいま，汝からの支援を切実に求めている。神の子らよ。支援に応じなければならない。なぜなら，地中海から黒海に至るまで，トルコとアラブの民が信徒同胞を襲い，ビザンツ帝国領を征服しているからである。

〔語句〕 サラーフ=アッディーン イェルサレム王国 1147年 【九州大－改】

--- 解説 ---

① 第1・2回十字軍の派遣

「遠征軍」とは**十字軍**のこと。**イェルサレム王国**は，**第1回十字軍**が「トルコとアラブの民」から聖地イェルサレムを奪い，1099年に樹立した国である。**1147年**は，イスラーム勢力が盛り返すなか，**第2回十字軍**がイェルサレム王国救援のために派遣された年。その後，イェルサレムはアイユーブ朝を開いたクルド人の**サラーフ=アッディーン**（サラディン）に奪われた。

▲イェルサレムの「岩のドーム」
（ウマイヤ朝が建造。ムハンマドが昇天した地と伝えられる）

② 第3回十字軍とそれ以降（4〜7回）

再度の聖地奪回をめざし，1189年に**第3回十字軍**が派遣された。神聖ローマ帝国の皇帝，フランス国王，イギリス国王も参加したが，勇猛・英明なサラーフ=アッディーンに退けられた。宗教的情熱をもっていた十字軍は，この第3回までだった。1202年に派遣された**第4回十字軍**は，ヴェネツィア商人の要求でコンスタンティノープルを攻撃して**ラテン帝国**を建国したが，聖地奪回には不熱心だった。その後の十字軍も本来の目的を忘れ，世俗化していった。

A 第1回十字軍は，イスラーム勢力が支配していた聖地を占領し，十字軍国家のイェルサレム王国を建国した。その後，イスラーム勢力が勢いを盛り返したため，1147年に第2回十字軍がイェルサレム王国救援のため派遣されたが，サラーフ=アッディーンにイェルサレムを奪われた。再度の聖地奪回をめざし，第3回十字軍が派遣されたが，これも失敗に終わった。(166字)

第3章 諸地域の結合・変容

52. 産業革命と資本主義

入試重要度 **A**

01 近世のヨーロッパ経済 ★★

① **地域差の拡大**…近世，ヨーロッパは「**世界の一体化**」を進めたが，内部では商業改革で台頭したオランダなど大西洋岸諸国と，これらの国に穀物を輸出するプロイセンやロシアなどバルト海沿岸諸国との地域差が拡大した。

② **拡大と停滞**…14世紀，黒死病（ペスト）の流行で経済は停滞し，人口も減少したが，16世紀になると人口が回復し，生産も活発化した。しかし，17世紀に入ると凶作・疫病の流行などで，再び停滞した（「**17世紀の危機**」）。

③ **消費の増大**…拡大と停滞をくり返すなかでも，世界各地からの産品の流入は増え続け，王侯・貴族やブルジョワ（市民）を中心に消費が増大した。とくに18世紀前半，**第2次囲い込み❶**による**農業革命**を成功させた**イギリス**は，都市化・商業化が進み，オランダやフランスとの競争でも優位に立っていた。

02 イギリス産業革命 ★★

① **産業革命の背景**…17世紀，イギリスではインド産綿織物が人気になり，輸入量が増えた。これにより国内の毛織物業が打撃をうけたため，18世紀初め，インド産綿織物の輸入を禁止した。

② **産業革命の発端**…インド産綿織物の人気は収まらず，インドから原料の綿花を輸入し，**マンチェスター**を中心に綿織物を機械で製造する動きがおこった（産業革命のはじまり）。

③ **産業革命の要因**…イギリスは早くから機械工学が発達し，技術力が高かった。動力源の**石炭**や鉄鉱石も豊富で，都市には安価な労働力も多く集まっていた。また，早くから広大な植民地（海外市場）との間で**三角貿易**を展開し，製品の供給先も確保できていた。

▲イギリス産業革命と都市

❶ **[第2次囲い込み]** 第1次は牧羊を目的におこなわれたが，第2次は穀物を中心とした食料増産のためにおこなわれた。共有地が私有地に転換され，集約的な農業が可能になった。

④ **蒸気機関の転用**…水力が中心だった機械の動力は，18世紀後半に**ワット**が改良した**蒸気機関**が主力となり，綿織物業（紡績）から多くの**製造業に転用**された。蒸気機関以外にも技術革新が進み，19世紀前半には，**機械制工場**による生産が中心になった。

年	おもな発明	機械・動力の技術革新
1733年	**ジョン=ケイ**	飛び杼
1764年ごろ	**ハーグリーヴズ**	多軸（ジェニー）紡績機
1769年	**ワット**	蒸気機関の改良
1769年	**アークライト**	水力紡績機
1779年	**クロンプトン**	ミュール紡績機
1785年	**カートライト**	力織機

03 資本主義と産業革命の影響 ★★

① **資本主義の確立**…工場建設や機械導入には多額の資金（**資本**）が必要になるため，工場主は安価な労働力を雇い入れた。こうして**資本家**の経営者が**賃金労働者**を雇用し，他の資本家と競い合う**資本主義**のしくみが確立された。

② **労働・社会問題**…時間によって管理される労働形態が導入され，多くの労働者の家庭と職場が分離された。機械化によって職を失った一部の職人は，**機械打ちこわし（ラダイト）運動**をおこしたが，弾圧された。女性や子どもの低賃金・長時間労働や，森林枯渇（木炭に利用）や煤煙による公害も拡大した。

▲イギリスの紡績工場（1840年）

③ **世界経済の再編成**…機械による大量生産が可能になると，イギリスはさらに新たな市場や原料の供給先を求め，世界経済の再編成に着手した。東インド会社によるインドの植民地化を進め，中南米諸国にも貿易を強制した。

④ **アヘン戦争**…イギリスは中国から大量の**茶**を輸入し，対中貿易が大幅な赤字になったため，東インド会社は綿花と**アヘン**を中国に輸出した。1840年，イギリスは中国に**アヘン戦争**をしかけた。

⑤ **「世界の一体化」の推進**…イギリスは「**世界の工場**」となり，世界はイギリスを中心に原料・資源の供給地，商品市場として結びつけられ，一体化が加速した。やがて産業革命はベルギーやフランス，アメリカ合衆国にも拡大した。

> **重要ファイル**
> CHECK
> ・18世紀後半，蒸気機関の改良などにより，イギリスで世界に先駆けて産業革命がおこり，やがてイギリスは「世界の工場」になった。
> ・産業革命は資本主義のしくみを確立させたが，労働・社会問題も生んだ。

通史編

第1章 諸地域の歴史的特質

第2章 諸地域の交流・再編

第3章 諸地域の結合・変容

第4章 地球世界の課題

テーマ史編

通史編

中央ユーラシア

東アジア

日本

南・東南アジア

西アジア

ヨーロッパ

アメリカ

アフリカ

53. アメリカ独立革命

入試重要度 A

01 北アメリカ植民地 ★★

① **イギリスの植民地**…イギリスの**重商主義体制**に組み込まれていた大西洋岸の**13植民地**では，最初の植民地議会が**ヴァージニア**で開かれるなど，自治制度を発達させ，市民意識も高かった。一方，フランスの植民地は**七年戦争**の敗北で後退していた。

▲独立前のアメリカ

地図内ラベル：
イギリス領カナダ
ケベック
ニューハンプシャー
マサチューセッツ
サラトガの戦い(1777)
レキシントン・コンコードの戦い(1775)
シカゴ
ニューヨーク
ロードアイランド
コネティカット
デトロイト
ニュージャージー
ベンシルヴェニア
ルイジアナ
ミシシッピ川
ヴァージニア
デラウェア
メリーランド
ノースカロライナ
ヨークタウンの戦い(1781)
サウスカロライナ
大西洋
ジョージア
フロリダ
■ 1776年に独立した13州
■ 1783年パリ条約でイギリスがアメリカに割譲

② **植民地の抵抗**…イギリス本国の課税強化に対し，13植民地は不満を高め，1765年の**印紙法❶**には「**代表なくして課税なし**」と唱えて反対した。さらに1773年の**茶法❷**に対して**ボストン茶会事件**をおこした。本国政府はボストン港閉鎖などの強硬姿勢に出たため，植民地側は1774年にフィラデルフィアで第１回**大陸会議**を開催し，自治の尊重を要求した。

02 アメリカ独立革命 ★★

① **独立戦争の勃発**…1775年，レキシントンとコンコードで戦いがおこり，**独立戦争**が始まった。植民地側は**ワシントン**を総司令官に任命して戦った。1776年刊行のペインの『**コモン＝センス**』は，植民地の世論を独立に導いた。

② **独立宣言**…1776年に**ジェファソン**らが起草した**独立宣言**は，イギリスの啓蒙思想家**ロック**の影響をうけ，幸福追求の権利・自由権・平等権とその侵害に対する抵抗の正統性などを主張したものであった。翌年，13植民地は**アメリカ合衆国**と名乗った。

> **アメリカ独立宣言**
> われわれはつぎのことが自明の真理であると信ずる。すべての人は**平等**につくられ，神によって，一定のゆずることのできない権利を与えられていること。そのなかには生命，**自由**，そして**幸福の追求**が含まれていること。……

❶ **[印紙法]** 新聞・広告などの印刷物すべてに本国発行の印紙をはることを義務づけた法。
❷ **[茶法]** イギリスの本国議会が，茶の独占販売権などを東インド会社に与えた法。

通史編

第1章 諸地域の歴史的特質

第2章 諸地域の交流・再編

第3章 諸地域の結合・変容

第4章 地球世界の課題

テーマ史編

③ **独立戦争擁護**〔ようご〕…独立戦争は当初，イギリスが優勢だった。しかし，フランス・スペインがアメリカ側で参戦し，フランスの**ラ＝ファイエット**，ポーランドの**コシューシコ**らの**義勇兵**も参戦した。1780年，ロシアの提唱で**武装中立同盟**が結成され，植民地側が優勢となった。

④ **独立戦争の終結**…1781年のヨークタウンの戦いで植民地側の勝利が確定。1783年に**パリ条約**が締結され，イギリスは**ミシシッピ川以東のルイジアナ**を割譲した。こうして達成されたアメリカ合衆国の独立は，**革命**としての性格ももつことになった。

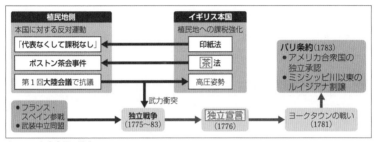

▲アメリカ合衆国の独立

03 アメリカ合衆国の成立 ★★

① **合衆国憲法の制定**…独立後，旧13植民地は財政難におちいったため，強力な中央政府を樹立しようとした。1787年にフィラデルフィアで憲法制定会議が開かれ，**合衆国憲法**が制定され，アメリカは連邦共和国となった。

② **合衆国憲法**…人民主権を基礎とした連邦主義を採用した。行政権は**大統領**が率いる政府，立法権は**連邦議会**，司法権は**最高裁判所**が行使する**三権分立の原則**が定められた。

③ **連邦政府の発足**…1789年，**ワシントン**が初代大統領に就任し，財務長官に**連邦派**[3]のハミルトン，国務長官に州の自立性を重視する州権派のジェファソンを任命した。その後，首都ワシントンD.C. が建設された。

> **重要ファイル**
> CHECK
> ● 北アメリカの13植民地は，イギリス本国の支配強化に対してボストン茶会事件などで反発し，独立戦争をおこした。
> ● アメリカ合衆国は，合衆国憲法を制定し，史上初の大統領制および三権分立国家として出発した。

❸ **[連邦派]** 中央政府の権限の強化，産業保護推進を唱え，親英的立場をとった。1801年以降，行政の中心が州権派に移り，急速におとろえた。

54. フランス革命

入試重要度 A

01 フランス革命の背景 ★★

① **旧体制（アンシャン=レジーム）**…絶対王政下のフランスでは，**第一身分**（聖職者）と**第二身分**（貴族）が広大な土地と重要官職を独占し，免税特権をもっていた。人口の9割以上を占める**第三身分**（平民）には地代や税の負担に苦しむ農民や，自由な社会の樹立を望む有産市民がいた。

② **啓蒙思想の影響**…第三身分の不満が高まるなか，**ロック**や**ルソー**を代表とする啓蒙思想が広まった。1789年初め，シェイエスは『第三身分とは何か』という小冊子の中で，第三身分の権利を主張した。

02 立憲君主政の成立 ★★

① **財政破綻**…ルイ14世の晩年以来窮乏していた財政が，アメリカ独立戦争への参戦で危機的状況になった。**ルイ16世**は第一・第二身分への課税を強化しようとしたが抵抗にあい，1615年以来となる**全国三部会**を招集した。

② **国民議会の結成**…1789年の全国三部会で，第三身分を中心とする議員は**国民議会**の結成を宣言し，憲法制定までは解散しないと誓った（**球戯場の誓い**）。

③ **人権宣言の採択**…国王側の武力弾圧に対し，1789年7月，パリの民衆が**バスティーユ牢獄**を襲撃した。8月，国民議会は**封建的特権の廃止❶**を決定し，直後に**ラ=ファイエット**らが起草した**人権宣言❷**が採択された。民衆運動を展開した下層市民は，貴族が着用する半ズボンを持たないという意味で**サンキュロット**とよばれた。

▲バスティーユ牢獄の襲撃

④ **国民国家に向けて**…1790年，国民議会は教会財産の没収，ギルドの廃止，度量衡の統一などの改革をおこない，**1791年憲法**の発布により解散した。**立憲君主政**となったフランスは，身分差のない均質的な**国民国家**を築こうとした。このとき，すでに国王は**ヴァレンヌ逃亡事件❸**で国民の信頼を失っていた。

❶ ［**封建的特権の廃止**］　領主裁判権や教会の十分の一税は，無償で廃止された。

❷ ［**人権宣言**］　すべての人間の自由・平等，主権在民，言論の自由などを規定した。

❸ ［**ヴァレンヌ逃亡事件**］　ルイ16世の国王一家が，王妃マリ=アントワネットの実家のオーストリアへ逃亡を試みたが，失敗した事件。フランス国民を大いに失望させた。

通史編

第1章 諸地域の歴史的特質

第2章 諸地域の交流・再編

第3章 諸地域の結合・変容

第4章 地球世界の課題

テーマ史編

03　第一共和政と恐怖政治　★ ★

① **立法議会**…1791年憲法の下で，制限選挙による**立法議会**が成立し，**ジロンド派**が政権についた。王政廃止を主張するジロンド派は1792年，内外の反革命勢力を一掃するためオーストリアに宣戦した。オーストリア・プロイセン軍がフランス国内に侵入すると，パリに集まった義勇兵は外国勢力との密通が疑われた国王の宮殿を民衆とともに攻撃した（**8月10日事件**）。これをうけて，議会は王権を停止した。

② **国民公会**…1792年9月，男性普通選挙による**国民公会**が成立し，**第一共和政**が誕生した。国民公会では，急進共和主義の**ジャコバン派**が台頭し，1793年にルイ16世を処刑した。革命の影響が自国に及ぶのをおそれたイギリスをはじめとする周辺国は**第1回対仏大同盟**を結成し，フランスに対抗した。

③ **恐怖政治**…ジャコバン派は，**1793年憲法**の制定，封建地代の無償廃止，最高価格令などを実施した。さらに，**ロベスピエール**を中心とするジャコバン派政権は，**公安委員会**に権力を集中させ，**徴兵制**，革命暦の制定などの急進的な施策を実施する一方，多数の反対派を処刑する**恐怖政治**をおこなった。しかし，独裁に対する民衆の不満が高まり，1794年のクーデタでロベスピエールらは処刑された（**テルミドールの反動**）。

04　革命の終結　★ ★

① **総裁政府**…**1795年憲法**の制定により，5人の総裁からなる**総裁政府**が誕生した。しかし，革命派や王党派の動きもあり，政局は安定しなかった。

② **ナポレオンの台頭**…将軍**ナポレオン=ボナパルト**は，1796年のイタリア遠征でオーストリア軍を破り，98年にはエジプトに遠征した。1799年にイギリスが第2回対仏大同盟を結成すると，総裁政府は支持を失い，エジプトから帰国したナポレオンが同年11月，総裁政府を倒し，**統領政府**を樹立した（ブリュメール18日のクーデタ）。ここに，1789年以来のフランス革命は終結した。

立憲君主政の樹立 →	君主政の動揺 →	共和政の樹立 →	ジャコバン派政権	総裁政府樹立	統領政府樹立
●国民議会成立 ●バスティーユ牢獄襲撃 ●人権宣言採択	●ヴァレンヌ逃亡事件 □立法議会□ 招集	□国民公会□ 招集 ●第一共和政樹立 ●ルイ16世処刑	●ロベスピエールの恐怖政治 ●テルミドールの反動		

▲フランス革命

重要ファイル
CHECK
●フランス革命により，国民意識をもった平等な市民が国家を構成するという「国民国家」の理念が生まれ，フランス以外の国々にも広まった。

131

通史編

中央ユーラシア

東アジア

日本

南・東南アジア

西アジア

ヨーロッパ

アメリカ

アフリカ

第3章 諸地域の結合・変容

55. ナポレオンと中南米諸国

入試重要度 B

01 ナポレオンの大陸支配 ★★

① **ナポレオン独裁体制**…第一統領となったナポレオンは，1801年にローマ教皇と政教協約(コンコルダート)を結び，カトリック教会と和解した。さらに翌年には，アミアンの和約を結び，イギリスとも講和した。

② **第一帝政**…ナポレオンは内政にも力を注ぎ，フランス銀行の設立や公教育制度の確立を進め，**民法典(ナポレオン法典❶)** を制定した。こうして国民の支持を集め，1804年，国民投票を経て**ナポレオン1世**として皇帝に即位した。

③ **大陸支配**…1805年からは対外戦争を進め，オーストリア・ロシア連合軍を破ると，イタリア半島も支配した。ドイツでは領邦国家を従属的な同盟国(**ライン同盟**)に編成し，神聖ローマ帝国を解体した。さらにプロイセンを破り，ポーランドには傀儡国家のワルシャワ大公国を建て，スペインも従属させた。講和が崩れたイギリスには**トラファルガーの海戦**で敗れたが，**大陸封鎖令**を発して，ヨーロッパ諸国にイギリスとの貿易を禁じた。

▲ナポレオン全盛時代のヨーロッパ

❶ [ナポレオン法典] 私有財産の不可侵，契約の自由など，近代市民社会の原理となり，各国の民法典の模範になった。ただし，女性の権利は十分に保障されなかった。

02　ナポレオンの没落　★★

① **ナショナリズム**…ナポレオンによる大陸支配によって，ヨーロッパ各地にフランス革命の**自由・平等の理念**や**国民国家**という意識が広がった。一方，侵略国フランスへの対抗心から**ナショナリズム**も芽生えた。

② **ロシア遠征の失敗**…ロシアがナポレオンの大陸封鎖令を無視し，イギリスと貿易をはじめると，ナポレオンは1812年に大軍を率いて**ロシア遠征**を行い，モスクワを占領した。しかし，ロシア軍の反撃にあって敗退した。

③ **王政の復活**…1813年，ナショナリズムが台頭していたプロイセンやオーストリアも蜂起し，**解放戦争（諸国民戦争）**でフランス軍を破った。ナポレオンはエルバ島に幽閉され，ルイ18世が王位についた（**復古王政**）。

④ **百日天下**…1814年にナポレオン後の国際体制を話し合う**ウィーン会議**が開かれたが，各国の利害が衝突した。これを見たナポレオンは1815年に再び皇帝の座についたが（**百日天下**），イギリス・オランダ・プロイセン連合軍との**ワーテルローの戦い**に敗れ，セントヘレナ島に流された。

> **重要ファイル**
> **CHECK**
> ・ナポレオンの支配は，フランス革命の理念や国民国家の意識をヨーロッパ全域に広げ，これにより各地で民族意識やナショナリズムが高まった。

03　中南米諸国の独立　★★

① **環大西洋革命**…18世紀末〜19世紀初め，ナポレオンの支配によりヨーロッパ本国の力が弱まると，中南米諸国で独立運動がおこった。アメリカ独立革命やフランス革命の影響もうけていたため，**環大西洋革命**という。自由貿易の利を求めるイギリスは独立運動を支援し，アメリカも1823年に相互不干渉の**モンロー宣言**を発して，ヨーロッパ諸国の動きを牽制した。

② **ハイチ革命**…フランス植民地サン=ドマングで最初の独立運動がおこると，黒人による**ハイチ革命**へと発展した。フランスは1794年に奴隷制の廃止を決定し，**トゥサン=ルヴェルチュール**が指導する黒人共和国**ハイチ**が誕生した。

③ **ポルトガル植民地**…ブラジルでは，重商主義的な貿易統制に反対する**クリオーリョ**（白人入植者の子孫）が独立運動を展開した。奴隷制維持のため，ポルトガル王太子を国家元首に擁立し，1822年にブラジル帝国を成立させた。

④ **スペイン植民地**…独立運動家**ボリバル**や**サン=マルティン**の活躍により，1820年前後に**大コロンビア**や**ボリビア**，**ペルー**が独立し，奴隷制も廃止された。**メキシコ**では，1821年に白人主導のメキシコ帝国が成立した。

通史編

第1章 諸地域の歴史的特質

第2章 諸地域の交流・再編

第3章 諸地域の結合・変容

第4章 地球世界の課題

テーマ史編

通史編

中央ユーラシア

東アジア

日本

南・東南アジア

西アジア

ヨーロッパ

アメリカ

アフリカ

第3章 諸地域の結合・変容

56. ウィーン体制

入試重要度 B

01 ウィーン会議(1814〜15) ★★

① **目的と原則**…フランス革命とナポレオン戦争後の**国際秩序の再建**を目的に，オーストリア外相(のち宰相(さいしょう))の**メッテルニヒ**の主導で**ウィーン会議**が開かれた。**勢力均衡(きんこう)**と仏外相**タレーラン**がとなえる**正統主義❶**を原則とした。

② **ウィーン議定書の内容**…イギリスは旧オランダ領のセイロン島やケープ植民地を獲得した。また，オランダはベルギー，オーストリアはイタリア北部のロンバルディアやヴェネツィア，プロイセンはラインラントなどをそれぞれ獲得した。ドイツでは35君主国と4自由市で**ドイツ連邦**が組織され，**スイス**は**永世中立国**として承認された。ロシア国王はポーランド国王を兼ねた。

02 ウィーン体制下のヨーロッパ諸国 ★★

① **ウィーン体制**…ウィーン会議によって，**ウィーン体制**とよばれる列強体制が定着した。その柱となったのはイギリス・ロシアで，とりわけイギリスの圧倒的な力によって**パクス＝ブリタニカ**とよばれる国際的な平和が保たれた。1815年にはロシア皇帝アレクサンドル1世の提唱により**神聖同盟**が結成された。また同年，イギリス・ロシア・オーストリア・プロイセンによる軍事同盟の**四国同盟**が成立し，1818年にはフランスが加わって**五国同盟**となった。

▲ウィーン会議後のヨーロッパ(1815年)

❶ [正統主義] 領土を含む君主(国王)の統治権をフランス革命以前の状態に戻すという主張。

通史編

第1章 諸地域の歴史的特質

第2章 諸地域の交流・再編

第3章 諸地域の結合・変容

第4章 地球世界の課題

テーマ史編

② **自由主義・ナショナリズムの弾圧**…ドイツでは学生団体の**ブルシェンシャフト❷**が改革を要求し，イタリアでは秘密結社**カルボナリ**が蜂起した。しかし，いずれもメッテルニヒによって弾圧された。ロシアでは1825年，**デカブリスト（十二月党員）の乱❸**がおこったが，ニコライ1世に鎮圧された。

③ **ギリシア独立戦争**…1821年，オスマン帝国内で**ギリシア独立運動**がおこった。1829年にオスマン帝国は，ロシアと結んだアドリアノープル条約で独立を承認し，翌年のロンドン会議でギリシアの完全独立が承認された。

03 七月革命(1830) ★★

① **革命の発端**…フランスでは，1814年にルイ18世が即位してブルボン朝が復活していた（**復古王政**）。次の**シャルル10世**は，国内政治への国民の不満をそらすため，1830年にアルジェリア遠征をおこない，反動政治を推進した。

② **革命の経過**…反動政治に抗議して，1830年7月にパリで**七月革命**がおこった。シャルル10世は亡命し，自由主義者として知られたオルレアン家の**ルイ=フィリップ**が王にむかえられ，**七月王政**が成立した。

③ **七月革命の影響**…革命の影響は周辺国へ拡大し，1830年，**ベルギー**が宗教的な違いなどの原因でオランダから独立した。また，ポーランド・イタリア・ドイツでも反乱がおこったが，いずれも鎮圧された。

④ **ドイツの成長**…ウィーン会議以前からプロイセンでは農奴が解放され，諸領邦（りょうほう）でも立憲政治が拡大していた。1830年代には近代工業も成長し，1834年にはオーストリアを除くプロイセンなどの領邦が**ドイツ関税同盟**を成立させた。

▲ウィーン体制の成立と動揺

❝ **重要ファイル** CHECK ・ナポレオン後に成立したウィーン体制は復古的・反動的だったため，各地で自由主義やナショナリズムによる独立運動・革命がおこった。❞

❷［ブルシェンシャフト］ドイツの自由・統一を求めて結成された大学生の組合。
❸［デカブリストの乱］ロシア貴族の青年将校らが農奴制廃止や憲法制定を求めておこした。

135

通史編

中央ユーラシア

東アジア

日本

南・東南アジア

西アジア

ヨーロッパ

アメリカ

アフリカ

57. イギリスの自由主義，社会主義思想の成立

入試重要度 A

01 イギリスの自由主義的改革 ★★

① **イギリスの政治的変化**…産業革命とナポレオン戦争の勝利によって，イギリスはヨーロッパの経済・政治をリードする大国になった。1801年にアイルランドと国家合同して連合王国(**グレートブリテン=アイルランド連合王国**)になったことで，信仰の自由化も進められた。

② **自由主義政策**…1828年に**審査法**が廃止され，非国教徒(カトリックを除く)も公職につけるようになった。また，オコネルらアイルランド人の運動の結果，1829年に**カトリック教徒解放法**が成立し，宗教による差別が撤廃された。1833年には，植民地を含む全領土で奴隷制が廃止された。

③ **選挙法改正**…ホイッグ党の内閣が1832年に**第1回選挙法改正**をおこない，有権者が激減した**腐敗選挙区**が廃止され，産業資本家に選挙権が与えられた。労働者階級は民主的選挙制度を要求して，1830年代後半から**人民憲章❶**を掲げて**チャーティスト運動❷**をおこしたが，成果は得られなかった。

④ **自由貿易政策**…1833年，東インド会社の**中国貿易独占権が廃止**され，翌年には同社の貿易活動そのものも停止された。1846年には，コブデンやブライトらの運動によって，**穀物法❸**が廃止された。1849年には**航海法❹も廃止**され，イギリスの**自由貿易体制**が確立した。

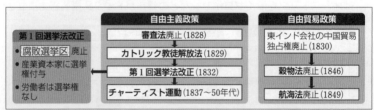

▲イギリスの自由主義的改革

> **重要ファイル**
> **CHECK**
> ・自由主義的改革を進めたイギリスでは，第1回選挙法改正により腐敗選挙区が廃止され，選挙資格も拡大された。

❶ [**人民憲章**] 男性普通選挙，議員の財産資格廃止などの6か条を内容とする請願書。

❷ [**チャーティスト運動**] 都市労働者を中心に普通選挙の実現をめざした政治運動。

❸ [**穀物法**] 国産の穀物価格の下落を防ぐため，外国産穀物に高関税を課して輸入を制限した。

❹ [**航海法**] 植民地貿易からオランダなどの外国船を排除するために制定された。

通史編

第1章 諸地域の歴史的特質

第2章 諸地域の交流・再編

第3章 諸地域の結合・変容

第4章 地球世界の課題

テーマ史編

02 社会主義思想の成立 ★★

① **社会主義の思想**…資本主義によって拡大した資本家と労働者の経済格差など, さまざまな社会問題を解決する理論として, **社会主義**の思想が生まれた。

② **イギリス**…工場主の**オーウェン**❺が労働者の待遇改善を唱え, 労働組合運動を指導するとともに**協同組合**を組織した。オーウェンの提言をうけ, 1833年に総括的な**工場法**が施行され, 労働条件は徐々に改善された。

▲オーウェンの工場村

空想的社会主義	科学的社会主義	無政府主義
オーウェン(英) サン=シモン(仏) フーリエ(仏)	マルクス(独) ⇔ エンゲルス(独)	プルードン(仏) バクーニン(露)

▲社会主義思想の発達

③ **フランス**…**サン=シモン**❻と**フーリエ**❼らは資本主義の弊害をとりのぞいた平等社会の建設を説いた。また, **ルイ=ブラン**は生産の国家統制を主張し, **プルードン**は自立した労働者の結合が国家に取ってかわるという**無政府主義**を唱えた。

④ **ドイツ**…マルクスがエンゲルスと協力して『**資本論**』を著した。また, 二人は共著『**共産党宣言**』において, 労働者階級の政権獲得と社会主義社会の実現を説いた。エンゲルスは自身やマルクスが唱える社会主義を**科学的社会主義**と称し, その他の社会主義者の理論を**空想的社会主義**として批判した。**マルクス主義**は, 以後の社会主義運動に多大な影響を与え, 1864年にはマルクスを中心にロンドンで**第1インターナショナル**❽が結成された。

> 重要ファイル
> CHECK
> ● 19世紀後半, 資本主義の行き過ぎを是正しようとする社会主義思想がイギリス・フランス・ドイツで発達した。
> ● マルクス主義は, その後の社会主義運動や革命に多大な影響を与えた。

❺ [**オーウェン**] イギリスの空想的社会主義者。1825年にアメリカで理想社会「ニューハーモニー村」をつくったが, 失敗して帰国。その後, 工場法の制定や労働組合の結成に尽力した。

❻ [**サン=シモン**] アメリカ独立戦争に義勇兵として参加した。人々が個々の能力を自由に発揮できる産業社会の実現を説いた。

❼ [**フーリエ**] 協同組合的理想社会(ファランジュ)の実現を主張した。

❽ [**第1インターナショナル**] 1864年, 各国の社会主義者により結成され, マルクスが指導者となった。しかし, バクーニンら無政府主義者との対立やパリ=コミューン後の弾圧により, 1876年に解散した。

通史編

中央ユーラシア

東アジア

日本

南・東南アジア

西アジア

ヨーロッパ

アメリカ

アフリカ

58. 1848年革命

入試重要度 **A**

01 | 1848年革命の背景 ★★

19世紀前半，フランスでも産業革命が本格化し，ドイツ諸邦でも改革が進ん
だが，未成熟な新しい産業社会は労働者に十分な雇用機会を提供できなかった。
ヨーロッパ各地に「**大衆貧困**」**とよばれる社会状況**が広がり，1840年代後半には，
凶作と不況が加わったため，各地で改革を求める革命的気運が高まった。こう
して，1848年にヨーロッパ各地で革命・民族運動がおこった。これを総称して，
1848年革命または「諸国民の春」という。

02 | 二月革命(1848) ★★

① **背景**…七月王政下のフランスでは，選挙権が多額納税者のみに制限されてい
たため，選挙権拡大を求める動きが広まっていた。政府がこれを弾圧したこ
とから，1848年2月にパリで**二月革命**がおこった。

② **第二共和政**…国王**ルイ=フィリップ**は亡命し，共和政の臨時政府が樹立され
た(**第二共和政**)。臨時政府には，社会主義者の**ルイ=ブラン**や労働者の代表
も参加したが，4月の選挙で大敗し，穏健共和派の政府が成立した。これに
反発した労働者は蜂起したが，鎮圧された(六月蜂起)。

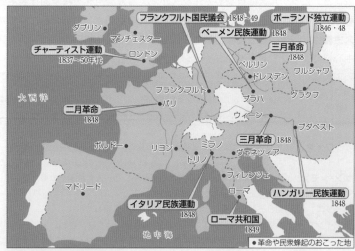

▲1848年革命とその影響

通史編

第1章 諸地域の歴史的特質

第2章 諸地域の交流・再編

第3章 諸地域の結合・変容

第4章 地球世界の課題

テーマ史編

③ **第二帝政**…1848年12月に大統領選挙がおこなわれ，**ルイ=ナポレオン**が当選したが，彼は1851年にクーデタをおこして独裁権をにぎった。1852年の国民投票で帝政（**第二帝政**）を復活させ，**ナポレオン3世**と称した。

03 二月革命の影響 ★★

フランス二月革命の影響をうけ，ヨーロッパ各地で自由主義的革命運動とナショナリズムが高揚した。この「**諸国民の春**」とよばれる状況によって，ウィーン体制は崩壊した。

① **オーストリア**…1848年3月，ウィーンで**三月革命**がおこり，ウィーン体制を主導したメッテルニヒはイギリスに亡命した。

② **ドイツ**…1848年3月，ベルリンで**三月革命**がおこり，プロイセンでは自由主義内閣が成立した。5月には，全土のドイツ諸邦の代表者が統一国家の成立と憲法制定をめざして，**フランクフルト国民議会**に結集した。

③ **ハンガリー**…1848年3月，最初の内閣が発足した。翌年**コシュート**がオーストリア帝国からの完全独立を宣言したが，ロシア軍の介入により失敗した。

④ **ベーメン**…1848年6月，チェック人がオーストリア帝国からの独立を求めて蜂起したが，ロシアの援助をうけたオーストリア軍に鎮圧された。

⑤ **イタリア**…1848年3月，ミラノ・ヴェネツィアの暴動にはじまる民族運動が高揚した。翌年，**マッツィーニ**らの「**青年イタリア**」❶が**ローマ共和国**を建国したが，フランス軍の介入で崩壊した。

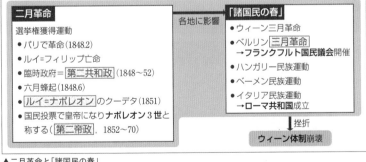

```
二月革命                          各地に影響    「諸国民の春」
選挙権獲得運動                              ●ウィーン三月革命
●パリで革命(1848.2)                         ●ベルリン 三月革命
●ルイ=フィリップ亡命                           →フランクフルト国民議会開催
●臨時政府= 第二共和政 (1848~52)            ●ハンガリー民族運動
●六月蜂起(1848.6)                          ●ベーメン民族運動
● ルイ=ナポレオン のクーデタ(1851)            ●イタリア民族運動
●国民投票で皇帝になりナポレオン3世と              →ローマ共和国成立
 称する( 第二帝政 , 1852~70)
                                                    ↓挫折
                                            ウィーン体制 崩壊
```

▲二月革命と「諸国民の春」

❝ 重要ファイル　●1848年革命は全ヨーロッパ的規模でおこった。しかし，相互の連携はあ
CHECK　　　まり見られず，王権や保守勢力の反撃にあって，多くは挫折した。**❞**

❶ **[青年イタリア]**　マッツィーニが亡命先のマルセイユで結成した政治結社。

59. クリミア戦争と露・英・仏の動き

入試重要度 A

01　クリミア戦争とロシアの改革　★★

① **クリミア戦争**…ロシアはヨーロッパ各国の1848年革命を抑える働きをしたことで，国際的な地位を高め，伝統的な**南下政策**を再開した。1853年にはギリシア正教徒の保護を理由にオスマン帝国と開戦した（**クリミア戦争**）が，英・仏がオスマン帝国を支援したため，ロシアは敗退した。1856年にパリ条約が結ばれ，ロシアの南下政策は失敗した。

② **国内改革**…クリミア戦争に敗れたロシアの皇帝**アレクサンドル2世**は近代化の必要性を痛感し，1861年に**農奴解放令**を出して，農奴に人格的自由を認めた。しかし，ポーランドで独立運動が再燃（1863〜64）すると，皇帝は反動化し，再び専制政治に戻った。

③ **改革の担い手**…ロシアの社会改革の担い手は**インテリゲンツィア**といわれる知識人階級であった。彼らの一部は，改革には農村共同体（ミール）への啓蒙が必要だと説き，「**ヴ゠ナロード（人民のなかへ）**」を掲げて農民に働きかけたので**ナロードニキ**とよばれた。しかし，農民がよびかけに応じなかったため，ナロードニキの一部はニヒリズム（虚無主義）やテロリズム（暴力主義）に走り，皇帝や政府高官を暗殺した。

> **重要ファイル**　●クリミア戦争に敗れたロシアのアレクサンドル2世は，農奴解放令を出
> CHECK　　　すなど近代化をはかったが，再び専制政治に戻った。

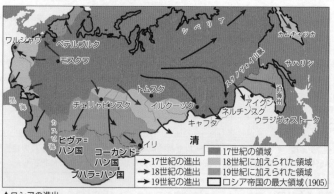

▲ロシアの進出

通史編

第1章 諸地域の歴史的特質

第2章 諸地域の交流・再編

第3章 諸地域の結合・変容

第4章 地球世界の課題

テーマ史編

02 イギリスの動向 ★★

① 「**パクス=ブリタニカ**」…19世紀，イギリスは蒸気機関と電信の発達によって**交通革命・通信革命**をおこし，世界最大の商船隊と最強の海軍を維持しながら，「世界の工場」として繁栄の絶頂にあった。1851年には**ロンドン**で**第1回万国博覧会**を開催し，「**パクス=ブリタニカ**」とよばれる繁栄を築いた。

② **議会政党政治**…1830年以降，トーリ党は**保守党**，ホイッグ党は**自由党**とよばれるようになった。**ヴィクトリア女王**の時代には，保守党の**ディズレーリ**と自由党の**グラッドストン**らによって改革がおこなわれ，1867年の**第2回選挙法改正**では都市労働者，84年の**第3回選挙法改正**では農業・鉱山労働者が選挙権を獲得した。また，1870年に**教育法**，71年に労働組合法も制定された。

③ **アイルランド問題**…1801年にイギリスに併合されたアイルランドでは，カトリック信仰の自由と自治を求めて民族主義運動がおこった。しかし，1880〜90年代にグラッドストンが提出した**アイルランド自治法案**は**ジョゼフ=チェンバレン**らの反対で議会を通過できず，未解決のままとなった。

03 フランスの動向 ★★

① **第二帝政**…ナポレオン3世はクリミア戦争，第2次アヘン戦争（アロー戦争），イタリア統一戦争などに参戦した。しかし，1861〜67年のメキシコ遠征に失敗し，1870年にはじまった**ドイツ=フランス戦争**（独仏戦争，普仏戦争，プロイセン=フランス戦争）で捕虜となって廃位され，第二帝政は崩壊した。

② **第三共和政**…ナポレオン3世の廃位後に成立した臨時国防政府はドイツ=フランス戦争で抗戦を続けたが，1871年に降伏して**アルザス・ロレーヌ**を割譲した。これを不服として同年3月，革命的自治政府の**パリ=コミューン**が成立した。しかし，ティエールが指導する臨時政府に鎮圧された。その後，1875年に共和国憲法が制定され，**第三共和政**の基礎が築かれた。

▲フランスの動向

> **重要ファイル**
> CHECK
> ● イギリスではヴィクトリア女王の治世下で，模範的な議会政治が成立した。
> ● フランスでは19世紀後半に，ナポレオン3世による第二帝政が崩壊し，第三共和政が成立した。

通史編

中央ユーラシア

東アジア

日本

南・東南アジア

西アジア

ヨーロッパ

アメリカ

アフリカ

60. イタリア・ドイツの統一

入試重要度 **A**

01 イタリアの統一 ★★

① **二月革命後の動向**…1848年革命で「**青年イタリア**」を指導した**マッツィーニ**らがローマ共和国を建設したが、フランス軍に倒された。

② **統一への過程**…サルデーニャ王**ヴィットーリオ＝エマヌエーレ２世**のもとで首相となった**カヴール**は、ナポレオン３世と秘密同盟を結び、1859年にオーストリアと開戦した（**イタリア統一戦争**）。これに勝利して**ロンバルディア**を獲得すると、1860年フランスに**サヴォイア・ニース**を割譲して中部イタリアを併合した。同年、「青年イタリア」出身の**ガリバルディ**は**両シチリア王国**を占領し、献上した。

▲イタリアの統一

③ **イタリア統一**…1861年、ヴィットーリオ＝エマヌエーレ２世を初代国王に**イタリア王国**が成立した。1866年、イタリアは**プロイセン＝オーストリア（普墺）戦争**に際してオーストリア領の**ヴェネツィア**を併合し、1870年には**ローマ教皇領を占領❶**して国家統一を実現させた。しかし、**南チロル・トリエステ**などはオーストリア領にとどまった（「**未回収のイタリア**」）。

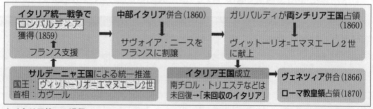

▲イタリア統一の過程

---

❶ [**ローマ教皇領の占領**] ドイツ＝フランス戦争の際にヴァチカンを除くすべての地域が占領・併合された。以後、ローマ教皇は「ヴァチカンの囚人」と宣言し、イタリア王国と対立した。

通史編

第1章 諸地域の歴史的特質

第2章 諸地域の交流・再編

第3章 諸地域の結合・変容

第4章 地球世界の課題

テーマ史編

02 ドイツの統一 ★★

① **統一の失敗**…1834年の**ドイツ関税同盟**の発足で，ドイツの経済統合はほぼ実現していた。その後，1848年5月にドイツ最初の議会である**フランクフルト国民議会**が招集されたが，**大ドイツ主義**❷と**小ドイツ主義**❸が対立した。翌年，プロイセン国王はドイツ皇帝即位を拒否し，ドイツ統一は失敗した。

② **ビスマルクの登場**…ヴィルヘルム1世のもとで首相となった**ビスマルク**は，「**鉄血政策**」によって軍備を拡張した。プロイセンは，**シュレスヴィヒ・ホルシュタイン**の両州をめぐる対立から，1864年オーストリアとともにデンマークと開戦し，勝利した。

▲ビスマルク

③ **ドイツ統一**…両州の管理をめぐって，1866年に**プロイセン=オーストリア（普墺）戦争**❹がおこり，プロイセンが勝利した。ドイツ連邦は解体され，1867年に**北ドイツ連邦**が成立した。1870年には，プロイセンの強大化を阻止しようとするフランスとの間で**ドイツ=フランス戦争**（独仏，普仏，プロイセン=フランス戦争）がおこったが，ドイツはナポレオン3世を捕虜にし，フランスから**アルザス・ロレーヌ**を獲得した。

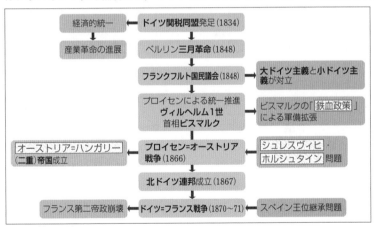

▲ドイツ統一の過程

. . . .

❷ [**大ドイツ主義**] オーストリアのドイツ人地域とベーメンを含めた国家統一をめざす考え。

❸ [**小ドイツ主義**] オーストリアを排除し，プロイセンを中心に国家統一をめざす考え。

❹ [**プロイセン=オーストリア戦争**] オーストリアは敗戦後，マジャール人のハンガリー王国の自立を認め，1867年に同君連合の**オーストリア=ハンガリー（二重）帝国**が成立した。

通史編

中央ユーラシア
東アジア
日本
南・東南アジア
西アジア
ヨーロッパ
アメリカ
アフリカ

第3章 諸地域の結合・変容

61. ドイツ帝国の成立

入試重要度 **A**

01 ドイツ帝国 ★★

① **ドイツ帝国の成立**…1871年、**ヴィルヘルム1世**はヴェルサイユ宮殿でドイツ皇帝に就任し、**ドイツ帝国**が成立した。

▲ドイツ帝国の成立

② **ビスマルクの国内政策**…宰相ビスマルクは、災害・疾病・養老などの**社会保険制度**を実施し、工業化を推進する一方、「**文化闘争**」を開始してカトリック教徒を弾圧した。この間、社会主義運動が拡大し、のちの**社会民主党**が成立した。こうした社会主義運動に対し、ビスマルクは1878年に**社会主義者鎮圧法**を制定して弾圧した。

▲ドイツの統一

③ **ベルリン会議**…1877年、ロシアとオスマン帝国との間で**ロシア=トルコ（露土）戦争**がおこり、ロシアが勝利した。翌年の**サン=ステファノ条約**で、ロシアはブルガリアを保護下においた。この条約にオーストリアとイギリスが反対したため、ビスマルクは**ベルリン会議**を開いた。その結果、サン=ステファノ条約は破棄され、新たに**ベルリン条約**が結ばれた。

④ **ベルリン条約（1878）の内容**

☑ **ルーマニア・セルビア・モンテネグロ**の独立承認。

☑ ブルガリアは、オスマン帝国内の自治国となる。

☑ オーストリアは、ボスニア・ヘルツェゴヴィナの行政権を獲得。

☑ イギリスは、**キプロス**の行政権を獲得。

通史編

第1章 諸地域の歴史的特質

第2章 諸地域の交流・再編

第3章 諸地域の結合・変容

第4章 地球世界の課題

テーマ史編

02 ビスマルク体制と国際運動 ★★

　ビスマルクはドイツの安全を確保し，フランスを孤立させるため，列強体制の再構築をはかった。こうして結ばれた複雑な同盟網による国際体制を**ビスマルク体制**という。

① **三帝同盟**…1873年，ドイツ・オーストリア・ロシア間で締結された。しかし，**パン=スラヴ主義❶**を利用して南下政策をとるロシアとオーストリアが対立した。

② **三国同盟**…フランスによるチュニジアの保護国化に不満なイタリアを誘い，1882年ドイツ・イタリア・オーストリア間で締結された。

③ **再保障条約❷**…1887年，オーストリアとロシアの対立で三帝同盟が消滅すると，ドイツとロシアの間で締結された。

▲ベルリン会議後のバルカン半島

④ **国際運動の進展**…19世紀後半，国境をこえた連帯の動きがおこり，1864年に各国の社会主義者が**第1インターナショナル**を結成した。また，**国際赤十字組織**も結成され，1896年には第1回**国際オリンピック大会**が開催された。

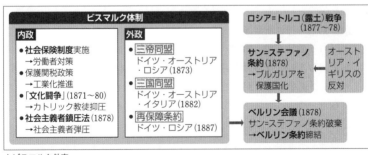

▲ビスマルク外交

> 44 **重要ファイル**　・ビスマルクは工業化や社会保険制度の導入を図る一方，カトリック教徒
> CHECK　　　や社会主義者を弾圧し，外交ではドイツ中心のビスマルク体制を築いた。 77

❶ [**パン=スラヴ主義**]　スラヴ民族の連帯と統一をめざす運動。19世紀半ば以降盛んになった。
❷ [**再保障条約**]　条約国の一方が攻撃をうけた場合，他方は中立を守ることを約束した。

通史編

中央ユーラシア

東アジア

日本

南・東南アジア

西アジア

ヨーロッパ

アメリカ

アフリカ

62. アメリカ合衆国の発展

入試重要度 **B**

01 アメリカ合衆国の領土拡大　★★

① **領土拡大**…アメリカは1803年，**フランス**から**ルイジアナ**を購入し，領土を倍増した。さらに**スペイン**から**フロリダ**を購入して，カリブ海まで領土を広げた。イギリスとは通商問題をめぐり，1812年に**アメリカ＝イギリス（米英）戦争❶**をはじめた。

▲アメリカ合衆国の領土拡大

② **民主化政策と先住民の弾圧**…第5代大統領モンローは**モンロー宣言**(1823)を出して，ヨーロッパとの**相互不干渉**を表明した。第7代大統領**ジャクソン**は白人男性の普通選挙制を導入するなど民主化政策を推進したが，その一方，先住民を**保留地**に強制移住させて土地を獲得し，抵抗する先住民を激しく弾圧した。これによって農地は大幅に拡大したが，先住民の人口は激減した。

③ **西部開拓**…19世紀半ば，合衆国は「明白なる運命」をスローガンに**西漸運動**とよばれる西部辺境（**フロンティア❷**）の開拓を加速させ，メキシコからの独立を宣言していた**テキサス**を併合した。これをきっかけに1846年，**アメリカ＝メキシコ戦争**(～48)がおこると，合衆国は勝利し，**カリフォルニア**などを獲得した。直後，カリフォルニアで**金鉱**が発見されると**ゴールドラッシュ**がおこり，国内外から多くの人々が殺到した。

④ **太平洋への進出**…カリフォルニアを獲得した合衆国は，太平洋地域への関心を強めた。中国と正式な国交を開いた後，**ペリー**を日本に送り，1854年に**日本の開国**を実現させた。1867年にはロシアから**アラスカ**を購入した。

---

❶ ［**アメリカ＝イギリス戦争**］　イギリスの対仏海上封鎖が原因で1812年にはじまった。1814年に講和が結ばれ，戦前の状態に回復されたが，国民はアメリカ人としての自覚を高めた。

❷ ［**フロンティア**］　開拓された地域と未開拓地域との境界，または未開拓地域のこと。

02 南北戦争 ★★

① **奴隷制をめぐる対立**…奴隷制撤廃と保護貿易を主張する北部諸州と，奴隷制プランテーションを経済基盤とする南部諸州とが対立した。妥協案として，1820年に奴隷州を南北の中間線以南にのみ認める**ミズーリ協定**が結ばれた。

② **対立の激化**…1854年，カンザス州とネブラスカ州に関し，奴隷制の可否は住民の投票で決定するという法律が制定され，協定は実質的に破られた。北部では奴隷制反対を掲げる**共和党**が発足し，南部では**民主党**の一部が合衆国からの離脱を主張した。

北部		南部
●商工業 ●[保護]貿易 ●反奴隷制 ●共和党	VS	●綿花栽培 ●[自由]貿易 ●奴隷制 ●民主党

南北戦争(1861〜65)
当初は南部が優勢
リンカンの開拓者優遇政策：ホームステッド法(1862)
西部農民の支持
奴隷解放宣言(1863)
●北部への支持が拡大
●南部は国際世論から孤立

▲南北諸州の対立と南北戦争

③ **南北戦争**…1860年の大統領選で共和党の**リンカ**ンが当選すると，翌年，南部7州は**アメリカ連合国（南部連合）**を発足させた。南北の分裂は決定的となり，**南北戦争**に突入した。当初は南部が優勢だったが，北部が**ホームステッド法❸**の制定により西部諸州の支持を固め，さらに1863年にリンカンが**奴隷解放宣言**を発したことで国際世論も味方につけた。同年，北部は**ゲティスバーグの戦い**に勝利し，1865年に南部を降伏させた。

> **重要ファイル CHECK** ●奴隷制の是非や貿易政策をめぐる北部と南部の対立から南北戦争がおこり，リンカンの奴隷解放宣言で国際世論も味方につけた北部が勝利した。

03 アメリカ合衆国の大国化 ★★

① **黒人差別の継続**…北部の勝利によって南北が統一され，南部でも**奴隷制の廃止**が決定された。しかし，小作農が大半の黒人は生活が厳しく，白人の優越を主張する秘密結社**クー＝クラックス＝クラン（KKK）**からの迫害もうけた。さらに南部諸州は，黒人の権利を制限する州法をつぎつぎ制定した。

② **農工業の成長**…1869年には最初の**大陸横断鉄道**が開通し，90年代には**フロンティアの消滅**が宣言された。西部では小麦生産・牧畜が拡大し，北部では鉄鋼業が成長した。19世紀末，アメリカは**世界最大の農業国・工業国**となった。諸産業の労働力は，ヨーロッパ各地からの**移民**が支えた。

❸ [**ホームステッド法**] 自営農民の育成と西部開拓の促進を目的とした法律で，**自営農地法**ともいう。公有地に5年間定住した開拓者は，一定の土地を無償で獲得できた。

通史編

中央ユーラシア

東アジア

日本

南・東南アジア

西アジア

ヨーロッパ

アメリカ

アフリカ

63. 19世紀の欧米文化と大都市

入試重要度 B

01 市民文化から国民文化へ ★★

① **文化の潮流**…フランス革命後，宮廷(貴族)文化は衰退し，19世紀に入ると市民が担い手となる**市民文化**が生まれた。さらに19世紀後半には，国民国家の形成にともない，**国民文化**が主流になった。

② **ヨーロッパ中心主義**…産業革命～交通・通信革命の過程で，近代諸科学による**技術革新**が進み，教育制度も整備されていった。諸国の国民文化は19世紀末までに**ヨーロッパ近代文明**としてまとまり，世界を「欧米文明世界」(欧米諸国)，「文明途上世界」(中国・インド・日本など)，「未開世界」(アフリカなど)に3区分する見方がヨーロッパで広がった。

③ **18～19世紀前半**…フランス革命とその理念を広めたナポレオンの大陸支配により，**啓蒙思想**や**合理主義**の考えが広まった。その後，各地の固有の歴史・文化が見直され，芸術分野では個人の感情・想像力を重視する**ロマン主義**がおこった。

④ **19世紀後半**…科学の急速な発展や社会階層の格差拡大を背景に，社会や人間が抱える問題を直視しようとする**写実主義(リアリズム)**が生まれた。その後，こうした問題をより深く分析し，科学的に観察しようとする**自然主義**も広がった。これらの流れをうけ，フランスの絵画を中心に，感覚的な印象表現を重視する**印象派**も生まれた。

ロマン主義	美術	ダヴィド(仏)「ナポレオンの戴冠式」，**ドラクロワ**(仏)「キオス島の虐殺」「民衆を導く自由の女神」
	音楽	シューベルト(墺)，ショパン(ポーランド)，ヴァーグナー(独)
	文学	ハイネ(独)『ドイツ冬物語』，**ヴィクト ル=ユゴー**(仏)『レ=ミゼラブル』
写実主義・自然主義	美術	**クールベ**(仏)「石割り」，ミレー(仏)「落ち穂拾い」
	文学	スタンダール(仏)『赤と黒』，バルザック(仏)『人間喜劇』，ゾラ(仏)『居酒屋』，ドストエフスキー(露)『罪と罰』，**トルストイ**(露)『戦争と平和』，イプセン(ノルウェー)『人形の家』
印象派の絵画・近代彫刻		モネ(仏)「印象・日の出」，ルノワール(仏)「ムーラン=ド=ラ=ギャレット」，セザンヌ(仏)「サント=ヴィクトワール山」，ゴーガン(仏)「タヒチの女たち」，ゴッホ(蘭)「ひまわり」，**ロダン**(仏)彫刻「考える人」

▲19世紀の代表的な芸術家・作家

(SOMPO 美術館所蔵)
▲ゴッホの「ひまわり」

通史編

第1章 諸地域の歴史的特質

第2章 諸地域の交流・再編

第3章 諸地域の結合・変容

第4章 地球世界の課題

テーマ史編

02 近代諸科学の発展　★★

① **人文科学**…カントにはじまる**ドイツ観念論**哲学は，**ヘーゲル**の**弁証法哲学**（べんしょうほう）や**マルクス**の史的唯物論（ゆいぶつろん）を生み出した。また，イギリスの**ベンサム**による**功利主義**の思想やスペンサーによる経験論哲学も生まれた。

② **社会科学**…経済学では，イギリスの**古典派経済学**のマルサスとリカードが自由放任主義をとなえた。一方，ドイツのリストは保護貿易政策を主張し，ドイツ関税同盟の結成を訴えた。歴史学では，ドイツの**ランケ**が実証主義的な**近代歴史学**の基礎を築いた。

③ **自然科学**…ダーウィンが『**種の起源**』（しゅ）で提唱した進化論❶は，キリスト教社会にも衝撃を与えた。スペンサーは**社会進化論**をとなえた。細菌学・予防医学で

▲ダーウィンの風刺画

はドイツの**コッホ**やフランスの**パストゥール**，物理学・化学ではラジウムを発見した**キュリー夫妻**やX線を発見した**レントゲン**が現れた。

④ **科学技術**…アメリカの**モールス**が電信機，**ベル**が電話，**エディソン**が電灯を発明した。また，スウェーデンの**ノーベル**はダイナマイトを発明した。

⑤ **探検・調査**…未開地の探検・調査もさかんになり，19世紀後半，イギリスの**リヴィングストン**とアメリカの**スタンリー**はアフリカ内陸部を探検した。20世紀に入ると，ノルウェーの**アムンゼン**らが南極点に，アメリカの**ピアリ**が北極点に到達した。スウェーデンの**ヘディン**は，中国の楼蘭（ろうらん）を発掘した。

> ❝ **重要ファイル**
> CHECK
> ・ヨーロッパでは19世紀，文化はロマン主義から写実主義，自然主義へと移行し，学問・思想は実証的な近代科学が急速に発展した。 ❞

03 近代大都市文化の誕生　★★

① **ヨーロッパの首都**…オスマンによる**パリの大改造**を先がけに，列強の首都は都市改造が進められ，国家の威信を示す場になった。1851年には**ロンドン**で**第1回万国博覧会**（ばんこく）が開催され，その後パリやウィーンでも開催された。博物館や図書館なども拡充され，首都は市民文化の集積地になった。

② **大衆文化の萌芽**（ほうが）…19世紀末には，発行部数100万を超える新聞も現れ，世論形成に大きな影響をもった。また，巨大デパートや映画館なども建てられた。

❶ [**進化論**] 生物の種の進化によって人間が生まれたとする学説。キリスト教の人間観を信じていた欧米の人々に大きな衝撃を与え，ダーウィンを批判する声や論争が巻きおこった。

149

□① イギリスでは18世紀後半，　a　が改良した蒸気機関が
　　動力源となり，綿工業から　b　がおこった。
　　a ワット
　　b 産業革命

□② 資本家の経営者が賃金労働者を雇用し，他の資本家と競
　　い合う＿＿＿の経済のしくみが確立された。
　　資本主義

□③ アメリカの13植民地は，イギリスが1765年に制定した
　　　a　に対し，「　b　課税なし」と訴え，反対した。
　　a 印紙法
　　b 代表なくして

□④ 1773年の茶法に対し，植民地の人々は＿＿＿をおこした。
　　ボストン茶会事件

□⑤ 1776年，＿＿＿らが起草した独立宣言が出された。
　　ジェファソン

□⑥ 1789年7月，パリの民衆が＿＿＿を襲撃した。
　　バスティーユ牢獄

□⑦ 1789年8月，　a　は封建的特権の廃止を決定し，さら
　　にラ＝ファイエットらが起草した　b　を採択した。
　　a 国民議会
　　b 人権宣言

□⑧ 1793年に政権をにぎったジャコバン派の　a　は急進的
　　な施策を進める一方，　b　政治をおこなった。
　　a ロベスピエール
　　b 恐怖

□⑨ 1799年，ナポレオン＝ボナパルトは＿＿＿政府を樹立した。
　　統領

□⑩ ナポレオンの大陸支配により，各地で＿＿＿が芽生えた。
　　ナショナリズム

□⑪ ブラジルでは19世紀初め，＿＿＿とよばれる白人入植者
　　の子孫たちが独立運動を展開した。
　　クリオーリョ

□⑫ ナポレオン後の国際秩序の再建を目的に，1814年，オー
　　ストリア外相　a　の主導によって　b　が開催された。
　　a メッテルニヒ
　　b ウィーン会議

□⑬ 1830年，オスマン帝国から＿＿＿が独立した。
　　ギリシア

□⑭ イギリスでは，1832年に　a　党の内閣によって選挙法
　　の改正がおこなわれ，　b　が廃止された。
　　a ホイッグ
　　b 腐敗選挙区

□⑮ ドイツの＿＿＿とエンゲルスは『資本論』を著した。
　　マルクス

□⑯ 1848年，　a　でおこった二月革命はヨーロッパ各地に
　　波及し，「　b　」とよばれる状況を生んだ。
　　a フランス（パリ）
　　b 諸国民の春

□⑰ ロシアは1853～56年の＿＿＿で，オスマン帝国に敗れた。
　　クリミア戦争

□⑱ 19世紀半ば，イギリスは＿＿＿女王時代に繁栄を築いた。
　　ヴィクトリア

□⑲ 1860年，イタリアの首相　a　は中部を併合し，「青年
　　イタリア」出身の　b　は両シチリア王国を占領した。
　　a カヴール
　　b ガリバルディ

□⑳ 1871年に成立したドイツ帝国の宰相＿＿＿は，カトリッ
　　ク教徒や社会主義運動を弾圧した。
　　ビスマルク

□㉑ 1864年に社会主義者によって第1 ___a___ が結成され， 1896年には第1回国際 ___b___ 大会が開催された。
a インターナショナル
b オリンピック

□㉒ 1823年， アメリカ大統領___は相互不干渉を表明した。
モンロー

□㉓ アメリカでは， ___a___ の撤廃と ___b___ 貿易を主張する北部と， これに反対する南部が対立した。
a 奴隷制
b 保護

□㉔ 南北戦争中の1863年， 共和党の___大統領が奴隷解放宣言を出した。
リンカン

□㉕ フランスの作家___a___は『人間喜劇』を著し， ロシアの作家___b___は『罪と罰』を著した。
a バルザック
b ドストエフスキー

□㉖ フランスの画家___は「民衆を導く自由の女神」を描いた。
ドラクロワ

□㉗ ダーウィンは著書『___』で進化論をとなえた。
種の起源

✍ 思考力問題にTRY

✓「フランスの歴史と絵画」展示会を訪れた高校生二人の次の会話文を読んで， 会話文中のa・bにあてはまる人物・説明文の正しい組み合わせを， あとのア〜エから１つ選べ。　【センター試験－改】

小島：右の絵を見ると， 人々が倒れているね。

荒井：この絵は， 隣国との戦争で(___a___)が捕虜になったあとにパリでおこった， ある出来事を描いたものみたいだよ。

小島：(___a___)は確か， パリの大改造を試みた人物だよね。この前， 授業で習った。ということは……， きっとこの絵は， (___b___)ことが題材になっているんだね。

ア a ビスマルク　b 社会主義者鎮圧法が制定されて， 労働運動が弾圧された
イ a ビスマルク　b 蜂起した民衆によって樹立された自治政府が， 鎮圧された
ウ a ナポレオン3世　b 社会主義者鎮圧法が制定されて， 労働運動が弾圧された
エ a ナポレオン3世　b 蜂起した民衆によって樹立された自治政府が， 鎮圧された

解説「隣国との戦争」「パリの大改造」から， aはフランスのナポレオン3世だとわかる。ナポレオン3世は1852年に皇帝となり， オスマンにパリの大改造を命じた。彼が1870〜71年のドイツ（プロイセン）との戦争に敗れて退位した後， フランスでは革命的自治政府のパリ＝コミューンが成立したが， ドイツ軍の支援をうけた臨時政府によって鎮圧された。資料の絵は， この内戦で犠牲になった市民を描いたものである。

解答 エ

第3章
諸地域の
結合・変容

64. オスマン帝国の動揺とアラブ民族の目覚め

入試重要度 B

01 オスマン帝国の衰退と改革　★★

① **17～18世紀**…オスマン帝国は1683年に**第2次ウィーン包囲**をおこなったが退けられ，1699年のカルロヴィッツ条約でオーストリアにハンガリーなどを割譲した。ウィーン包囲の失敗が，帝国衰退の転機となった。18世紀後半にはロシア=トルコ（露土）戦争に敗れ，クリミア半島の支配権を失った。

② **19世紀**…オスマン帝国は**ギリシア独立戦争**（1821～29）に敗れ，ギリシアの独立を承認した。さらに，その後の2度にわたる**エジプト=トルコ戦争**にも敗れた。1853～56年の**クリミア戦争**には勝ったものの，戦費負担で財政が悪化した。1877～78年の**ロシア=トルコ戦争**では，領土縮小と支配力低下をまねいた。この間に列強は，オスマン帝国への影響力拡大や領土分割をめぐって争い，この状況をヨーロッパでは「**東方問題**」とよんだ。

③ **オスマン帝国の改革**…1826年にイェニチェリ軍団が解体され，1839年，**アブデュルメジト1世**が**タンジマート❶**とよばれる西欧化改革をはじめた。この改革は，宗教・民族の違いを問わず，法の前での臣民の平等を認める**オスマン主義**に立脚していた。1876年には，**ミドハト=パシャ**が起草した**オスマン帝国憲法（ミドハト憲法）**が発布された。しかし，翌年のロシア=トルコ戦争を口実に**アブデュルハミト2世**が憲法を停止し，専制政治を復活させた。

▲19世紀の西アジアとバルカン半島

---

❶ **[タンジマート]** 軍事・行政・司法・教育など，さまざまな分野で西欧化をめざした改革。

通史編

第1章 諸地域の歴史的特質

第2章 諸地域の交流・再編

第3章 諸地域の結合・変容

第4章 地球世界の課題

テーマ史編

02 アラブ地域の動き ★ ★

① **エジプト**…1805年，**ムハンマド=アリー**がエジプト総督になった。後にムハンマド=アリーはシリア領有を巡り，オスマン帝国との2度の**エジプト=トルコ戦争**で，エジプト・スーダン総督の世襲権を獲得した（ムハンマド=アリー朝の成立）が，シリア獲得は断念した。1869年には，巨費を投じた**スエズ運河**が**レセップス**により完成したが，財政難に陥った。イギリスの**ディズレーリ**首相によってスエズ運河会社の株が買収され，運河の経営権は奪われた。

② **イラン**…1796年，トルコ系民族が**ガージャール朝**を建国した。その後ロシアとの戦いに敗れ，1828年の**トルコマンチャーイ条約**でロシアにアルメニアを割譲した。1848年，シーア派から派生した**バーブ教徒**が弱者救済を掲げ，政府の専制や外国支配に対して蜂起したが，鎮圧された。

③ **アラビア半島**…18世紀中ごろに**イブン=アブドゥル=ワッハーブ**が，原始イスラーム教への回帰を説く**ワッハーブ運動**をはじめた。その後，アラビアの豪族**サウード家**と連携して**ワッハーブ王国**を建国した。1818年，王国はエジプトの**ムハ**

イラン

ガージャール朝成立（1796～1925）

↓ 対ロシア戦争

トルコマンチャーイ条約（1828）

バーブ教徒の乱　ロシアに
（1848～52）　アルメニア
　　　　　割譲

アラビア半島

ワッハーブ運動

↓ サウード家 と連携

ワッハーブ王国成立
（1744ごろ～1818，23～89）

▲イランとアラビア半島の動き

ンマド=アリーによって滅ぼされ，その後再興されたが，1889年に滅亡した。

④ **アフガニスタン**…18世紀半ば以降，アフガン人が独立を維持していたが，19世紀に入るとロシアとイギリスの覇権争いに巻きこまれた。ロシアの南下を警戒するイギリスが2度の**アフガン戦争**をおこし，事実上の保護国とした。

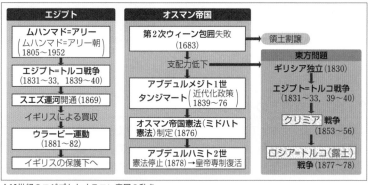

▲19世紀のエジプトとオスマン帝国の動き

153

第**3**章
諸地域の
結合・変容

65. イギリスのインド支配

入試重要度 B

01　インドの植民地化　★★

① **西欧勢力の進出**…17〜18世紀，**イギリス東インド会社**は，**マドラス・ボンベイ・カルカッタ**を拠点にインドの植民地化を進めた。また，**フランス東インド会社**は，**ポンディシェリ・シャンデルナゴル**を拠点に活動を展開した。

② **ムガル帝国の衰退**…アウラングゼーブ帝の没後，ムガル帝国は弱体化し，台頭した地方勢力が抗争をくり返していた。18世紀半ば以降，イギリスとフランスはこうした抗争に介入し，商業権益をめぐって激しく対立した。

③ **英仏抗争**…1744年にインド南部ではじまった**カーナティック戦争**でイギリスがフランスに勝利し，南インドにおける支配権を確立した。さらに1757年の**プラッシーの戦い**でイギリスはフランス・ベンガル太守連合軍を破り，フランスをインドから駆逐した。

④ **イギリスのインド征服**…イギリスは1765年，ベンガル・ビハール・オリッサの徴税権を獲得し，東部のベンガル地域を実質的に支配した。1767年からの４次にわたる**マイソール戦争**では南インドを征服した。さらに，1775年からの３次にわたる**マラーター戦争**に勝利し，デカン高原を制圧した。また，1845年からの２次にわたる**シク王国**との**シク戦争**にも勝利し，パンジャーブ地方も制圧した。

▲18〜19世紀前半の有力なインド勢力

02　植民地統治下のインド社会　★★

① **社会の変容**…イギリス東インド会社は**地税**を徴収するために，北インドでは**ザミンダーリー制^❶**，南インドでは**ライヤットワーリー制^❷**など，地域ごとに異なる制度を導入した。これにより地主や農民がもっていた権利は無視され，インドの人々の生活は困窮していった。

通史編

第1章 諸地域の歴史的特質

第2章 諸地域の交流・再編

第3章 諸地域の結合・変容

第4章 地球世界の課題

テーマ史編

② **経済の変容**…イギリス本国での産業革命の進展にともない，1813年，**イギリス東インド会社の貿易独占権が廃止**され，1833年に**商業活動停止**が決定された。これにより安価で良質な綿布がイギリスからインドに流入したため，インドの綿織物業は壊滅状態になった。以後，インドは**アヘン**や綿花などを輸出し，工業製品を輸入するなど，イギリスが主導する自由貿易体制に巻きこまれた。

03 インド大反乱とインド帝国 ★★

① **インド大反乱**…19世紀前半のインドでは，税負担に苦しむ農民や，**藩王国とりつぶし政策❸**により没落した王族らの間に反英感情が高まっていた。1857年，新式銃の弾薬包問題をきっかけに**インド人傭兵（シパーヒー）**の反乱がおこり，北インド全域に拡大した（**インド大反乱**）。1858年，イギリスはムガル帝国を滅ぼし，翌年には反乱も鎮圧された。

② **インド帝国**…ムガル帝国の滅亡と同時に，イギリスは**東インド会社を解散**し，本国政府によるインドの直接統治をはじめた。ディズレーリ首相時代の1877年，**ヴィクトリア女王**がインド皇帝を兼任し，**インド帝国**が成立した。その後，イギリスはインド人同士を対立させる，巧妙な「分割統治」を推し進めた。

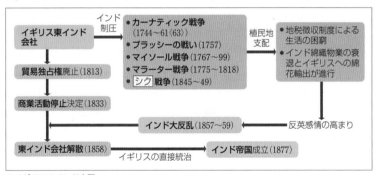

▲イギリスのインド支配

> **重要ファイル**
> CHECK
> ・イギリスはフランスを退け，インドの植民地化を進めていった。
> ・イギリスの強圧的な支配に対し，1857年にシパーヒーが大反乱をおこしたが，イギリスに鎮圧され，ムガル帝国は滅亡した。

❶ ［ザミンダーリー制］ 地主・領主に私的土地所有権を与え，農民からの徴税を任せる制度。
❷ ［ライヤットワーリー制］ 農民に土地保有権を与えて，農民から直接徴税する制度。
❸ ［藩王国とりつぶし政策］ 王に男子継承者がいない場合，王国をつぶして東インド会社に併合するという政策。

第3章
諸地域の
結合・変容

66. 東南アジアの植民地化

01　東南アジアの植民地化　★ ★

① **ジャワ**…1623年のアンボイナ事件後，オランダによる植民地化が進んだ。18世紀半ばにはジャワ島中・東部のマタラム王国が滅ぼされ，同世紀末からは，解散した東インド会社にかわってオランダ本国による統治がおこなわれた。こうした支配に対し，1825年に**ジャワ戦争**がおこったが，鎮圧された。オランダが悪化した本国の財政を立て直すために

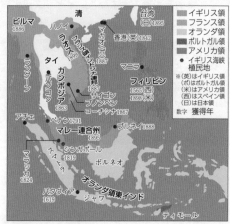

▲東南アジアの植民地化

1830年から**強制栽培制度❶**を実施すると，飢饉が続発した。20世紀初めには，現在のインドネシアの領域となる**オランダ領東インド**が成立した。

② **マレー半島**…1819年にイギリスが**シンガポール**を獲得し，24年にはマラッカとともに正式にイギリス領とした。1826年，イギリスは**シンガポール・マラッカ・ペナン**をあわせて**海峡植民地**を成立させた。さらに，半島の錫資源に目をつけ，1895年に**マレー連合州**を結成させてマレー半島の支配を確立した。

③ **ビルマ（ミャンマー）**…1752年，**コンバウン朝**が成立したが，ビルマ最後の王朝となった。コンバウン朝はインド東北部に進出したあと，イギリスとの3度にわたる**ビルマ戦争**に敗れ，1886年インド帝国に併合された。

> **重要ファイル**
> **CHECK**
> ●オランダはジャワ島を中心にオランダ領東インドを形成し，強制栽培制度によって莫大な利益を得た。
> ●イギリスはマレー半島に進出し，海峡植民地・マレー連合州を結成させるとともに，ビルマをインド帝国に併合した。

❶ ［**強制栽培制度**］ オランダ領東インド総督ファン=デン=ボスが実施した経済政策。コーヒー・サトウキビ・藍などを強制的に栽培させ，安価で買い上げて輸出し，利益をあげた。

通史編

第1章 諸地域の歴史的特質

第2章 諸地域の交流・再編

第3章 諸地域の結合・変容

第4章 地球世界の課題

テーマ史編

④ **フィリピン**…1565年**スペイン**が領有を宣言し，住民を**カトリック**に強制改宗させた。1571年に**マニラ**を建設し，アメリカ大陸と中国との中継貿易で栄えた。1834年にマニラは正式に開港した。これにより，サトウキビ・マニラ麻などの**プランテーション**の開発が進み，**大土地所有制**が確立された。

⑤ **ベトナム・カンボジア・ラオス**…ベトナムでは**阮福暎**がフランス人宣教師**ピニョー**らの援助で西山政権を倒して，1802年に**阮朝**を建国した。フランスは，宣教師迫害などを理由に軍事介入をはじめ，1862年，ベトナムにサイゴンなどを割譲させた。さらにフランスは翌年，**カンボジア**を保護国化し，1867年にはベトナム南部地域を支配した。ベトナムの劉永福は**黒旗軍**を組織して抵抗したが，1883・84年の**フエ（ユエ）条約**でフランスはベトナムを保護国化した。これに対し，清朝がベトナムへの宗主権を主張して，1884年に**清仏戦争**がおこったが，翌年の**天津条約**で清朝はフランスによるベトナムの保護国化を承認した。1887年にはベトナムとカンボジアが統合されて**フランス領インドシナ連邦**が成立し，1899年には**ラオス**も編入された。

⑥ **タイ**…1782年，チャクリ（ラーマ1世）がバンコクを都として**ラタナコーシン朝**（チャクリ朝）を建国した。19世紀末に即位した**チュラロンコン**（ラーマ5世）は，イギリス・フランスに対する均衡政策をとり，奴隷制廃止や行政・司法改革など近代化を進めた。その結果，タイは**英仏の緩衝地帯**として植民地化をまぬがれた。

▲チュラロンコン
（ラーマ5世）

オランダ	イギリス	フランス
ジャワ島のマタラム王国を滅ぼす（1755） ↓ ジャワ島で**強制栽培制度**実施 ↓ **オランダ領東インド**を形成	シンガポールを買収（1819） ↓ **海峡植民地**形成（1826）← シンガポール／マラッカ／ペナン ↓ **ビルマ戦争**でビルマ（ミャンマー）をインド帝国に併合（1886） ↓ マレー連合州形成（1895）	カンボジア 保護国化（1863） ↓ ベトナム 保護国化（1883・84） ↓ 清仏戦争（1884〜85） ↓ **フランス領インドシナ連邦**成立（1887） ↓ 連邦への ラオス 編入（1899）

▲東南アジアの植民地化

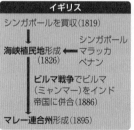

> **重要ファイル**
> CHECK
> ● フィリピンは16〜19世紀末までスペイン領となり，ベトナム・カンボジア・ラオスは19世紀後半にフランス領となった。
> ● 19世紀，西欧による植民地化が進んだ東南アジアで唯一，チュラロンコンによって近代化が進められたタイだけが独立を維持した。

通史編

中央ユーラシア

東アジア

日本

南・東南アジア

西アジア

ヨーロッパ

アメリカ

アフリカ

第3章
諸地域の
結合・変容

67. 清朝の動揺とヨーロッパの進出

入試重要度 A

01 清朝の衰退と交易の変化 ★★

① **清朝の弱体化**…人口増加と土地不足からくる農民の貧困化が進む中，1796年に四川を中心に白蓮教徒の乱がおきた。

② **貿易政策**…1757年から**広州**だけを貿易港として，**公行**が外国貿易を独占していた。イギリスは，1792年に**マカートニー**を派遣して自由貿易を要求したが，清の乾隆帝は拒否した。

③ **貿易の変化**…19世紀前半，イギリスは，中国から**茶**や絹を輸入し，インド産の**アヘン**を中国に運び，インドへはイギリスの**綿織物**を輸出するという**三角貿易**を確立した。その結果，アヘンの密貿易が増加し，清から大量の**銀**が国外に流出した。

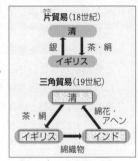

片貿易（18世紀）

清 ⇄ イギリス
銀 ↓ ↑ 茶・絹

三角貿易（19世紀）

清
茶・絹 ↗ ↘ 綿花・アヘン
イギリス → インド
綿織物

▲清とイギリスの貿易の変化

02 アヘン戦争 ★★

アヘンの密貿易の広がりに対して，清は林則徐を広州に派遣し，アヘンの没収・廃棄など強硬策をとった。そのため，1840年にイギリスとの間で**アヘン戦争**がおこった。戦争はイギリスが圧勝し，清はイギリスだけでなくアメリカ・フランスとも**不平等条約**を結んだ。

☑ **南京条約（1842）** 清は上海・寧波・福州・厦門・広州の5港開港，公行の廃止，香港島の割譲などを認めた。

☑ **五港通商章程・虎門寨追加条約（1843）** 清は**領事裁判権**（治外法権），**協定関税制**（関税自主権の喪失），**片務的最恵国待遇**などを認めた。

☑ **望厦条約（1844）** 清とアメリカとの修好通商条約。

☑ **黄埔条約（1844）** 清とフランスとの修好通商条約。

03 第2次アヘン戦争（アロー戦争） ★★

① **第2次アヘン戦争**…1856年に広州で**アロー号事件❶**が発生すると，イギリスはフランスと共同出兵して，**第2次アヘン戦争**（アロー戦争）をおこした。1858年には広州を占領し，さらに天津にせまった。

② **講和条約**…1858年に**天津条約**，60年に**北京条約**を締結した。これにより，外

通史編

第1章 諸地域の歴史的特質

第2章 諸地域の交流・再編

第3章 諸地域の結合・変容

第4章 地球世界の課題

テーマ史編

国使節の北京駐在，キリスト教布教の自由，天津など11港の開港，九竜半島南部のイギリスへの割譲などを認めることになった。同じころ，アヘン貿易も公認され，外交事務を担当する**総理各国事務衙門**が新設された。

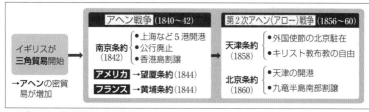

▲イギリスとの軍事衝突と条約締結

> **重要ファイル**
> CHECK
> ・アヘン戦争後，清はイギリスと南京条約，アメリカと望厦条約，フランスと黄埔条約という不平等条約を結んだ。
> ・第2次アヘン戦争後も，清は不平等な条約を押しつけられた。

04 ロシアの動向 ★★

ロシアは19世紀半ば，東アジアでの領土拡張を進め，清と条約を結んだ。

✓**アイグン条約(1858)** ロシアが黒竜江以北を獲得した。

✓**北京条約(1860)** ロシアが沿海州を獲得した。**ウラジヴォストーク**港を建設し，太平洋進出の拠点とした。

✓**イリ条約(1881)** イリ事件(ロシアがイリ地方を占領)の講和条約。ロシアは清との国境を有利に取り決め，貿易上の利権を得た。

▲ロシアの東方進出

❶ [アロー号事件] イギリスの国旗を掲げた船アロー号に清の役人が立ち入り，中国人乗組員を海賊容疑で逮捕した事件。

68. 太平天国の乱と朝鮮・日本の動き

入試重要度 **A**

中央ユーラシア

東アジア

日本

南・東南アジア

西アジア

ヨーロッパ

アメリカ

アフリカ

01 太平天国の乱 ★★

① **太平天国（1851〜64）**

キリスト教的結社である**上帝会**を組織した**洪秀全**が，1851年広西省で蜂起して**太平天国**を建てた。太平天国は天京（南京）を都とし，「**滅満興漢**」を掲げ，アヘンの吸飲や**纏足❶**の禁止，土地を男女平等に分け与える**天朝田畝制**などを打ち出した。

▲19世紀半ばの東アジア

凡例：
- ■ 南京条約による開港場
- → 第2次アヘン戦争での英仏軍の進路
- → 太平天国軍，南京への進路
- --→ 太平天国軍，華北への進路
- ▨ 太平天国前期の領域
- ▨ 太平天国後期の領域
- ● 天津・北京条約による開港場

② **反乱の鎮圧**…太平天国は10年以上にわたって清と戦った。しかし，漢人官僚の**曽国藩**や**李鴻章**が率いた**湘軍**・**淮軍**などの義勇軍（**郷勇**）と，イギリスの軍人**ゴードン**らが率いた**常勝軍❷**の協力により，1864年に反乱は鎮圧された。

02 洋務運動 ★★

太平天国滅亡後の1860年代，中国では「**同治中興**」といわれる平和な状態が続いた。その間，富国強兵による近代化をはかるため，曽国藩・李鴻章らによって，「**中体西用**」（精神は中国，科学技術は西洋）にもとづく**洋務運動❸**が展開された。しかし，政治・社会体制は旧態依然のままで変革されなかった。

> 〈**重要ファイル** CHECK〉
> - 洪秀全がおこした太平天国の乱は，曽国藩や李鴻章が率いた郷勇や欧米人が指揮する常勝軍によって鎮圧された。
> - 太平天国の乱後，富国強兵をはかる洋務運動がおこった。

❶ [**纏足**] 幼女の足指を内向きにしばり，発育を止めて小足とする風習。

❷ [**常勝軍**] 創設者のアメリカ人ウォードをはじめ欧米人が指揮した中国人軍隊。

❸ [**洋務運動**] 兵器工場，紡績会社，汽船会社などをつくり，近代的な海軍も組織した。

通史編

第1章 諸地域の歴史的特質

第2章 諸地域の交流・再編

第3章 諸地域の結合・変容

第4章 地球世界の課題

テーマ史編

03　日本と朝鮮の動向　★★

① **日本の動向**…アメリカのペリー来航を機に，**日米和親条約**(1854)，**日米修好通商条約**(1858)を結び，開国。1868年に明治政府が成立した(**明治維新**)。新政府は，1889年に**大日本帝国憲法**を発布し，議会を開設して近代化を進めた。対外的には，1875年にロシアと**樺太・千島交換条約❹**を結んで北方の国境を定め，**台湾出兵**，琉球領有(沖縄県の設置)，朝鮮進出をはかった。

② **朝鮮の動向**…16世紀以降，両班による党争が続き，19世紀初めには洪景来の乱などで混乱していた。1860年代に欧米諸国は開国を迫ったが，**高宗**の摂政**大院君**はこれを拒否した。日本は1875年に**江華島事件**をおこし，翌年，**日朝修好条規**を結んで釜山など3港を開港させた。

③ **朝鮮の内争**…朝鮮の改革派内部では，日本と結んだ**金玉均**らの**開化派**(独立党)と，清と結んだ閔氏の**事大党**が対立し，**壬午軍乱❺**(1882)や**甲申事変❻**(1884)などの政争がおきた。これに対し，日清両国は**天津条約**(1885)を結んで収拾をはかった。

④ **日清戦争**…1894年，**東学の乱**(**甲午農民戦争**)をきっかけに**日清戦争**がおこった。日本に敗れた清は，翌年に結んだ**下関条約**で，朝鮮の独立，遼東半島・台湾・澎湖諸島の割譲，賠償金の支払いなどを認めた。

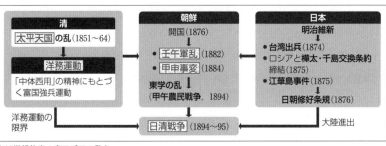

▲19世紀後半の東アジアの動き

> **重要ファイル** CHECK
> ● 近代化を推進した日本は朝鮮進出をはかり，朝鮮をめぐって対立する清への攻撃を開始し，日清戦争がはじまった。
> ● 日清戦争での清の敗北は，列強による中国分割を加速させた。

❹ [**樺太・千島交換条約**]　日本が千島列島全部，ロシアが樺太全島を領有することを定めた。

❺ [**壬午軍乱**]　大院君を擁立した軍隊が閔氏一派の要人を殺害し，日本公使館を襲撃した事件。清軍によって鎮圧された。

❻ [**甲申事変**]　朝鮮開化派が日本の助けを得て閔氏政権を倒したが，清の介入で失敗した。

通史編

中央ユーラシア

東アジア

日本

南・東南アジア

西アジア

ヨーロッパ

アメリカ

アフリカ

69. 列強の帝国主義と政治・社会

入試重要度 B

01　第2次産業革命と帝国主義の成立　★★

　19世紀後半，イギリス，フランス，ドイツ，アメリカでは，**石油**と**電気**を動力源とする**第2次産業革命**がおこった。**巨大企業**が成長し，資源と市場の獲得，資本の輸出先を求める植民地拡大政策が実行された。こうした動きを**帝国主義**という。帝国主義は地域の伝統文化を排除し，暴力的な傾向を強めた。

02　イギリスの帝国主義　★★

① **対外政策**…保守党の**ディズレーリ**首相は，**スエズ運河会社株の買収**(1875)，**インド帝国**樹立(1877)などの帝国主義政策を推進した。1899年には，植民相**ジョゼフ=チェンバレン**が**南アフリカ**(南ア，ブール)**戦争**をおこした。20世紀に入ると，オーストラリア連邦・ニュージーランド・南アフリカ連邦を**自治領**とするなど，植民地との連携強化を進めた。

② **国内の動向**…**フェビアン協会❶**などの動きが活発になり，1900年に**労働代表委員会**が結成され，06年には社会主義の実現をめざす**労働党**となった。1905年に成立した自由党内閣は，11年に国民保険法を制定し，さらに**議会法**を成立させて下院の上院に対する優位を定めた。自由党内閣は1914年に**アイルランド自治法**も成立させたが，これに反対する北アイルランドと独立をめざす**シン=フェイン党**とが対立し，自治法の実施は延期された。

> ❝ **重要ファイル**　•イギリスでは，ディズレーリ首相・ジョゼフ=チェンバレン植民相のも
> 　**CHECK**　　とで帝国主義政策が推進された。 ❞

03　フランスの帝国主義　★★

① **第三共和政下の政策**…フランスは1880年代から帝国主義政策に乗り出し，インドシナ・アフリカに植民地をつくりあげた。工業生産ではドイツ・アメリカに抜かれたが，銀行の資本力が強く，海外投資で利益をあげた。

② **国内の動向**…元陸相がクーデタをくわだてた**ブーランジェ事件❷**(1887〜89)や，反ユダヤ主義にもとづく**ドレフュス事件❸**(1894〜99)がおこるなど，国内政治は不安定であった。しかし，共和派政府はこうした危機を脱し，1905年に**政教分離法**を発布した。また，停滞していた労働運動も活発化し，1905年に労働者政党として**フランス社会党**が成立した。

通史編

第1章 諸地域の歴史的特質

第2章 諸地域の交流・再編

第3章 諸地域の結合・変容

第4章 地球世界の課題

テーマ史編

04 帝国主義時代のドイツ ★★

① **対外政策**…1888年に即位した**ヴィルヘルム2世**は90年に**ビスマルク**を辞職させて親政を開始し、「**世界政策**」を掲げて帝国主義政策を推進した。市民層の間でも**パン=ゲルマン主義❹**運動が広がり、「世界政策」を後押しした。同年、ヴィルヘルム2世はロシアとの再保障条約の更新を拒否し、1899年には**バグダード鉄道**の敷

▲3B政策と3C政策

設権を獲得して、ベルリン・ビザンティウム(イスタンブル)・バグダードを結ぶ**3B政策**を推進し、イギリスの**3C政策**に対抗した。

② **国内の動向**…1890年に社会主義者鎮圧法が廃止されると、ドイツ社会主義労働者党は**社会民主党**と改称し、急速に勢力をのばした。社会民主党は、1889年にパリで設立された**第2インターナショナル**でも中心的な役割を果たした。やがて党内では、議会主義的改革に重点をおく**ベルンシュタイン**らの**修正主義**が支持を拡大した。

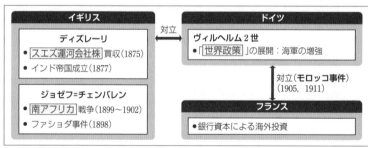

▲列強の帝国主義

> **66** 重要ファイル
> CHECK
> • フランスは、銀行の資本力をもとに帝国主義政策を推進した。
> • ドイツは、ヴィルヘルム2世が「世界政策」により帝国主義政策を推進する一方、マルクス主義の社会民主党が勢力をのばした。 **99**

❶ [**フェビアン協会**] 知識人を中心に結成された社会主義団体。ウェッブ夫妻らが参加した。

❷ [**ブーランジェ事件**] 元陸相ブーランジェが、政権奪取をはかった事件。

❸ [**ドレフュス事件**] ユダヤ系軍人ドレフュスが、ドイツのスパイ容疑をかけられた事件。作家ゾラら共和政支持派の支援をうけ、のちにドレフュスの無実が判明した。

❹ [**パン=ゲルマン主義**] 国内外のドイツ人を統合し、ゲルマン民族の勢力拡大を図る考え。

第**3**章
諸地域の
結合・変容

70. ロシア・アメリカの帝国主義と国内政治

入試重要度 **A**

01 帝国主義時代のロシア ★★

① **資本主義の発達**…ロシアでは1890年代以降，フランス資本の援助で工業化が進んだ。しかし，国内市場が狭いためアジアへ進出をはかり，**シベリア鉄道**の建設などの国家事業を進めた。20世紀に入ると，地主への従属に抗議する農民運動や労働者のストライキが多発した。

② **政党の成立**…1903年，マルクス主義を掲げる**ロシア社会民主労働党**が結成され，同年，**レーニン**を中心とする**ボリシェヴィキ**とプレハーノフらの**メンシェヴィキ**に分裂した。また，ナロードニキの流れをくむ**エスエル**(社会主義者・革命家党)や立憲君主政をめざす立憲民主党なども結成された。

③ **1905年革命(第1次ロシア革命)**…1905年，血の日曜日事件❶がおこると，都市労働者を中心に暴動がおこり，海軍の反乱にまで発展した。また，モスクワで結成された労働者の自治組織**ソヴィエト**(評議会)が武装蜂起した。これにより，皇帝**ニコライ2世**が十月宣言を発布して，憲法制定と国会(ドゥーマ)の開設を約束した。1906年首相となった**ストルイピン**は，ミール(農村共同体)を解体して自作農の育成をめざしたが，十分な成果はあがらなかった。

国	成立年	政党の名称
イギリス	1906	労働党(1900年結成の労働代表委員会が母体)
フランス	1905	フランス社会党
ドイツ	1890	社会民主党(ドイツ社会主義労働者党が母体)
ロシア	1901	エスエル(社会主義者・革命家党)
	1903	ロシア社会民主労働党 (のちボリシェヴィキとメンシェヴィキに分裂)

▲各国の社会主義政党

> 〝 **重要ファイル**　・ロシアでは，1905年の血の日曜日事件をきっかけに，ソヴィエトの武装
> CHECK 　　蜂起などがおこり，1905年革命へと発展した。 〟

❶ [**血の日曜日事件**]　皇帝ニコライ2世に労働者の窮状や改革を訴える誓願文を提出しようとする司祭ガポンに率いられたデモ隊が，宮殿の警備隊に無差別に発砲された事件。多数の死者が出たため，皇帝への不信が広がった。

通史編

第1章 諸地域の歴史的特質

第2章 諸地域の交流・再編

第3章 諸地域の結合・変容

第4章 地球世界の課題

テーマ史編

02 帝国主義時代のアメリカ合衆国　★★

① **帝国主義政策**…共和党の**マッキンリー**大統領は，キューバの独立運動に干渉し，1898年に**アメリカ=スペイン（米西）戦争**をおこした。その結果，キューバの独立，フィリピン・グアム・プエルトリコの獲得が決定し，同年**ハワイ**も併合した。1901年にはプラット条項を押しつけて**キューバ**を保護国化した。一方，国務長官**ジョン=ヘイ**

▲19世紀末～20世紀初めのカリブ海地域

は，中国での**門戸開放**と機会均等・領土保全を発表して，中国進出への割りこみをはかった。

② **「棍棒外交」**…**セオドア=ローズヴェルト**大統領は「**棍棒外交**」といわれる中米諸国への武力干渉を行うとともに，パナマ運河の建設などの**カリブ海政策**を推進した。一方，国内では**革新主義**を掲げ，独占資本の規制などを実施した。次のタフト大統領は，中米や中国への投資を推進した（「**ドル外交**」）。

③ **宣教師外交**…**ウィルソン**大統領は，「新しい自由」を掲げ，反トラスト法の強化，関税の引き下げなどを実施した。対外的には，ラテンアメリカ諸国に対し，アメリカ民主主義の道徳的優位を説く「**宣教師外交**」を推進する一方，1914年に完成した**パナマ運河**の管理権をにぎるなど，中米やカリブ海地域における影響力を強めた。

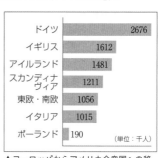

▲ヨーロッパからアメリカ合衆国への移民（1870～1900）

④ **移民の増加**…急速な工業化は，農業や中小企業を圧迫し，19世紀後半以降，ヨーロッパからアメリカへの**移民**が急増した。20世紀に入ると，東欧・南欧からの移民が増加した。

> **重要ファイル**
> CHECK
> - マッキンリーは，アメリカ=スペイン（米西）戦争をおこし，その後キューバを保護国化した。
> - セオドア=ローズヴェルトはカリブ海政策を推進し，ウィルソンは「宣教師外交」を推進して，中米やカリブ海で覇権を確立した。

通史編

中央ユーラシア

東アジア

日本

南・東南アジア

西アジア

ヨーロッパ

アメリカ

アフリカ

71. アフリカの植民地化

入試重要度 A

01 列強のアフリカ分割の開始　★★

19世紀半ばの**リヴィングストン**や**スタンリー**による中央アフリカ探検後，列強のアフリカへの関心が高まった。コンゴ地域をめぐるヨーロッパ諸国の対立を解決するため，ドイツの**ビスマルク**が1884～85年に開いた**ベルリン=コンゴ会議**では，ベルギー国王の所有地としてコンゴ自由国の建設が認められた。列強はアフリカ進出を加速させ，20世紀初めには，**エチオピア帝国**と**リベリア共和国**を除くアフリカ全土を植民地にした。

02 イギリスの進出　★★

① 北部…1880年代初めにエジプトの**ウラービー**運動を鎮圧して同国を保護下においた。その後，さらに南下をはかり，スーダンの**マフディー運動**も制圧した。

② 南部…植民相の**ジョゼフ=チェンバレン**が，ケープ植民地首相を務めた**ローズ**の拡張政策を引き継いで**南アフリカ戦争**(1899～1902)をおこし，**ブール人**のオレンジ自由国とトランスヴァール共和国をケープ植民地に併合した。1910年には**南アフリカ連邦**を発足させ，イギリス帝国内の自治領とし

▲アフリカの分割(20世紀初め)

た。また，**ケープタウン**と**カイロ**をつなぎ，さらにインドの**カルカッタ**を結ぶ3C政策を展開した。

> 　**重要ファイル**　・イギリスは，アフリカの北部・南部を支配下におき，カイロ・ケープタウン・インドのカルカッタを結ぶ3C政策を推進した。
> 　CHECK

通史編

第1章 諸地域の歴史的特質

第2章 諸地域の交流・再編

第3章 諸地域の結合・変容

第4章 地球世界の課題

テーマ史編

03　フランスの進出　★★

① **アフリカ進出のきっかけ**…フランスは1830年にシャルル10世が**アルジェリア**出兵をおこない，植民地化の端緒をなした。

② **植民地化の経過**…1881年，**チュニジア**を保護国化し，さらにサハラ砂漠を横断してジブチやマダガスカル島との連結をはかる**横断政策**をとった。そのため，イギリスの**縦断政策**と衝突し，1898年に**ファショダ事件**がおこったが，フランスの譲歩により解決した。1904年に**英仏協商**が成立し，イギリスはエジプト，フランスはモロッコの優越権を相互に承認した。

> **重要ファイル**
> **CHECK**
> ・イギリスの縦断政策とフランスの横断政策がぶつかり，1898年にファショダ事件がおこった。

04　ドイツ，イタリアの進出と列強進出の影響　★★

① **ドイツの進出**…資源の乏しい植民地しかもっていなかったドイツは，1880年代半ばにカメルーン・南西アフリカ・東アフリカなどを占有した。フランスのモロッコ進出に対して，1905年と11年の2度にわたって**モロッコ事件**をおこしたが，イギリスなどの反対にあったためいずれも譲歩した。1912年，フランスはモロッコを正式に保護国とした。

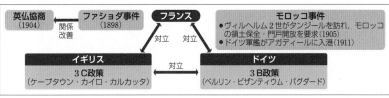

▲イギリス・フランス・ドイツの関係(19世紀末～20世紀初め)

② **イタリアの進出**…イタリアは1880年代にソマリランドとエリトリアを獲得した。1895年には**エチオピア**に侵入したが，翌年**アドワの戦い**で惨敗した。その後，オスマン帝国との**イタリア＝トルコ戦争**(1911～12)で勝利をおさめ，リビア(トリポリ・キレナイカ)を獲得した。

③ **列強進出の影響**…ヨーロッパ列強は経済的利害や戦略的重要性から，列強の都合で人為的な境界線を定めた。アフリカの発展は阻害され，はかりしれない障害が残された。

> **重要ファイル**
> **CHECK**
> ・ドイツはフランスに対し，2度にわたりモロッコ事件をおこしたが，イギリスがフランスを支援したため失敗した。

第3章
諸地域の
結合・変容

72. 太平洋地域の分割と列強の二極化

入試重要度 B

01　太平洋地域の分割　★★

① **オーストラリア**…1770年に**クック**の探検によって**イギリス領**となったが，当初は流刑植民地であった。1850年代に金鉱が発見されると移民の流入が急増し，先住民の**アボリジニ**は奥地に追いやられた。1901年にオーストラリア連邦が成立し，イギリス帝国内2番目の**自治領**となった。

② **ニュージーランド**…イギリスが先住民の**マオリ**を制圧し，1840年に植民地となった。1907年には，イギリス帝国内3番目の自治領となった。

③ **太平洋諸島**…アメリカが，1898年の**アメリカ=スペイン（米西）戦争**の結果，スペインから**フィリピン・グアム**を獲得し，同年に**ハワイ**も併合した。

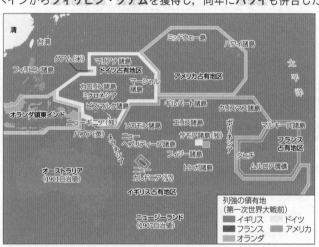

▲太平洋における列強の勢力圏（20世紀初め）

02　ラテンアメリカ諸国　★★

① **独立後の中南米**…独立後もラテンアメリカ諸国は大土地所有制が残り，貧富の差が解消されず，軍事クーデタも相次いだ。このため，アメリカは1889年以来，大陸の諸問題を討議する**パン=アメリカ会議**を定期的に開催した。

② **メキシコ**…1876年のクーデタで大統領になった**ディアス**のもと，近代化が推進された。しかし，ディアスは独裁化したため，1910年にサパタとビリャらによる**メキシコ革命**で追放された。1917年に民主的憲法が制定された。

③ **南米諸国**…**ブラジル**は1888年に奴隷制が廃止されたが，地主層が反発した。これに共和派が乗じ，翌89年にクーデタをおこして共和政を確立した。**アルゼンチン**は19世紀末に安定した政権を樹立した。

03 列強の二極分化 ★★

① **イギリス**…長らく「**光栄ある孤立**」政策をとってきたが，東アジアへのロシア進出に対して，1902年に**日英同盟**を結んだ。さらにドイツを警戒して，1904年に**英仏協商**を成立させた。

② **ロシア**…ドイツの再保障条約更新拒否に対し，1890年代前半にフランスと**露仏同盟**を結んだ。日露戦争（1904～05）後，バルカン方面への進出に転じ，ドイツ・オーストリアと衝突した。その結果，1907年にイギリスと**英露協商**を成

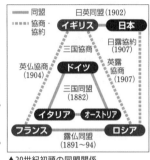

▲20世紀初頭の同盟関係

立させた。ここに，ドイツ・オーストリアを共通の脅威とみる英・仏・露間の**三国協商**が成立した。

③ **ドイツとイタリア**…ドイツは**バグダード鉄道**の建設を進め，ベルリン・ビザンティウム（イスタンブル）・バグダードを結ぶ**3B政策**をとり，イギリスの**3C政策**に対抗した。一方，三国同盟の一員であったイタリアは，「**未回収のイタリア**」をめぐってオーストリアと対立し，フランスに接近した。

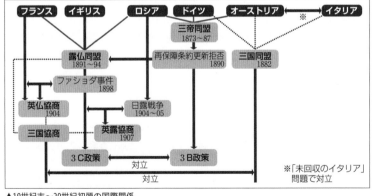

▲19世紀末～20世紀初頭の国際関係

> **重要ファイル CHECK**
> • イギリスの3C政策とドイツの3B政策が対立した。
> • 三国同盟（独・墺・伊）と三国協商（英・仏・露）が対立した。

通史編

中央ユーラシア

東アジア

日本

南・東南アジア

西アジア

ヨーロッパ

アメリカ

アフリカ

73. 列強の中国分割と日露の対立

入試重要度 A

01 列強の中国分割 ★★

① **日清戦争と三国干渉**…日清戦争に敗れた清は，1895年**下関条約**を締結した。清は，遼東半島・台湾・澎湖諸島を日本に割譲したが，同年，ロシアがフランス・ドイツと**三国干渉**をおこない，遼東半島を清に返還させた。

② **変法運動**…日清戦争の敗北後，清では，日本の明治維新を手本に立憲君主制の樹立をめざす**変法運動**がおこった。1898年，**光緒帝**は公羊学派の**康有為・梁啓超**らを登用して政治改革（**戊戌の変法**）を断行したが，**西太后**らのクーデタにより失敗した。これを**戊戌の政変**という。

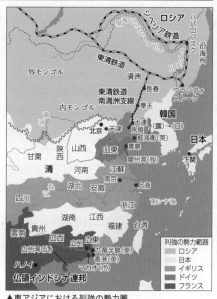

▲東アジアにおける列強の勢力圏

③ **列強の中国分割**…三国干渉の代償として，1896年，ロシアは**東清鉄道の敷設権**を獲得した。1898年にドイツが**膠州湾**を租借すると，ロシアは遼東半島南部（**旅順・大連**），イギリスは山東半島の**威海衛・九竜半島（新界）**，フランスは**広州湾**をそれぞれ租借した。この動きに対して，アメリカは国務長官**ジョン＝ヘイ**の名で，中国の**門戸開放・機会均等・領土保全**を提唱した。こうした列強の進出に対し，清の梁啓超は「中国分割の危機」と訴えた。

▲清の改革運動と列強の中国分割

通史編

第1章 諸地域の歴史的特質

第2章 諸地域の交流・再編

第3章 諸地域の結合・変容

第4章 地球世界の課題

テーマ史編

02　義和団戦争　★★

　第2次アヘン戦争(アロー戦争)後の**北京条約**で**キリスト教の布教が公認**されてから，各地で反キリスト教運動による衝突事件(**教案**)がおこった。なかでも，宗教結社の**義和団**は「**扶清滅洋**」をとなえて鉄道や教会などを破壊した。西太后ら保守派はこれに乗じて各国に宣戦したが，1900年，日本・ロシアを中心とする**8か国が共同出兵❶**して北京を占領し，在留外国人を救出した(**義和団戦争**)。敗れた清は1901年，**北京議定書**に調印し，外国軍隊の北京駐屯などを認めた。

03　日露戦争　★☆

① **背景**…義和団戦争後もロシアは満洲を占領し，朝鮮への圧力を強めたため，イギリスは1902年，ロシアの進出を警戒する日本と**日英同盟**を締結した。対ロシア強硬策をとった日本は，1904年にロシアと開戦した(**日露戦争**)。

② **戦況**…日本は奉天会戦などで連勝したが，長期戦に耐えられる経済力がなく，ロシアも1905年革命の勃発などで余力を失った。

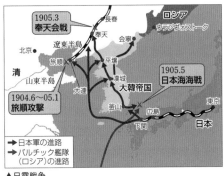

▲日露戦争

③ **結果**…アメリカの**セオドア=ローズヴェルト**大統領の調停によって，1905年，日本全権小村寿太郎とロシア全権ウィッテの間で**ポーツマス条約**が締結された。これにより日本は，**韓国の指揮・監督権**，遼東半島南部の租借権と東清鉄道南部(**南満洲鉄道**)の利権，樺太(サハリン)南部の領有権を獲得した。1907年，日本とイギリスが，ロシアとの間でそれぞれ**日露協約❷・英露協商**を締結したことで，日本の大陸進出が進展することとなった。

> **重要ファイル**
> CHECK
> ● 清は義和団の破壊活動に乗じて列強に宣戦したが敗れた。
> ● 日英同盟を後ろだてとして日本は日露戦争を戦い，ポーツマス条約で韓国における優越権をロシアに認めさせた。

❶ [**8か国共同出兵**]　日本・ロシア・イギリス・アメリカ・ドイツ・フランス・オーストリア・イタリアの8か国が出兵したが，地理的に近い日本と極東進出をねらうロシアが中心となった。

❷ [**日露協約**]　日露両国の権益の共同擁護を目的として，1907年以降4回結ばれた。

171

通史編

中央ユーラシア

東アジア

日本

南・東南アジア

西アジア

ヨーロッパ

アメリカ

アフリカ

74. 韓国併合と辛亥革命

入試重要度 A

01 韓国併合 ★★

① **韓国の保護国化**…日清戦争後，朝鮮は国号を**大韓帝国**（韓国）と改め，独立国であることを示したが，3次にわたる**日韓協約**で**統監府**が設置されるなど，保護国化が進められた。これに対し韓国では，高宗が万国平和会議で日本の侵略を訴え（**ハーグ密使事件**），民衆による抗日闘争（**義兵闘争**）もおこった。

② **韓国併合**…日本は安重根による初代韓国統監**伊藤博文**の暗殺をきっかけに，1910年**韓国を併合**し，ソウル（京城）に**朝鮮総督府**を設置した。総督府は**土地調査事業**などの近代化政策を進める一方，憲兵を利用した武断政治を進めた。

02 清の改革と革命運動 ★★

① **新たな改革**…義和団戦争後の1905年，清は**科挙を廃止**し，08年には**憲法大綱**を発表して**国会開設を公約**した。軍事面では西洋式陸軍（**新軍**）を創設した。こうした近代国家へ向けた清朝の改革を**光緒新政**という。

▲孫文

② **革命運動**…清の改革に対し，民族資本家は鉱山や鉄道の利権回復を要求した。一方，海外では**華僑**や留学生を中心に清朝打倒の革命運動がおこった。ハワイで**興中会**❶を結成していた**孫文**は革命諸団体を統合し，1905年に東京で**中国同盟会**を結成した。同盟会は「**民族**の独立・**民権**の伸張・**民生**の安定」からなる**三民主義**を掲げた。

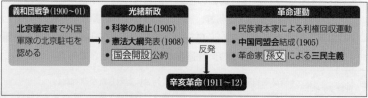

義和団戦争（1900〜01）	光緒新政	革命運動
北京議定書で外国軍隊の北京駐屯を認める	●**科挙の廃止**（1905） ●**憲法大綱**発表（1908） ●国会開設公約	●民族資本家による利権回収運動 ●**中国同盟会**結成（1905） ●革命家 孫文 による**三民主義**

反発 → 辛亥革命（1911〜12）

▲義和団戦争から辛亥革命までの流れ

> **重要ファイル**
> CHECK
> ・日本は初代韓国統監伊藤博文の暗殺を機に，1910年に韓国を併合した。
> ・孫文は東京で中国同盟会を結成し，三民主義を理念に掲げた。

❶ ［興中会］ 1894年，華僑の支持をうけた孫文がハワイで組織した革命結社。

03 辛亥革命 ★★

① **第一革命**…1911年，清が**幹線鉄道国有化**を発したことに対して地方が反発し，**四川**で暴動が発生した。これを契機に**武昌**の軍隊が蜂起して**辛亥革命**がはじまった。革命軍は**孫文**を臨時大総統に選出し，1912年１月，**南京**を首都とする**中華民国**の建国を宣言した。北洋軍の**袁世凱**は，孫文との間の密約により，宣統帝（溥儀）を退位させ，２代臨時大総統に就任した。こうして清朝は滅亡し，中国の二千年以上にわたる皇帝支配政治が終わった。

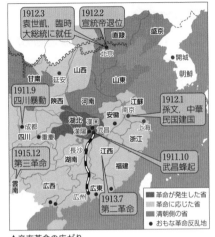

1912.3 袁世凱，臨時大総統に就任
1912.2 宣統帝退位
1911.9 四川暴動
1912.1 孫文，中華民国建国
1915.12 第三革命
1911.10 武昌蜂起
1913.7 第二革命

■ 革命が発生した省
■ 革命に応じた省
■ 清朝側の省
● おもな革命反乱地

▲辛亥革命の広がり

② **第二革命**…袁世凱が独裁を強めたため，孫文らは**国民党**❷を結成し，1913年に武装蜂起したが失敗した（第二革命）。翌年，孫文は東京で新たに**中華革命党**❸を結成し，革命勢力の再結集をめざした。

③ **第三革命**…1915年，袁世凱は帝政復活を宣言した。これに対して，雲南の軍人らが蜂起し（第三革命），諸外国も反対したため，帝政復活は失敗した。

④ **革命の影響**…袁世凱の死後，中国各地に分立した軍事集団（軍閥）がたがいに抗争し，不安定な状況が続いた。周辺部では，1911年に外モンゴルが独立を宣言し，1924年にソ連の影響をうけた**モンゴル人民共和国**が成立した。

幹線鉄道国有化	第一革命	第二革命	第三革命
外国借款による鉄道建設の推進をはかる	四川暴動→武昌の軍隊蜂起 中華民国成立 宣統帝退位により清朝滅亡	袁世凱に対する孫文ら国民党の武装蜂起→失敗	袁世凱の帝政復活に反対する蜂起→帝政復活は失敗

▲辛亥革命の流れ

重要ファイル CHECK
- 1911年の四川暴動を機に，武昌の軍隊が蜂起して辛亥革命がはじまった。
- 1912年１月に中華民国が成立，翌２月に宣統帝が退位して清朝は滅びた。

❷ [**国民党**] 中国同盟会を中心につくられた政党。袁世凱によって1913年に解散させられた。

❸ [**中華革命党**] 1919年に大衆政党の**中国国民党**に改編された。

通史編

第1章 諸地域の歴史的特質

第2章 諸地域の交流・再編

第3章 諸地域の結合・変容

第4章 地球世界の課題

テーマ史編

75. アジア各地の民族運動

入試重要度 **B**

01 インドにおける民族運動の形成 ★★

▲ティラク

① **民族運動の展開**…経済状況が改善された19世紀後半のインドでは，知識人を中心に民族的自覚が高まっていた。この状況に対し，イギリスは反英運動を和らげるために，1885年，**インド国民会議**を創設した。

② **民族運動の展開**…当初，国民会議は穏健的だったが，ヒンドゥー教徒とイスラーム教徒の分断をはかったイギリスが1905年に**ベンガル分割令❶**を発表すると，**ティラク**を中心とする急進派が分割反対運動を展開した。1906年の国民会議のカルカッタ大会では，**英貨排斥**(はい)**・スワデーシ**（国産品愛用）**・スワラージ**（自治獲得）**・民族教育**の4綱領が採択され，国民会議は政治組織の**国民会議派**としてイギリス支配に対抗した。一方，イスラーム教徒は同年，親英的な**全インド=ムスリム連盟**を結成した。

③ **イギリスの対応**…急進化した民族運動をおさえるために，インド人を行政組織の一部に参加させるなどの懐柔(かいじゅう)策をとった。1911年にはベンガル分割令を撤回するとともに，首都をカルカッタからデリーに移した。

> 重要ファイル
> CHECK
>
> ● インドでは，ベンガル分割令の発表後，反英闘争が激化した。
> ● 国民会議のカルカッタ大会で，英貨排斥・スワデーシ・スワラージ・民族教育の4綱領が採択された。

02 東南アジアにおける民族運動の形成 ★★

① **インドネシア**…本国オランダで強圧的な植民地政策を見直す声が高まり，「倫理政策」へと転換されるなか，インドネシアでは1911年に**イスラーム同盟**（サレカット=イスラム）が誕生し，民族運動の中心的役割を担った。その後，植民地政府の弾圧をうけ，組織は崩壊した。

② **フィリピン**…海外留学からの帰国者を中心に啓蒙的改革運動がはじまり，1880年代に**ホセ=リサール**らが言論・政治活動を展開した。1896年にはスペインに対する**フィリピン革命**をおこし，**アギナルド**を中心とする革命軍が，

---

❶ ［ベンガル分割令］ 反英運動の最も激しかったベンガル州を，ヒンドゥー教徒とイスラーム教徒の居住地域に分割するという法令。

通史編

第1章 諸地域の歴史的特質

第2章 諸地域の交流・再編

第3章 諸地域の結合・変容

第4章 地球世界の課題

テーマ史編

フィリピン共和国を樹立した。しかし，1899年にアメリカの侵攻をうけて**フィリピン=アメリカ戦争**がおこると，敗れたフィリピン共和国はアメリカの支配下におかれた。

③ **ベトナム**…1904年，**ファン=ボイ=チャウ**を中心に**維新会**が設立され，フランスからの独立と立憲君主制の樹立をめざし，日本に留学生を送る**ドンズー（東遊）運動**を展開した。しかし，フランス・日本の弾圧により挫折した。

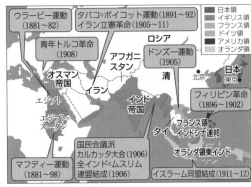

▲20世紀初めごろのアジア

地図中の表記：
- ウラービー運動（1881〜82）
- タバコ=ボイコット運動（1891〜92）
- イラン立憲革命（1905〜11）
- 青年トルコ革命（1908）
- ロシア
- ドンズー運動（1905）
- オスマン帝国
- アフガニスタン
- イラン
- 日本
- 北京　東京
- 清
- インド帝国
- エジプト
- エジプト=スーダン
- フィリピン革命（1896〜1902）
- フランス領インドシナ連邦
- タイ
- 国民会議派カルカッタ大会（1906）全インド=ムスリム連盟結成（1906）
- マフディー運動（1881〜98）
- オランダ領東インド
- イスラーム同盟結成（1911〜12）

凡例：日本領／イギリス領／フランス領／ドイツ領／アメリカ領／オランダ領

> 66 **重要ファイル**
> **CHECK**
> ・東南アジアでは，インドネシアでイスラーム同盟が結成され，ベトナムではファン=ボイ=チャウらがドンズー（東遊）運動を展開した。 99

03 西アジアの民族運動 ★★

　民族主義と**パン=イスラーム主義**を説いたイラン人の**アフガーニー**の思想が，オスマン帝国やエジプトなど各地の民族運動に影響を与えた。

▲アフガーニー

① **オスマン帝国**…アブデュルハミト2世の専制復活に対し，青年将校らが「**青年トルコ人**」を結成し，1908年，議会と憲法を復活させて政権をにぎった（**青年トルコ革命**）。この後，内閣は次第に反動化したが，**トルコ民族主義**が生まれた。

② **エジプト**…1881〜82年に**ウラービー運動**がおこったが，イギリスに鎮圧された。南のスーダンでムハンマド=アフマドがおこした反エジプト・反英闘争（**マフディー運動**）に対しては軍を派遣し，イギリス軍とともに鎮圧した。

③ **イラン**…アフガーニーの影響をうけ，19世紀末に**タバコ=ボイコット運動**が展開された。この運動により，民族意識が高まったことで立憲運動がおこり，1906年に国民議会が開かれ，憲法が制定された（**立憲革命**）。

> 66 **重要ファイル**
> **CHECK**
> ・西アジアでは，オスマン帝国で青年トルコ革命がおこり，イランではタバコ=ボイコット運動後に立憲革命がおこった。 99

✎ CHECK TEST

□① オスマン帝国は19世紀前半，□□□□とよばれる西欧化改 | タンジマート
革をはじめた。

□② イランでは1796年，□□□□が建国された。 | ガージャール朝

□③ インドでは1757年，フランスとベンガル太守連合軍がイ | プラッシー
ギリス東インド会社軍に，□□□□の戦いで敗れた。

□④ 1857年，イギリスの支配に対してインド人傭兵（□a□） | a シパーヒー
がおこした反乱は，□b□として全土に拡大した。 | b インド大反乱

□⑤ ジャワでは1830年，オランダが□□□□制度をはじめた。 | 強制栽培

□⑥ インドシナに進出したフランスは，1863年に□a□を保 | a カンボジア
護国化し，1884年ごろに□b□を保護国化した。 | b ベトナム

□⑦ 清は□□□□を広州に派遣し，アヘン密貿易を取り締まった。 | 林則徐

□⑧ 1856年におきた□a□事件をきっかけに，清とイギリ | a アロー号
ス・□b□の間で第2次アヘン戦争がおこった。 | b フランス

□⑨ 中国では1851年，□□□□が太平天国を建てた。 | 洪秀全

□⑩ 中国では1860年代，漢人官僚の曽国藩や李鴻章らによっ | a 中体西用
て，「□a□」の考えにもとづく□b□が展開された。 | b 洋務運動

□⑪ 1894年，朝鮮でおこった□a□（甲午農民戦争）をきっ | a 東学の乱
かけに，□b□がはじまった。 | b 日清戦争

□⑫ 英・ディズレーリ首相は1875年，□□□□を買収した。 | スエズ運河会社株

□⑬ 1894年，フランスで反ユダヤ主義による□□□□事件がお | ドレフュス
こった。

□⑭ ロシアでは1905年，□a□事件に対して，労働者の自治 | a 血の日曜日
組織□b□（評議会）が武装蜂起した。 | b ソヴィエト

□⑮ 米・セオドア=ローズヴェルト大統領は「□□□□外交」を | 棍棒
展開した。

□⑯ ドイツの□a□が1884～85年に開催した□b□会議は， | a ビスマルク
コンゴをベルギーの実質的な植民地として認めた。 | b ベルリン=コンゴ

□⑰ イギリスの縦断政策とフランスの横断政策がぶつかり， | ファショダ
1898年に□□□□事件がおこった。

□⑱ イギリスの進出により，オーストラリアの先住民□a□ | a アボリジニ
とニュージーランドの先住民□b□はともに抑圧された。 | b マオリ

通史編

第1章 諸地域の歴史的特質

第2章 諸地域の交流・再編

第3章 諸地域の結合・変容

第4章 地球世界の課題

テーマ史編

□⑲ 日清戦争後の1898年，　 a 　は康有為・梁啓超らを登用し，　 b 　とよばれる政治改革を断行した。

- a 光緒帝
- b 戊戌の変法

□⑳ アメリカ国務長官 ＿＿＿ は門戸開放宣言を発した。

- ジョン＝ヘイ

□㉑ 宗教結社の ＿＿＿ は，「扶清滅洋」をとなえて蜂起した。

- 義和団

□㉒ 日本は1910年，ソウル(京城)に ＿＿＿ を設置した。

- 朝鮮総督府

□㉓ 1911年，中国で軍隊の蜂起から　 a 　がおこり，翌年1月，南京を首都とする　 b 　の建国が宣言された。

- a 辛亥革命
- b 中華民国

□㉔ イギリスは1905年，インドに向け ＿＿＿ を発令した。

- ベンガル分割令

□㉕ ベトナムでは1905年に　 a 　運動が展開され，オスマン帝国では1908年に　 b 　革命がおこった。

- a ドンズー(東遊)
- b 青年トルコ

✏️ 思考力問題にTRY

☑ 右の資料に関する次の先生と生徒の会話文中の(　)に共通してあてはまる出来事と下線部の説明の正しい組み合わせを，あとのア〜エから1つ選べ。　【センター試験-改】

先生：これは，インドの現地語新聞「ケサリ」の本社の記録庫にあった，日本への寄付に対する受領証の写しです。

生徒：写真の人物はだれですか。なぜ彼は日本に寄付を送ったのですか。

先生：この人物はバール＝ガンガーダル＝ティラクといって，ケサリ新聞社の主宰者で，インド国民会議派に属した政治家でした。彼は，(　)をアジア対ヨーロッパの戦いと捉えて，<u>自らの政治的姿勢</u>と重ねて，(　)の最中に日本に寄付を送りました。その翌年に発行されたのが，この受領証です。

- (　)に入る出来事……P 日清戦争　　Q 日露戦争
- 下線部の説明文　　……X インドの独立をめざしたティラクの姿
  - Y 帝国主義的な領土拡張をめざしたティラクの姿

ア P—X　**イ** P—Y　**ウ** Q—X　**エ** Q—Y

資料　恤兵金(注1)受領証

（縦書き）
第四六六五号

ケサリ新聞社扱　寄附

一金 六十六円六十六銭三厘
印貨五〇〇留ノ五分ノ一（注2）

右恤兵ノ主意ヲ以テ寄附相成候段ニ付受領致候也

明治三十八年 四月十八日

海軍省経理局恤兵金出納官吏

海軍主計大監（注3）

志佐 勝

公印 (佐藤)

(注1) 恤兵金は，兵士を慰問するために送られた金。

(注2) 印貨はインド貨幣，留は貨幣単位のルピー。

(注3) 主計大監は，経理局における第2位の上級職。

解説 資料の受領証は明治38(1905)年に発行されていることから，(　)に入る出来事は日露戦争だとわかる。このころ，インドはイギリスの植民地支配をうけていた。写真のティラクはターバン(帽子)を巻いており，急進的な独立運動を展開したインド国民会議の4綱領の1つ「スワデーシ(国産品愛用)」を体現している。

解答 ウ

通史編

中央ユーラシア

東アジア

日本

南・東南アジア

西アジア

ヨーロッパ

アメリカ

アフリカ

76. バルカン戦争と第一次世界大戦

入試重要度 **A**

01 国際対立の激化 ★★

① **第一次世界大戦前の国際関係**…列強間の二極分化によって，対立の焦点がバルカン半島に移り，ドイツ・オーストリアの**パン=ゲルマン主義**とロシア・セルビアの**パン=スラヴ主義**の対立が明確になった。

② **バルカン問題**…オスマン帝国でおきた青年トルコ革命(1908)後にブルガリアが独立宣言をすると，**オーストリア**は，**ボスニア・ヘルツェゴヴィナ**の 2 州を併合し，この 2 州の編入を望んでいた**セルビア**と対立した。バルカン半島は「**ヨーロッパの火薬庫**」とよばれる一触即発の情勢となっていった。

③ **2 度のバルカン戦争**…オーストリアのバルカン半島進出に対抗して，1912年，セルビア・モンテネグロ・ブルガリア・ギリシアのバルカン 4 国は，ロシアの後押しで**バルカン同盟**を結んだ。同年，同盟はオスマン帝国に宣戦して**第 1 次バルカン戦争**をおこし，勝利した。しかし，獲得した領土の分配をめぐり，翌年，**ブルガリア**と他の同盟国などとの間で**第 2 次バルカン戦争**がおこった。敗北したブルガリアはドイツの陣営に接近した。

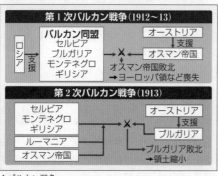

```
┌─────────────────────────────────┐
│    第 1 次バルカン戦争 (1912〜13)      │
│         ┌──────────────┐  ┌──────────┐│
│         │  バルカン同盟   │  │ オーストリア ││
│         │   セルビア     │  └────┬─────┘│
│ ┌──┐   │   ブルガリア    │    ↓ 支援    │
│ │ロ│支 │   モンテネグロ   │✕ ┌──────────┐│
│ │シ│援→│   ギリシア     │  │ オスマン帝国 ││
│ │ア│   └──────────────┘  └──────────┘│
│ └──┘        オスマン帝国敗北            │
│          →ヨーロッパ領など喪失           │
├─────────────────────────────────┤
│      第 2 次バルカン戦争 (1913)        │
│ ┌──────────┐              ┌──────────┐│
│ │ セルビア   │              │ オーストリア ││
│ │ モンテネグロ │              └────┬─────┘│
│ │ ギリシア   │─┐        ↓ 支援     │
│ └──────────┘ │      ✕ ┌──────────┐│
│ ┌──────────┐ │        │ ブルガリア  ││
│ │ ルーマニア  │─┤        └──────────┘│
│ └──────────┘ │      ブルガリア敗北      │
│ ┌──────────┐ │      →領土縮小        │
│ │ オスマン帝国 │─┘                   │
│ └──────────┘                      │
└─────────────────────────────────┘
```

▲バルカン戦争

▲バルカン問題の風刺画
「バルカン問題」と書かれた釜が吹きこぼれないよう，英・露・独・伊・墺の首脳が必死でおさえている。

02 第一次世界大戦 ★★

① **契機**…1914年 6 月，オーストリアの帝位継承者夫妻がセルビア人に暗殺された**サライェヴォ事件**が発生し，オーストリアがセルビアに宣戦した。

② **参戦国**…**同盟国**側(ドイツ・オーストリア・オスマン帝国・ブルガリア)と**協商国(連合国)**側(イギリス・フランス・ロシアなど)に分かれて戦った。

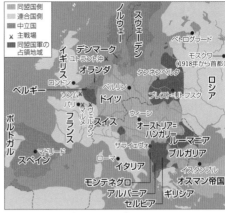

通史編

第1章 諸地域の歴史的特質

第2章 諸地域の交流・再編

第3章 諸地域の結合・変容

第4章 地球世界の課題

テーマ史編

③ **経過**…ドイツが**ベルギー**に侵入し，北フランスへ侵攻したが，**マルヌの戦い**で阻止され，西部戦線は膠着（こうちゃく）状態が続いた。東部戦線でも，**タンネンベルクの戦い**でドイツがロシアを破ったが，その後は膠着状態となった。1917年，ドイツが**無制限潜水艦作戦**を強行したのを機に**アメリカ**が協商国側で参戦した。

▲第一次世界大戦中のヨーロッパ

（凡例）
■ 同盟国側
■ 連合国側
■ 中立国
× 主戦場
■ 同盟国軍の占領地域

④ **総力戦**…大戦では戦車・飛行機・毒ガスなどの**新兵器**が投入された。各国は**挙国一致体制**をしき，全物資・人員を戦争に投入する**総力戦**で臨んだ。

⑤ **戦時外交**…戦後の領土や植民地の分配を決める**秘密条約**が結ばれた。

ロンドン条約 (1915)	イギリス・フランス・ロシアが，イタリアに領土割譲を約束して参戦を要求した。
フセイン・マクマホン協定 (1915)	イギリスが，戦争協力を条件に，パレスチナを含むアラブ人居住地の独立を支持した。
サイクス・ピコ協定 (1916)	イギリス・フランス・ロシアが，オスマン帝国領の分割，パレスチナの国際管理などを取り決めた。
バルフォア宣言❶ (1917)	イギリスが，戦争資金協力を条件に，パレスチナをユダヤ人の民族的郷土にすることを約束した。

⑥ **戦争の終結**…1918年3月，ロシアが**ブレスト＝リトフスク条約**で戦線を離脱した。同年11月，ドイツで即時講和を求める**キール軍港の水兵反乱**を機に**ドイツ革命**がおこり，ドイツ共和国が成立。共和国政府は降伏し，終戦となった。

❝
重要ファイル
CHECK
- 20世紀初め，列強の陣営間対立と民族対立が複雑に絡み合ったバルカン半島は「ヨーロッパの火薬庫」とよばれた。
- 1914年のサライェヴォ事件を機に，同盟国と協商国（連合国）の間で第一次世界大戦がはじまった。
❞

❶［**バルフォア宣言**］ フセイン・マクマホン協定と反する内容だったため，1948年以降の4次におよぶ中東戦争と現在まで続くパレスチナ問題の原因となった。

77. ロシア革命とソヴィエト政権

入試重要度 A

01　ロシア革命　★★

① **二月(三月)革命**…第一次世界大戦が長期化するなか，ロシアでは戦争継続反対の声が高まった。1917年3月，首都**ペトログラード**でおきた大規模な暴動は各地に広まり，労働者や兵士による**ソヴィエト**が組織された。その結果，**ニコライ2世**は退位して**ロマノフ朝**による帝政が崩壊し(**二月〈三月〉革命**)[1]，**臨時政府**が樹立された。

▲演説するレーニン

② **十月(十一月)革命**…二月革命後，ボリシェヴィキの指導者**レーニン**がスイスから帰国し，革命をさらに推進する方針(**四月テーゼ**[2])を打ち出した。7月，臨時政府の首相となったエスエルの**ケレンスキー**は，勢力を拡大させたボリシェヴィキと対立した。11月7日，レーニン率いるボリシェヴィキはペトログラードで武装蜂起をおこして臨時政府を倒し，史上初の社会主義政権(**ソヴィエト政権**)を樹立した(**十月〈十一月〉革命**)。ソヴィエト政権は，講話のよびかけを含む「**平和に関する布告**」[3]と「**土地に関する布告**」[4]を発表した。これに対して米・ウィルソン大統領は，民主的講和の「**十四か条**」(十四か条の平和原則)を発して対抗した。

> **重要ファイル** CHECK
> - 二月(三月)革命でロマノフ朝が消滅し，臨時政府が成立した。
> - 十月(十一月)革命では，レーニンらによって臨時政府が倒され，史上初の社会主義政権が樹立された。

02　ソヴィエト政権　★★

① **単独講和**…第一次世界大戦下，ソヴィエト政権は1918年3月，ドイツと**ブレスト=リトフスク条約**を結び，ポーランド・フィンランド・バルト地方などを放棄し，これによって戦線を離脱した。

❶ **[二月(三月)革命]**　革命前までのロシア暦では2月であったため，二月革命とよばれる。
❷ **[四月テーゼ]**　レーニンが1917年4月，「戦争反対」「全ての権力をソヴィエトへ」と主張した。
❸ **[平和に関する布告]**　無併合・無償金・**民族自決**による講和を全交戦国によびかけた。
❹ **[土地に関する布告]**　地主の土地の没収と土地私有権の廃止を宣言した。

通史編

第1章 諸地域の歴史的特質

第2章 諸地域の交流・再編

第3章 諸地域の結合・変容

第4章 地球世界の課題

テーマ史編

② **内戦と対ソ干渉戦争**…1917年末の憲法制定会議の選挙で，農民の支持を集めたエスエルが第一党になったため，翌年1月，レーニンは同会議を解散した。3月にはボリシェヴィキが**共産党**と改称し，ソヴィエト政権は首都を**モスクワ**へ移転した。それから間もなく，十月(十一月)革命を認めない帝政派の軍人(白軍)など諸勢力との間で内戦がはじまった。さらに，革命の波及をおそれる協商国が反革命勢力を支援し，チェコスロヴァキア軍団の救出を名目に**対ソ干渉戦争**をはじめた。ソヴィエト政権は秘密警察のチェカ(非常委員会)を設置して反革命運動を取り締まり，**赤軍**(せきぐん)を組織して対抗した。

③ **革命拡大の失敗**…内戦中，レーニンは**共産党**による**一党独裁**体制を確立し，計画経済と国家管理の強化をはかる**戦時共産主義❺**を断行した。1919年，共産党の指導のもとにモスクワで結成された**コミンテルン**(共産主義インターナショナル，第3インターナショナル)は，**世界革命❻**をめざしたが，革命が世界各地に波及することはなかった。

03 新経済政策とソ連の成立 ★★

戦時共産主義の採用で，農民の生産意欲が低下し，共産党一党支配への反抗もあらわれた。これに対して1921年，レーニンは**新経済政策❼**(ネップ)を採用し，市場経済の導入に踏みきった。翌年12月には，ロシア・ウクライナ・ベラルーシ(白ロシア)(はく)・ザカフカースの4共和国によって**ソヴィエト社会主義共和国連邦**(ソ連邦，**ソ連**)が成立し，新憲法が公布された。

1922年	ドイツ (ラパロ条約)
1924年	イギリス イタリア フランス
1925年	日　本
1933年	アメリカ

▲ソ連の承認

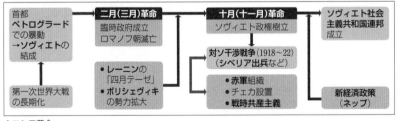

▲ロシア革命

❺ [**戦時共産主義**]　内戦と干渉戦争に対処するためにおこなわれた経済政策。私企業の禁止，中小工場の国有化，農民からの穀物強制徴収，食料配給制などが実施された。

❻ [**世界革命論**]　世界各地での社会主義革命の勃発や共産主義政権の並存などを説いた。

❼ [**新経済政策**]　余剰農産物の自由販売や中小企業の私的経営を認める経済政策。これにより生産意欲が刺激され，1920年代後半までに戦前の経済水準まで回復した。

通史編

中央ユーラシア

東アジア

日本

南・東南アジア

西アジア

ヨーロッパ

アメリカ

アフリカ

第3章
諸地域の
結合・変容

78. ヴェルサイユ体制とワシントン体制

入試重要度 A

01　ヴェルサイユ体制　★★

① **国際秩序の再編**…第一次世界大戦後の新たな国際秩序を再編するため，連合国の首脳がパリに集まり，1919年1月に**パリ講和会議**を開催した。ただし，ドイツなど敗戦国は参加できず，ソヴィエト政府もまねかれなかった。

② **ウィルソンの提案**…会議では，米大統領**ウィルソン**が前年に発表した「**十四か条❶**」（十四か条の平和原則）を基礎に，公正な講和や植民地の尊重，国際連盟の設立などが提案された。しかし，敗戦国ドイツの弱体化をはかるイギリスとフランスが反対し，国際連盟の設立以外は一部しか実現しなかった。

③ **講和条約の締結**…同年6月，連合国とドイツとの間で**ヴェルサイユ条約**が調印された。ドイツには，**巨額の賠償金**の支払いや，大幅な軍備制限，全植民地の放棄，**アルザス・ロレーヌ**のフランスへの返還，ラインラントの非武装化などが課された。

▲第一次世界大戦後のヨーロッパ

④ **東欧諸国の独立**…パリ講和会議では，ロシア帝国とオーストリア=ハンガリー帝国の崩壊により成立したポーランド，フィンランド，バルト3国，チェコスロヴァキアなどの独立が承認された。バルカン半島でも，セルブ=クロアート=スロヴェーン王国（のちユーゴスラヴィア）が成立した。これらの国々の成立は，ウィルソン大統領の「十四か条」から広まった**民族自決**の理念に基づいていた。

⑤ **植民地の維持**…アジア・アフリカには民族自決が適用されず，植民地は**委任統治**という名目で維持され，中国のドイツ租借地の権益も日本が継承した。失望した朝鮮では**三・一独立運動**，中国では**五・四運動**がおこった。

通史編

第1章 諸地域の歴史的特質

第2章 諸地域の交流・再編

第3章 諸地域の結合・変容

第4章 地球世界の課題

テーマ史編

⑥ **国際平和機構の創設**…ウィルソン大統領の提案に基づき，1920年に**国際連盟**が創設された。本部はスイスの**ジュネーブ**。史上初の国際平和機構だったが，**アメリカ**は**孤立主義**をとる議会（上院）の反対で参加できず，ドイツとソヴィエト=ロシアは排除された。そのため，紛争解決能力[2]に欠けた。

⑦ **新たな国際秩序**…東欧諸国の独立や国際連盟の創設など，パリ講和会議を通して成立したヨーロッパの新国際秩序を**ヴェルサイユ体制**という。

> **重要ファイル**
> CHECK
> • ヴェルサイユ条約で敗戦国ドイツは厳しく処分され，禍根を残した。
> • ウィルソンの提案で国際連盟が設立されたが，紛争解決能力を欠いた。

02 ワシントン体制 ★★

アジア・太平洋地域でも戦後秩序を確立するため，アメリカの主導で1921〜22年に**ワシントン会議**が開かれた。イギリス・日本・中国など9か国が参加した。

会議では，主要国の主力艦の保有トン数と保有比率を定めた**海軍軍備制限条約**が締結された。また，**四か国条約**や**九か国条約**も結ばれた。ワシントン会議で成立したアジア・太平洋地域の新秩序を**ワシントン体制**という。

海軍軍備制限条約	主力艦保有トン数比率を，米・英・日・仏・伊＝5・5・3・1.67・1.67と規定した。
四か国条約	アメリカ・イギリス・フランス・日本の4か国の間で，太平洋の現状維持を定めた。この結果，**日英同盟**は廃棄された。
九か国条約	アメリカ・イギリス・日本など9か国が，中国の主権尊重・門戸開放などを約束した。

▲ワシントン会議での締結条約

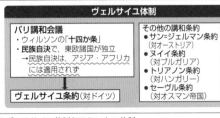

▲ヴェルサイユ体制とワシントン体制

❶ [**十四か条**] 秘密外交の廃止，植民地問題の公正な解決，民族自決，国際平和機構の成立など。レーニンの「平和に関する布告」をうけ，1918年1月にウィルソンが発した。

❷ [**紛争解決能力**] 国際連盟は侵略国に対して経済制裁はできたが，軍事制裁はできなかった。また，議決は総会での全会一致を原則としていたため，紛争解決能力に欠けていた。

通史編

中央ユーラシア　東アジア

日本

南・東南アジア

西アジア

ヨーロッパ

アメリカ

アフリカ

79. 西欧諸国の模索と国際協調

入試重要度 **A**

01　イギリス・フランスの模索　★★

① **イギリス**…パリ講和会議により，委任統治の名目で海外の領土を増やしたが，大戦の経済的打撃で不況に苦しんだ。総力戦で女性の負担も大きかったことから，1918年の**第4回選挙法改正**❶で**女性参政権**を認めた。**労働党**が躍進し，1924年には**マクドナルド**連立内閣（労働党・自由党）が成立した。

② **コモンウェルス**…さらにイギリスは，1931年の**ウェストミンスター憲章**によって，カナダ，オーストラリアなどの自治領にも本国と対等の地位を認めた。こうして，イギリス帝国は**イギリス連邦（コモンウェルス）**に再編された。

③ **アイルランド**…差別的な待遇をうけてきたアイルランドは1919～21年に独立戦争をおこし，22年に**アイルランド自由国**を成立させた。しかし自治領に過ぎず，北部は除外されていたため，1937年に独自の憲法を定め，国名を**エール**とした。こうして事実上，イギリス連邦から離脱した。

④ **フランス**…イギリス同様に経済的打撃が大きく，しかも大戦の主戦場だったため，ドイツへの報復を求める世論が強かった。ドイツの再強国化への懸念もあり，1923年にベルギーを誘って**ルール工業地帯の占領**を強行した。しかし，国際社会の批判をうけ，1925年に**ブリアン**外相の主導で撤兵した。

02　ドイツ（ヴァイマル共和国）の模索　★★

① **ヴァイマル共和国**…混乱状態の中，1919年初頭に**ドイツ共産党**❷が蜂起したが，鎮圧された。同年，社会民主党の**エーベルト**が初代大統領に就任し，史上初めて社会権や両性平等の普通選挙権などを定めた**ヴァイマル憲法**を制定した。以後，ドイツ共和国は**ヴァイマル共和国**とよばれたが，政権は安定せず，激しい**インフレーション**にも見舞われ，古い紙幣はほとんど無価値になった。

▲ドイツの通貨インフレ

---

❶ ［**第4回選挙法改正**］　男性は21歳以上，女性は30歳以上が参政権を得た。

❷ ［**ドイツ共産党**］　第一次世界大戦の協力に反対した女性革命家ローザ=ルクセンブルクとカール=リープクネヒトが，1918年に結党。翌年1月，武装蜂起したが虐殺された。

通史編

第1章 諸地域の歴史的特質

第2章 諸地域の交流・再編

第3章 諸地域の結合・変容

第4章 地球世界の課題

テーマ史編

② **ドイツの経済復興**…1923年，首相になった**シュトレ ーゼマン**は，新貨幣レンテンマルクを発行してイン フレを鎮静化した。翌年，アメリカの**ドーズ案**によ って，5年間の賠償金軽減が提唱され，アメリカ資 本も導入されたことで，ドイツ経済は回復に向かっ た。さらに1929年には，**ヤング案**によって総額が圧 縮され，支払期間も延長された。

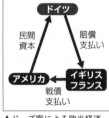

▲ドーズ案による欧米経済

> **重要ファイル** ・イギリスでは，選挙法改正で女性参政権が認められ，労働党が躍進した。
> **CHECK** ・ドイツはヴァイマル憲法を制定し，ドーズ案によって経済も回復した。

03 国際協調と軍縮の進展 ★★

① **大戦後の国際紛争**…ヴェルサイユ体制への反発もおこり，**イタリア**が1919年， ロンドン条約に反して**フィウメ**を一時的に占領した。また，ギリシアがトル コに侵攻したが，**ムスタファ=ケマル**が撃退した。ケマルはセーヴル条約に かわって，連合国と**ローザンヌ条約❸**を結んだ。1920年には，ポーランドが **ポーランド=ソヴィエト戦争**によって，西ウクライナなどを獲得した。

② **国際協調**…他方，国際協調を模索する動きもおこり，1922年にドイツとソヴ ィエトが**ラパロ条約**を結び，国交を回復した。その後，1925年に**ロカルノ条約**， 28年に**不戦条約**（ブリアン=ケロッグ条約）が締結された。また，軍備縮小の 動きもおこり，1927年のジュネーヴ会議は失敗したが，30年の**ロンドン海軍 軍備制限条約**によって，補助艦の保有率と上限が決定された。

ロカルノ条約(1925)	ラインラントの非武装化を再確認し，ドイツと西欧 諸国間の国境の現状維持を約束した。1926年には， **ドイツが国際連盟に加盟**した。
ジュネーヴ会議(1927)	アメリカ・イギリス・日本が補助艦の軍縮を討議し たが，米英が対立し解散した。
不戦条約(1928) （ブリアン=ケロッグ条約）	アメリカの国務長官**ケロッグ**とフランス外相**ブリア ン**の提唱で，戦争による国際紛争解決の違法性が確 認された。のちに63か国が参加。
ロンドン海軍軍備制限 条約(1930)	アメリカ・イギリス・日本の補助艦の保有トン数比 率が 10・10・6.975 と規定された。

❸ [**ローザンヌ条約**] 連合国とトルコが結んだセーヴル条約を改定したもので，1923年に締 結された。トルコはキプロス島の領土などを譲歩しながらも，主権と国際的な地位を回復した。

第3章
諸地域の
結合・変容

通史編

中央ユーラシア

東アジア

日本

南・東南アジア

西アジア

ヨーロッパ

アメリカ

アフリカ

80. 伊・東欧・ソ連の動揺と米国の繁栄

入試重要度 **A**

01 イタリアの動向 ★★

① **戦後の混乱**…戦勝国イタリアは，「**未回収のイタリア**」を獲得したが，フィウメは獲得できず，国内の不満が高まった。さらに財政難や失業者の増大などの問題が深刻化し，1920年には北イタリアで大規模なストライキがおこった。

② **ファシズムの台頭**…国民の不満に応えようとした**ムッソリーニ**によって結成された**ファシスト党**が勢力を拡大し，**ファシズム**（全体主義）を掲げて政府を攻撃した。1922年，ムッソリーニは「**ローマ進軍**」を敢行して政権を獲得し，26年には他党の活動を禁止して，一党独裁体制を確立した。

③ **ムッソリーニの対外政策**…1924年に**フィウメ**を併合し，26年にはアルバニアを保護国化した。1929年，**ラテラノ**条約を結んでローマ教皇庁と和解し，ローマ教皇領の独立（**ヴァチカン市国**の建国）を承認した。

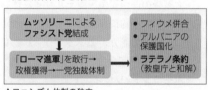

▲ファシズム体制の独立

02 東欧・バルカン諸国の動揺 ★★

① **ポーランド**…1920年，領土拡大をめざして**ポーランド＝ソヴィエト戦争**をおこし，ベラルーシとウクライナのそれぞれ一部を獲得した。1926年にはピウスツキがクーデタをおこして実権をにぎった。

② **ハンガリー**…1919年，ロシア革命にならったハンガリー革命でソヴィエト政権を樹立した。しかし，まもなく倒され，その後は権威主義体制が続いた。

③ **バルカン地域**…1918年，南スラヴ系民族がセルブ＝クロアート＝スロヴェーン王国の独立を宣言し，29年に国名を**ユーゴスラヴィア**と改称した。

03 ソ連の社会主義建設 ★★

① **レーニン後の動向**…1922年に成立した**ソヴィエト社会主義共和国連邦**（ソ連邦，ソ連）では，レーニンの死後，共産党書記長の**スターリン**が実権をにぎった。スターリンは**一国社会主義論❶**を掲げ，世界革命を主張する**トロツキー**らを次々と追放した。

❶ **[一国社会主義論]** ソ連一国だけで社会主義を建設することができるという考え。

② **スターリンの内政**…1928年，新経済政策（ネップ）にかわる**第1次五か年計画**を実行し，重工業化を推進した。また，**集団農場（コルホーズ）・国営農場（ソフホーズ）**を建設して集団化と機械化をはかったが，混乱が拡大した。

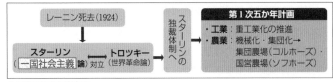

▲ソ連の社会主義建設

04 アメリカ合衆国の動向 ★★

① **外交**…アメリカは第一次世界大戦前は債務国だったが，戦後は**債権国**となり，世界経済の中心の一つとなった。外交では**孤立主義**の立場をとり，国際連盟への加盟を拒否したが，国際協調の面では指導的な役割を果たした。

② **国内**…1920年に**女性参政権**が認められ，民主主義の基礎がより拡大された。ウィルソンの後，1921年からはハーディング，クーリッジ，フーヴァーと3代12年間にわたって共和党の大統領が続いた。

ハーディング大統領	1921年にワシントン会議を開催し，海軍軍備制限条約・四か国条約・九か国条約が成立した。
クーリッジ大統領	1924年，「排日条項」を含む**移民法**を制定した。これにより，日本をはじめとするアジア諸国からの移民は全面的に禁止された。
フーヴァー大統領	1929年の世界恐慌に際し，**フーヴァー=モラトリアム**を発した。

③ **大衆社会の出現**…1920年代は「永遠の繁栄」といわれ，フォード車に代表される自動車や家電製品を中心に**大量生産・大量消費**が実現し，映画・軽音楽・プロスポーツ観戦といった**大衆文化**が誕生した。一方，黒人や移民を排斥し，白人社会の伝統や優位性を強調する動きもおこった。

通史編

第1章 諸地域の歴史的特質

第2章 諸地域の交流・再編

第3章 諸地域の結合・変容

第4章 地球世界の課題

テーマ史編

通史編

中央ユーラシア

東アジア

日本

南・東南アジア

西アジア

ヨーロッパ

アメリカ

アフリカ

81. 東アジアの民族運動と国民党・共産党

入試重要度 B

01 日本の動向と朝鮮の民族運動 ★★

① **日本の動向**…大正デモクラシーによって労働・農民運動が活発化し，1918年の**米騒動**や**政党内閣**の誕生，1925年の普通選挙の実現に至った。**普通選挙法**と同時に**治安維持法**を成立させ，共産主義の拡大をおさえた。

② **日本の外交**…第一次世界大戦勃発後，中国内のドイツの租借地である膠州湾（青島）と太平洋上のドイツ領南洋諸島を占領した。1915年には中国に対し，山東のドイツ利権の継承など**二十一か条の要求**をつきつけ，**袁世凱**政権にその多くを認めさせたため，中国の対日感情を悪化させた。また，1918年には列強の**対ソ干渉戦争**に加わり**シベリア出兵**をおこなった。

③ **朝鮮の動向**…1919年3月1日，日本からの独立を要求するデモがソウルでおこると，朝鮮全土に広がった（**三・一独立運動**）。翌4月には，朝鮮の独立をめざす**大韓民国臨時政府**が上海で結成された。こうした独立運動をうけ，日本の朝鮮総督府の統治策は「**文化政治**」とよばれる同化政策へと転換した。

02 中国の民族運動 ★★

① **新文化運動**…中国では1910年代に伝統文化の改革をめざす**新文化運動**がおこった。『**新青年**』を創刊した**陳独秀**，白話（口語）文学を提唱した**胡適**，『狂人日記』『阿Q正伝』を著した**魯迅**，マルクス主義を研究した**李大釗**らが活動した。

② **民族運動**…1919年のパリ講和会議で，中国は二十一か条の要求撤廃を求めた。しかしこれが退けられたため，同年5月4日におきた北京の大学生を中心とする抗議デモをきっかけに，反日運動が各地に広まった（**五・四運動**）。これをうけて，中国政府はヴェルサイユ条約の調印を拒否した。

▲魯迅

> **重要ファイル**
> CHECK
> ・朝鮮では，日本からの独立を求める三・一独立運動がおこった。
> ・中国では，ヴェルサイユ条約に抗議する五・四運動がおこった。

03 国民党と共産党 ★★

① **国民党と共産党**…1919年，**孫文**によって**中国国民党**が組織された。1921年にはコミンテルンの支援で，**陳独秀**を指導者とする**中国共産党**が結成された。

② **第1次国共合作**…孫文は「連ソ・容共・扶助工農」を掲げて，帝国主義の打倒を表明した。1924年には中国国民党を改組し，共産党員の国民党入党を認めた（**第1次国共合作**）。1925年3月に孫文は病死し，5月には上海での労働争議をきっかけに反帝国主義運動（**五・三〇運動**）がおこった。

▲1920〜30年代の中国

③ **国共分裂**…1925年7月，中国国民党は広州で国民政府を樹立し，翌年，**蔣介石**率いる国民革命軍が中国統一をめざして**北伐**を開始した。しかし，蔣介石は1927年に上海クーデタをおこして共産党を弾圧し，**南京**に**国民政府**を建てた。

▲蔣介石

▲毛沢東

④ **北伐の完成**…日本が支援していた奉天派の**張作霖**が北伐軍に敗れると，日本軍（関東軍）は張を爆殺した（**張作霖爆殺事件**）。その後，張作霖の子**張学良**が国民政府の東北支配を認めたことで，国民政府の全国統一が達成された。

⑤ **共産党の動向**…中国共産党は，**毛沢東**率いる紅軍が農村の山岳部を中心に根拠地を拡大し，1931年，江西省瑞金に毛沢東を主席とする**中華ソヴィエト共和国臨時政府**を樹立した。

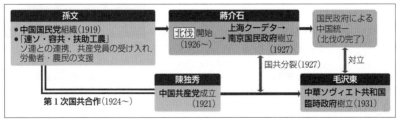

▲中国国民党と中国共産党の動き

通史編

第1章 諸地域の歴史的特質

第2章 諸地域の交流・再編

第3章 諸地域の結合・変容

第4章 地球世界の課題

テーマ史編

82. インド・東南アジアの民族運動

入試重要度 B

01 インドの民族運動 ★★

① **イギリスの政策**…第一次世界大戦中，イギリスはインドの自治を約束した。これにより，**1919年インド統治法**を制定したが，形式的な自治を認めたにすぎず，同年に**ローラット法**を制定して民族運動を弾圧したため，**アムリットサール事件❶**がおきた。

▲第一次世界大戦後のインド

② **第1次非協力運動**…イギリスの圧制に対し，**ガンディー**が，**非暴力**を掲げて**非協力運動**を展開した。

③ **第2次非協力運動**…1927年，新インド統治法の制定に向けて憲政改革調査委員会（サイモン委員会）が設置されたが，インド人が含まれていなかったため，民族運動が再度激化した。1929年のインド国民会議派ラホール大会で，急進派の**ネルー**らは**完全独立（プールナ=スワラージ）**を決議した。

1930年，ガンディーは第2次非協力運動を開始し，360kmにおよぶ「**塩の行進**」をおこなった。イギリスは同年，事態の収拾をはかるため**円卓会議❷**を開催した。しかし，合意には至らず，運動は再開され，**1935年（新）インド統治法**が制定された。一方，**ジンナー**が率いる**全インド=ムスリム連盟**は国民会議派と対立し，**パキスタン**の建設を目標に掲げた。

▲「塩の行進」

❶ ［アムリットサール事件］　パンジャーブ地方のアムリットサールで開かれた抗議集会にイギリス軍が発砲し，多数の死傷者を出した事件。

❷ ［円卓会議］　インド独立運動の懐柔と抑制のため，イギリスがインド側の指導者をロンドンにまねいて開いた。

通史編

第1章 諸地域の歴史的特質

第2章 諸地域の交流・再編

第3章 諸地域の結合・変容

第4章 地球世界の課題

テーマ史編

```
•1919年          ガンディー        ネルー
 インド統治法     第1次           完全独立                  1935年
 (形式的自治)  →  非協力  運動  →  (プールナ=スワラージ)の要求  →  (新)インド統治法
•ローラット法     (非暴力が        ガンディー                 制定
 (民族運動弾圧)   特徴)           第2次非協力運動→「塩の行進」
```

▲インドにおける民族運動の展開

> **重要ファイル**
> **CHECK**
> • 1919年インド統治法は，形式的な自治を認めたにすぎなかった。
> • イギリスはローラット法などで民族運動を弾圧したため，ガンディーや
>   ネルーらによる独立運動が激化した。

02 東南アジアの民族運動　★ ★

① **インドネシア**…1920年，オランダからの独立を主張す
   る**インドネシア共産党❸**が結成されたが，弾圧をうけ
   て壊滅した。1927年には**スカルノ**が**インドネシア国民
   党**を結成して，独立運動を展開した。

② **フィリピン**…アメリカの統治下にあったが，1907年の
   議会開設により，フィリピン人への部分的な権限移譲
   が進められた。1935年には，**独立準備政府**が発足した。

③ **ビルマ（ミャンマー）**…1920年代から民族運動が活発に
   なり，僧侶らによる啓蒙運動が展開された。1930年代
   半ば以降は，イギリスからの即時完全独立を要求する
   タキン党❹が民族運動を展開した。

▲スカルノ

④ **ベトナム**…1925年にベトナム青年革命同志会を結成した**ホー=チ=ミン❺**が，
   30年にベトナム共産党（同年10月に**インドシナ共産党**と改称）を結成した。共
   産党は，労働者や農民に支持され，独立運動の中心となった。

⑤ **タイ**…東南アジアで唯一独立を維持していた。しかし，国王による専制政治
   が続いたため，1932年の立憲革命で立憲君主制となり，改革が進められた。

> **重要ファイル**
> **CHECK**
> • インドネシアではインドネシア国民党，ベトナムではインドシナ共産党，
>   ビルマではタキン党により，それぞれ独立運動が展開された。

❸ ［**インドネシア共産党**］　アジアで最初に結党された社会主義政党。

❹ ［**タキン党**］　1940年までアウン=サン（スー=チーの父）が党書記長を務めた。アウン=サンは
1948年のビルマ独立を目前に右翼政治家に暗殺された。

❺ ［**ホー=チ=ミン**］　日本占領下の1941年にベトナム独立同盟会（ベトミン）を組織し，対日武
装闘争を展開した。第二次世界大戦後の1945年，ベトナム民主共和国の初代大統領となった。

191

第3章　諸地域の結合・変容

83. トルコ革命とイスラーム諸国の動向

入試重要度 B

01　トルコ革命　★★

① **トルコ革命**…セーヴル条約による国土削減の危機や，ギリシアのイズミル占領に際して，**ムスタファ=ケマル**(のちの**アタテュルク**)がトルコ大国民議会を組織し，抵抗運動を指導した。1922年にギリシア軍を撃退した後，**スルタン制を廃止**し，オスマン帝国を滅亡させた。さらにケマルは1923年，連合国と**ローザンヌ条約**を締結し，アンカラを首都とする**トルコ共和国**の樹立を宣言した(**トルコ革命**)。

▲ローマ字を教えるムスタファ=ケマル

② **トルコの諸改革**…トルコ共和国の初代大統領となったケマルは，共和国憲法を発布し，**カリフ制の廃止**と政教分離，**ローマ字の採用**(文字改革)，**太陽暦**の採用，**女性解放❶**の実施などの近代化政策を断行した。1934年，議会はケマルに**アタテュルク**(父なるトルコ人)の尊称を与えた。

> 重要ファイル　・ムスタファ=ケマルは，トルコ革命によってトルコ共和国を樹立し，カ
> CHECK　　　　リフ制の廃止，ローマ字の採用，女性解放などの近代化政策を進めた。

02　アラブ地域と西アジアの民族運動　★★

① **エジプト**…1914年からイギリスの保護国となったが，**ワフド党**を中心に**1919年革命**とよばれる全国的な反英独立運動がおこり，1922年に**エジプト王国**が成立した。しかし，スエズ運河の支配権などイギリスの特権は維持された。

② **アフガニスタン**…1919年の第3次アフガン戦争により，完全独立を果たした。

③ **イラン**…第一次世界大戦後，**レザー=ハーン**がクーデタによって実権をにぎり，ガージャール朝を廃した。1925年，レザー=ハーンはシーア派を国教とする**パフレヴィー朝**を創始し，みずから**シャー**(国王)と称した。1935年には国名をペルシアから**イラン**に改め，イラン民族主義を鼓舞した。

④ **サウジアラビア**…1924年に**イブン=サウード**がヒジャーズ王国のフセイン

---

❶[**女性解放**]　女性のチャドル(ヴェールの一種)を廃止し，一夫多妻制を廃止して一夫一婦制とした。さらに，1934年には女性参政権を付与した。

通史編

第1章 諸地域の歴史的特質

第2章 諸地域の交流・再編

第3章 諸地域の結合・変容

第4章 地球世界の課題

テーマ史編

（フサイン）を破り，1932年に**サウジアラビア王国**を建てた。リヤドを首都に定め，ワッハーブ派のイスラーム教を国教とした。建国まもなく，莫大な石油資源が発見され，王国の重要性を高めた。

▲第一次世界大戦後の西アジア

⑤ **パレスチナ地方**…第一次世界大戦中の**フセイン・マクマホン協定**と**バルフォア宣言**とい
うイギリスの相反する約束に加え，戦後はイギリスの委任統治領となったため，アラブ・ユダヤ両民族が主権を主張して対立し，現在まで続く**パレスチナ**問題が生まれた。

⑥ **その他の地域**…**イラク**は1932年に，**トランスヨルダン**は1946年に，それぞれ王国としてイギリスから独立した（イラクは1958年に共和制へ移行，トランスヨルダンは1949年にヨルダンと改称）。シリアとともにフランスの委任統治下にあった**レバノン**は，1941年にシリアから分離し，43年に独立した。1946年には**シリア**も独立した。

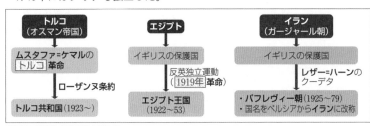

▲アラブ地域・西アジアの動向

> 66 **重要ファイル**
> CHECK
> • ワフド党を中心とした民族運動により，エジプト王国が成立した。
> • イブン=サウードが1932年にサウジアラビア王国を建てた。 99

03 アフリカの民族運動　★★

19世紀末，アメリカやカリブ海地域では，**パン=アフリカニズム**とよばれる解放運動がおこった。1900年にロンドンで開かれた**パン=アフリカ会議**では，植民地主義への抗議と人種差別撤廃が主張された。また，1912年には南アフリカで**アフリカ民族会議（ANC）**が創設され，人種差別撤廃運動がはじまった。

☐① 20世紀初頭，バルカン半島では，　a　主義(ドイツ)と　b　主義(ロシア)の対立が顕在化した。

a パン=ゲルマン
b パン=スラヴ

☐② 第2次バルカン戦争で敗れた　　　　は，ドイツ・オーストリアに接近していった。

ブルガリア

☐③ 帝位継承者夫妻が暗殺された1914年6月の　a　事件を機に，オーストリアが　b　に宣戦した。

a サライェヴォ
b セルビア

☐④ 1918年11月，　　　　の水兵反乱からドイツ革命がおこり，ドイツ共和国が成立した。

キール軍港

☐⑤ ロシアでは1917年3月，　　　　朝が崩壊した。

ロマノフ

☐⑥ ボリシェヴィキの　　　　は「四月テーゼ」を発した。

レーニン

☐⑦ 1919年，レーニンは　　　　(共産主義インターナショナル，第3インターナショナル)を結成した。

コミンテルン

☐⑧ 1919年6月，連合国とドイツとの間で　　　　が結ばれた。

ヴェルサイユ条約

☐⑨ アメリカの　a　大統領が提唱した「十四か条」にもとづいて，1920年に　b　が創設された。

a ウィルソン
b 国際連盟

☐⑩ パリ講和会議で，アジア・アフリカには　a　の理念は適用されず，植民地は　b　という名目で維持された。

a 民族自決
b 委任統治

☐⑪ 1921～22年，アジア・太平洋の新秩序を構築するため，アメリカの主導で　　　　が開催された。

ワシントン会議

☐⑫ イギリスは1931年，　　　　憲章を発した。

ウェストミンスター

☐⑬ フランスは1923年，　a　工業地帯を占領したが，国際的批判をうけ，25年に　b　外相の主導で撤兵した。

a ルール
b ブリアン

☐⑭ ドイツのエーベルト大統領は　　　　憲法を制定した。

ヴァイマル

☐⑮ ドイツの賠償金救済のため，1924年　　　　案が成立した。

ドーズ

☐⑯ イタリアでは，　a　のファシスト党が勢力を拡大し，1922年に「　b　」を敢行して，政権を獲得した。

a ムッソリーニ
b ローマ進軍

☐⑰ ムッソリーニは　　　　条約でローマ教皇と和解した。

ラテラノ

☐⑱ アメリカは1920年代，「永遠の繁栄」にわき，大量生産・大量消費・大衆文化を特徴とする　　　　が形成された。

大衆社会

☐⑲ ソ連ではレーニンの死後，一国社会主義論を掲げる　a　と世界革命をめざす　b　が対立した。

a スターリン
b トロツキー

通史編

第1章 諸地域の歴史的特質

第2章 諸地域の交流・再編

第3章 諸地域の結合・変

第4章 地球世界の課題

テーマ史編

□⑳ 第一次世界大戦中の1915年，日本は中国に a をつき　　　**a** 二十一か条の要求
つけ，18年には b 出兵をおこなった。　　　　　　　　　　**b** シベリア

□㉑ 朝鮮では，1919年にソウルで＿＿＿＿運動がおこった。　　　三・一独立

□㉒ 中国では，＿＿＿＿が『狂人日記』や『阿Q正伝』を著した。　　魯迅

□㉓ 1926年，＿＿＿＿は国民革命軍を率いて北伐を開始した。　　蔣介石

□㉔ インドでは1919年， a が制定されたが，その後民族　　　**a** インド統治法
運動を弾圧する b も制定された。　　　　　　　　　　　　**b** ローラット法

□㉕ インド急進派の＿＿＿＿は1929年，完全独立を決議した。　　ネルー

□㉖ インドネシアでは a がインドネシア国民党を結成し，　　**a** スカルノ
ベトナムでは b がベトナム共産党を結成した。　　　　　　**b** ホー＝チ＝ミン

□㉗ 1923年， a （のちのアタテュルク）は連合国と b 　　**a** ムスタファ＝ケマル
条約を締結し，トルコ共和国を樹立した。　　　　　　　　　　**b** ローザンヌ

□㉘ 1932年，＿＿＿＿がサウジアラビア王国を建てた。　　　　イブン＝サウード

□㉙ アフリカでは1912年，＿＿＿＿（ANC）が創設された。　　アフリカ民族会議

🖉 思考力問題にTRY

✔第一次世界大戦で，それまで世界を支配してきたヨーロッパ諸国は打撃をうけ，かわってアメ
リカが発言力を増すようになった。第一次世界大戦後に定まったヨーロッパの国境を表した地
図として適当なものを，次のア～エから1つ選べ。　　　　　　　　【共通テスト試行調査‐改】

ア　　　　　　　　　イ　　　　　　　　　ウ　　　　　　　　　エ

解説 1919年に開かれた第一次世界大戦の講和会議（パリ講和会議）では，ロシア帝国
とオーストリア＝ハンガリー帝国の解体によって，ポーランド，フィンランド，バル
ト3国（エストニア，ラトヴィア，リトアニア），チェコスロヴァキアの独立が承認さ
れた。また敗戦国のハンガリーも独立し，バルカン半島にはセルブ＝クロアート＝スロ
ヴェーン王国（のちユーゴスラヴィア）が成立した。これらを反映した地図を選ぶ。

解答 エ

第3章 諸地域の結合・変容

84. 世界恐慌とニューディール・ブロック経済

入試重要度 **A**

01　世界恐慌とその影響　★★

① **世界恐慌の発生**…1929年10月24日，ウォール街の**ニューヨーク株式市場**で**株価の大暴落**がおきた。世界経済・金融の中心だったアメリカの恐慌は世界中に波及し，**世界恐慌**へと発展した。

② **世界恐慌の背景**…経済復興をとげたヨーロッパの余剰資金がアメリカに集中し，土地や株式の投機に使われた。また，高関税政

▲混乱するウォール街(1929年10月)

策や賠償・戦債の支払いが国際貿易を停滞させた。加えて，世界的な農業不況が重なった。

③ **フーヴァー大統領の対策**…1931年，ドイツの賠償金や連合国の戦債の支払いを1年間停止する**フーヴァー=モラトリアム**を発したが，効果はなかった。

> **重要ファイル**
> CHECK
> ●1929年，ウォール街のニューヨーク株式市場で株価が大暴落したことから，世界恐慌がおこった。

02　各国の世界恐慌対策　★★

① **アメリカ合衆国**…民主党の**フランクリン=ローズヴェルト**大統領が自由放任主義を見直し，諸政策を断行した。

　✓**経済対策**　1933年，**ニューディール**（新規まき直し）とよばれる政策を実施した。銀行の救済策を講じたうえ，**農業調整法（AAA）[1]** で農業生産を調整し，**全国産業復興法（NIRA）[2]** で工業製品の価格協定を公認し，産業復興をうながした。また，テネシー川流域開発公社（TVA）による総合開発（多目的ダムや水路の建設など）の公共事業で失業者の救済をはかった。

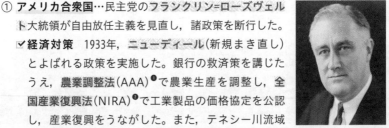
▲フランクリン=ローズヴェルト

[1] ［**農業調整法（AAA）**］　農業生産を制限し，過剰生産物は政府が買い上げるなどして農産物の価格を安定させ，農民の救済をめざした。

[2] ［**全国産業復興法（NIRA）**］　企業ごとに規約をつくらせ，生産規制をおこなうとともに企業に適正利潤を確保させた。企業のカルテル的協定も認めた。

通史編

第1章 諸地域の歴史的特質

第2章 諸地域の交流・再編

第3章 諸地域の結合・

第4章 地球世界の課題

テーマ史編

- **✓労働者対策** 1935年，労働者に団結権と団体交渉権を認める**ワグナー法**を制定し，労働者の権利を保護した。その結果，労働組合の結成がうながされ，1938年には**産業別組合会議**（CIO）が成立した。

- **✓外交政策** 1933年に**ソ連を承認**し，34年には**フィリピン**に10年後の完全独立を約束した。また，ラテンアメリカ諸国をドル経済圏に組み入れ，**キューバ**に対しては，**プラット条項を廃止**（1934）して完全独立を承認するなど，内政干渉をひかえる「**善隣外交**」を展開した。

② **イギリス**…第2次マクドナルド内閣が失業保険の切り下げなどの緊縮財政を提案すると，与党・労働党はマクドナルドを除名した。マクドナルドは，新たに保守党などの協力を得て**挙国一致内閣**を組織し，**金本位制の停止❸**をおこなった。また，1932年の**オタワ連邦会議**で**ブロック経済❹**への移行を決定し，**スターリング=ブロック**（ポンド=ブロック）を結成した。

③ **フランス**…恐慌対策として，イギリスと同様に植民地や友好国と**フラン=ブロック**を形成した。国内は極右勢力が台頭するなど不安定であったが，1935年に仏ソ相互援助条約を結んだ。さらに翌年，社会党の**ブルム**を首相とする**人民戦線内閣❺**が成立し，反ファシズムを掲げた。

④ **ブロック経済の影響**…イギリス・フランスのブロック経済は，国際経済をさらに縮小させ，中小諸国の経済を圧迫するとともに，**ファシズム**（**全体主義**）の台頭をまねくこととなった。

植民地をもつ国		植民地をもたない国
アメリカ	イギリス・フランス	ドイツ・イタリア・日本
ニューディール（新規まき直し）	ブロック経済 ・スターリング（ポンド）ブロック ・フラン=ブロック	恐慌対策として対外侵略をはかる →ファシズムの台頭

（中央）対立

▲世界恐慌下の各国の対応

> **重要ファイル**
> **CHECK**
> - アメリカのフランクリン=ローズヴェルトは恐慌対策として，農業調整法・全国産業復興法・公共事業など，ニューディールを実施した。
> - イギリスとフランスは，それぞれスターリング=ブロックとフラン=ブロックを形成し，ブロック経済で世界恐慌を乗り切ろうとした。

❸ ［**金本位制の停止**］ 通貨と一定量の金との交換を保証する金本位制を，恐慌により金の国外流出がはじまったため停止した。

❹ ［**ブロック経済**］ 本国と海外領土を特恵関税制度などで結びつけた地域（ブロック）をつくり，他国とこの地域との貿易を阻害する排他的な経済政策。

❺ ［**人民戦線内閣**］ 1935年のコミンテルン第7回大会で，各国共産党に対して反ファシズム統一戦線の結成がよびかけられ，フランスでは左派諸政党の結束により人民戦線が誕生した。

通史編

中央ユーラシア
東アジア
日本
南・東南アジア
西アジア
ヨーロッパ
アメリカ
アフリカ

85. ファシズム諸国の動きとスターリン体制

入試重要度 **A**

01 ナチス=ドイツとヴェルサイユ体制の崩壊 ★★

① **ナチ党の伸長**…第一次世界大戦後に**ヒトラー**を指導者としたナチ党(国民社会主義ドイツ労働者党)は，**ユダヤ人排斥**，ヴェルサイユ条約破棄などを主張し，巧みな政治宣伝で支持を拡大した。1932年の選挙で第一党となり，翌年，ヒトラーはヒンデンブルク大統領から首相に任命された。

| ▲ナチス=ドイツの領土拡大 |

② **一党独裁体制の確立**…ナチ党は1933年の**国会議事堂放火事件**を利用し，共産党を解散に追いこんだ。また，**全権委任法**によって立法権を政府に移し，ナチ党以外の政党や労働組合を解散させて，**一党独裁**体制を確立した。

▲ヒトラー ▲国会議事堂放火事件

③ **統制の拡大**…ナチ党は教育・文化の統制も進め，秘密警察(ゲシュタポ)や親衛隊(SS)によって反対勢力やユダヤ人を**強制収容所**に送った。1934年，ヒンデンブルク大統領が死去すると，ヒトラーは大統領・首相の権限を併せもつ**総統(フューラー)**になった。

④ **ヴェルサイユ体制の崩壊**…1933年，ナチス=ドイツは**国際連盟を脱退**し，ヴェルサイユ体制からの離脱を明確にした。1935年には，同連盟の管理下にあったザール地方を編入し，**再軍備を宣言**した。翌年にはロカルノ条約を破棄して**ラインラント**に**進駐**した。

> 66
> **重要ファイル**
> CHECK
>
> ・ドイツでは，ヒトラー率いるナチ党が一党独裁を実現した。
> ・ナチス=ドイツは，1935年の再軍備宣言後，ラインラントに進駐し，ヴェルサイユ体制の破壊を進めていった。
> 99

02 ファシズム諸国 ★★

① **イタリア**…世界恐慌による経済のいきづまりを打破するため，**ムッソリーニ**政権は1935年，**エチオピアに侵攻**し，翌年併合した。この間，イタリアはナチス=ドイツに接近し，1936年，**ベルリン=ローマ枢軸❶**を結成した。

② **スペイン**…フランスに続きスペインでも1936年に人民戦線政府が成立した。これに対し，軍人の**フランコ**が反乱をおこして**スペイン内戦**(1936〜39)が勃発した。イギリスは非介入路

(PABLO PICASSO "Guernica"1937, Museo Nacional Centro de Arte Reina Sofía)
▲「ゲルニカ」(ピカソ)

線をとり，フランスも介入・非介入をめぐって分裂したため，ドイツとイタリアの支援をうけたフランコ側が勝利した。

　立体派の画家**ピカソ**は，スペイン内戦でドイツ空軍の爆撃により破壊されたスペインの小都市を題材とする作品「**ゲルニカ**」を発表した。

③ **三国枢軸の形成**…反ファシズム運動に対抗して，1936年に日本とドイツが防共協定を結び，37年にはイタリアが加わり**三国防共協定**が成立した。さらにイタリアは同年，日本・ドイツに続いて**国際連盟を脱退**した。

> **重要ファイル**
> CHECK
> ●国際的に孤立していたドイツ・イタリア・日本が三国防共協定を結び，三国枢軸が形成された。

03 スターリン体制 ★☆

① **計画経済**…ソ連は五か年計画で独自の経済政策(計画経済)を採っていたため，世界恐慌の影響をほとんどうけなかった。第2次五か年計画(1933〜37)を経て，1930年代後半にはアメリカに次ぐ世界第2位の工業国になった。

② **スターリン体制**…1930年代以降，**スターリン**は反対派の多くを収容所に投獄・処刑するなど粛清し，自身への個人崇拝を強め，個人独裁を確立した。1934年にソ連は国連加盟を果たし，36年には信教の自由など民主的な内容を盛り込んだ**スターリン憲法**を発布したが，共産党の一党支配は続いた。

❶ [ベルリン=ローマ枢軸] 1936年に成立したドイツとイタリアの協力関係。ラインラント進駐・スペイン内戦干渉・エチオピア侵略で，両国は国際的に孤立していた。

通史編

第1章 諸地域の歴史的特質

第2章 諸地域の交流・再編

第3章 諸地域の結合・変容

第4章 地球世界の課題

テーマ史編

通史編

第3章
諸地域の
結合・変容

中央ユーラシア

東アジア

日本

南・東南アジア

西アジア

ヨーロッパ

アメリカ

アフリカ

86. 満洲事変・日中戦争と中国の抵抗

入試重要度 A

01 満洲事変 ★★

① **第一次世界大戦後の日本**…戦時好景気の後，1927年に**金融恐慌**がおこり，さらに世界恐慌によって，社会不安が増大していた。軍部は大陸進出による支配権拡大によって，この経済危機を乗り切ろうとした。

② **満洲事変**…1931年，日本の関東軍が南満洲鉄道を爆破し，これを中国軍のしわざとした（柳条湖事件）。この事件を口実に，関東軍は中国東北地方の大半を占領した（満洲事変）。

③ **満洲国の建国**…中国では日本への反発が強まり，1932年に上海でも日中両軍が衝突した（上海事変）。日本の軍事行動に対して，中国は国際連盟に提訴したが，日本は**満洲国**を建て，清朝最後の皇帝溥儀を執政にすえて，のちに満洲国皇帝とした。国際連盟が事実調査のために派遣した**リットン調査団**は，中国東

▲リットン調査団

北地方における日本の権益を認めながらも，満洲国を不承認とする報告書を出した。このため，1933年3月，日本は**国際連盟脱退**を通告した。

④ **中国の動向**…南京の国民政府は，1928〜30年に**関税自主権の回復**を達成し，国内の統一をめざして対日よりも中国共産党との戦いを優先していた。1934年，国民党軍が共産党軍を攻撃すると，共産党は奥地をめざす「**長征❶**」を開始し，この過程で**毛沢東**を指導者とする体制を整えていった。

　こうした中，日本の軍部が華北を国民政府の支配から切り離す政策（**華北分離工作**）を進めたため，抗日運動が高まっていった。1935年，共産党は八・一宣言を出し，民族統一戦線の結成をよびかけた。これをうけて1936年，張学良が蔣介石を監禁し，抗日と内戦停止をせまる**西安事件**を引きおこした。蔣はこれをうけ入れ，共産党との内戦を停止した。

> **重要ファイル**
> CHECK
> ・日本は，第一次世界大戦後の経済危機を大陸進出で乗り切ろうとして，満洲事変をおこした。
> ・中国共産党の八・一宣言をうけた西安事件で，中国の国共が接近した。

❶［長征］ 中国共産党が，江西省瑞金から陝西省延安へ大移動したこと。

02 日中戦争 ★★

① **日中戦争**…1937年7月，北京郊外で日中両軍の衝突事件(**盧溝橋事件**)がおこった。日本が軍事行動を拡大したため，全面戦争に発展した(**日中戦争**)。中国では，同年9月に**第2次国共合作**が成立し，**抗日民族統一戦線**が結成された。

② **経過**…日本は1937年末までに，華北の要地と南京を占領したが，南京事件で非難をあびた。ソ連・アメリカ・イギリスなどの援助をうけた蔣介石の南京国民政府は，武漢から**重慶**に遷都し(**重慶政府**)，抗戦した❷。これに対し，日本は**東亜新秩序**❸建設を掲げ，1940年，南京に**汪兆銘**を首班とする親日政権を設立した。しかし，汪政権は弱体で，中国民衆の支持を得られなかった。その後も国民政府は抗戦を続けた。

凡例:
- 日本統治下
- 日中戦争による戦線の拡大地域
- → 日本軍の進路
- 数字 戦闘または占領年月
- ✕ ノモンハン 1939.5〜9

▲日中戦争の拡大

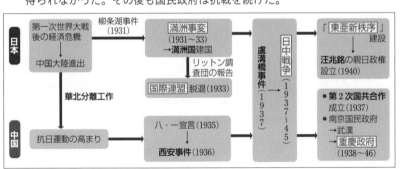

▲満洲事変から日中戦争後までの流れ

重要ファイル
CHECK
- 1937年，盧溝橋での軍事衝突を機に日中戦争がおこった。
- 日中戦争に際し，中国は第2次国共合作を成立させ，抗戦した。

---

❷ [蔣介石への国際的援助]　重慶の国民政府は，アメリカ・イギリスからの援助ルート(援蔣ルート)を通じて物資を受け取ることができた。仏印ルートやビルマルートなどがあった。

❸ [東亜新秩序]　日本は，満洲・中華民国との連携をとなえ，欧米優位の旧秩序を否定して侵略戦争を正当化しようとした。

87. 第二次世界大戦

入試重要度 A

01 第二次世界大戦の勃発 ★★

① **ミュンヘン会談**…1938年3月,ヒトラーは**オーストリアを併合**し,さらにチェコスロヴァキアの**ズデーテン地方**の割譲を要求した。イギリスのネヴィル=チェンバレン首相は**宥和政策**をとり,英・仏・独・伊が開いた**ミュンヘン会談**でズデーテン地方のドイツへの割譲を容認した。これに満足しないヒトラーは翌年3月,**チェコスロヴァキア解体**を強行して,西部を保護領とし,東部を従属国とした。

② **第二次世界大戦の勃発**

ヒトラーは1939年,ポーランドに対し,ダンツィヒの返還とポーランド回廊での鉄道敷設権などを要求した。さらに,英仏の宥和政策に不信感を強めたソ連と**独ソ不可侵条約**を結び,**ポーランド侵攻**を開始した。イギリス・フランスはドイツに宣戦し,**第二次世界大戦**がはじまった。

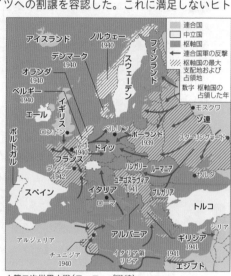

▲第二次世界大戦(ヨーロッパ戦線)

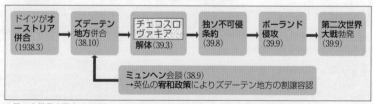

```
ドイツがオー        ズデーテン      チェコスロ      独ソ不可侵      ポーランド      第二次世界
ストリア          地方併合       ヴァキア        条約           侵攻           大戦勃発
併合                           解体
(1938.3)         (38.10)       (39.3)         (39.8)         (39.9)         (39.9)
```

ミュンヘン会談(38.9)
→英仏の**宥和政策**によりズデーテン地方の割譲容認

▲第二次世界大戦までの流れ

重要ファイル
CHECK
- ナチス=ドイツの拡張政策に対し,英仏は宥和政策をとった。
- ソ連と独ソ不可侵条約を結んだドイツがポーランド侵攻を開始したことで,第二次世界大戦が勃発した。

02 大戦の経過 ★★

通史編

第1章 諸地域の歴史的特質

第2章 諸地域の交流・再編

第3章 諸地域の結合・変容

第4章 地球世界の課題

テーマ史編

① **ヨーロッパ戦線**…ドイツは，1940年4月に**デンマーク・ノルウェー**，5月に**オランダ・ベルギー**に侵攻し，6月には**パリ**を占領してフランスを降伏させた。ドイツの圧勝をみた**イタリア**は，**枢軸国**側で参戦した。

② **フランス・イギリスの抵抗**…フランスでは，南半に**ペタン**率いる対ドイツ協力政権の**ヴィシー政府**が成立し，北半はドイツが占領・支配した。フランスの**ド=ゴール**らは降伏を拒否し，ロンドンに亡命政府（自由フランス政府）を組織して国民に**レジスタンス**（抵抗運動）をよびかけた。イギリスでは，激しい空襲をうけながらも**チャーチル**首相がドイツ軍の上陸を阻止した。

③ **ソ連の動向**…1939年9月，ソ連はポーランドに侵攻し，独ソ両国でポーランドを分割した。さらに同年11月，**フィンランドに宣戦**し（ソ連=フィンランド戦争，冬戦争），ソ連は**国際連盟を除名**された。1940年には**バルト3国**（エストニア・ラトヴィア・リトアニア）を併合した。

④ **独ソ戦**…ドイツがハンガリー・ルーマニア・ブルガリアを枢軸国側に引き入れるとともにユーゴスラヴィアとギリシアを制圧すると，ソ連は1941年4月，**日ソ中立条約**を締結し，東方の安全を確保してドイツとの戦いに備えた。6月，ヒトラーは独ソ不可侵条約を無視してソ連に侵攻し，**独ソ戦**がはじまった。1943年，ドイツは**スターリングラードの戦い**で敗北し，以後後退を続けた。ソ連は連合国との結束を強化するため**コミンテルン**を解散した。

⑤ **ホロコースト**…独ソ戦の最中，ナチス=ドイツはユダヤ人を**アウシュヴィッツ**などの**強制収容所**に送り，大量虐殺をおこなった（ホロコースト）。

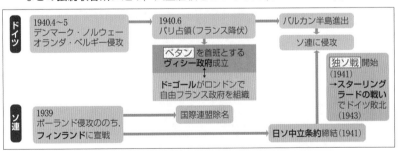

▲独ソ戦までの流れ

> **重要ファイル**
> CHECK
> ・ドイツの侵攻に対し，フランスのド=ゴールはレジスタンスをよびかけ，イギリスのチャーチルはドイツの上陸を阻止した。
> ・ドイツが独ソ不可侵条約を破ってソ連に侵攻し，独ソ戦がはじまった。

通史編

中央ユーラシア
東アジア
日本
南・東南アジア
西アジア
ヨーロッパ
アメリカ
アフリカ

第3章 諸地域の結合・変容

88. 太平洋戦争

入試重要度 B

01 太平洋戦争 ★★

① **日本の動向**…日中戦争が長期化するなか，日本は南方進出を企て，1940年，仏領インドシナ北部に軍隊を派遣した。また，三国防共協定を**日独伊三国同盟**に発展させ，1941年にはソ連と**日ソ中立条約**を締結し，**仏領インドシナ南部進駐**をおこなった。これをうけてアメリカは，在米日本資産の凍結と**対日石油輸出の禁止❶**を決定した。

② **太平洋戦争の勃発**…アメリカは反ファシズムの姿勢を明確にし，1941年3月，中立法を改正した**武器貸与法**を制定した。日本は日米交渉により衝突回避を模索したが，決裂。同年12月8日，日本軍がハワイの**パールハーバー**(**真珠湾**)にある米軍基地を奇襲し，**太平洋戦争**がはじまった。

③ **戦争の経過**…日本は「**大東亜共栄圏❷**」をとなえて侵略を正当化し，開戦半年で，香港，マレー半島，シンガポールなどを占領した。しかし，1942年6月の**ミッドウェー海戦**での敗北を機に後退した。アメリカ軍は南洋の島々を奪回し，日本本土へ**空襲**をおこない，1945年6月には**沖縄本島を占領**した。

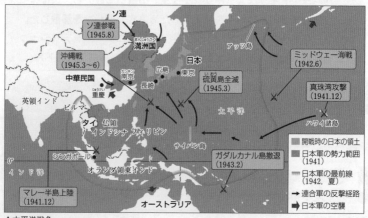

▲太平洋戦争

❶ [**対日石油輸出の禁止**] アメリカに続き，イギリス・オランダも同調した。これに中国を合わせて，日本を包囲する敵対勢力を「ABCD包囲陣」とよんだ。

❷ [**大東亜共栄圏**] 欧米列強による植民地支配からの解放，共存共栄をうたった。

02 第二次世界大戦の終結 ★ ★

① **大西洋憲章**…1941年8月，米・**ローズヴェルト**大統領と英・**チャーチル**首相は，戦後の平和構想を掲げた**大西洋憲章**を発表した。その後，ソ連など26か国が加わり，連合国共同宣言として確認された。1943年11月には対日処理方針を定めた**カイロ宣言**が発表され，さらに連合国軍の北フランス上陸作戦が**テヘラン会談**で協議された。

カイロ会談 (1943.11)	テヘラン会談 (1943.11〜12)
● F.ローズヴェルト(米) **チャーチル**(英) **蔣介石**(中) ● 対日戦争の方針を明確化 ● 朝鮮の独立	● F.ローズヴェルト(米) **チャーチル**(英) **スターリン**(ソ) ● 北フランス上陸作戦を協議
ヤルタ会談 (1945.2)	**ポツダム会談** (1945.7)
● F.ローズヴェルト(米) **チャーチル**(英) **スターリン**(ソ) ● 対ドイツ戦争の処理 ● ソ連の対日参戦を密約	● トルーマン(米) **チャーチル** →アトリー(英) **スターリン**(ソ) ● 日本に無条件降伏を勧告 ● 米英中でポツダム宣言発表

▲連合国による会談

② **イタリアの降伏**…連合国軍が1943年7月，**シチリア島に上陸**すると，ムッソリーニが失脚し，9月に**イタリア新政府**(バドリオ政府)は**無条件降伏**した。

③ **パリ解放**…1944年6月，テヘラン会談にもとづき，アイゼンハワーが指揮する連合国軍が**ノルマンディー**に上陸した。8月，連合国軍がパリを解放すると，帰国したド=ゴールが臨時政府を立てた。

④ **ドイツの降伏**…1945年2月，米・英・ソの首脳が**ヤルタ協定**を結び，ドイツの戦後処理とソ連の対日参戦を確認した。連合国軍の空襲でドイツは総崩れになり，同年4月末にヒトラーが自殺し，5月に**無条件降伏**した。

⑤ **日本の降伏**…連合国は1945年7月，日本の降伏を求める**ポツダム宣言**を発表した。日本が黙殺すると，アメリカは8月6日に広島，9日に長崎に**原子爆弾(原爆)を投下**した。8日には，ソ連が日本に宣戦した。14日，日本はポツダム宣言を受諾し，翌15日に昭和天皇が玉音放送で国民に明らかにした。

⑥ **大戦の特徴と影響**…異なる政治・社会体制間の優劣を争う戦いとなった第二次世界大戦は連合国が勝利し，戦後の世界に**民主主義が拡大**した。大戦中，**アジア・太平洋地域が主戦場の一つ**になり，日本は「アジアの解放」の名目に反し，苛烈な植民地支配をおこなった。こうした欧米・日本の支配に抵抗した中国やアジア諸国は戦後，ナショナリズムを高めていった。

> **重要ファイル**
> **CHECK**
> ● 2度の原爆投下とソ連参戦を経て，日本はポツダム宣言を受諾した。
> ● 連合国が勝利したことで，戦後の世界に民主主義が拡大した。

通史編

中央ユーラシア

東アジア

日本

南・東南アジア

西アジア

ヨーロッパ

アメリカ

アフリカ

89. 新しい国際秩序の形成

入試重要度 **A**

01　戦後国際秩序の形成　★★

① **国際連合の設立**…米・英・ソ・中による国際連合憲章の原案が，1945年4〜6月の**サンフランシスコ会議**で採択され，同年10月に**国際連合**が発足した。原加盟国は51か国で，本部はニューヨークにおかれた。

② **国連の諸機関**…全加盟国で構成する**総会**や，**米・英・仏・ソ・中**の常任理事国を中心とした**安全保障理事会**が設置された。この5大国には，**拒否権**が与えられた。また，さまざまな分野の**専門機関❶**も設立された。

③ **自由貿易の確立**…1944年にブレトン=ウッズ会議が開かれ，**国際通貨基金**（**IMF**）と**国際復興開発銀行**（IBRD，世界銀行）の設立が合意された。さらに1947年，関税撤廃などをうながす **GATT**（関税と貿易に関する一般協定）が成立し，米ドルを基軸通貨とする**金・ドル本位制**が導入された。こうして確立された自由貿易を推進する新たな経済体制を**ブレトン=ウッズ体制**という。

④ **敗戦国の戦後処理**…ドイツは米・英・仏・ソの4国に**分割占領**され，ベルリンも分割統治された。**ニュルンベルク**の**国際軍事裁判所**と東京の**極東国際軍事裁判所**で，独・日の戦争犯罪が裁かれた。日本

▲ベルリンの分割

では，**連合国軍総司令部**（**GHQ**）の主導で財閥解体・農地改革・女性解放などが進められ，主権在民などをうたった**日本国憲法**が制定された。

> **重要ファイル**
> **CHECK**
> ・国際連盟の反省から，5大国を中心とした安全保障理事会が設置された。
> ・ドイツは4国に分割占領され，日本は米国中心の GHQ に占領された。

02　冷戦構造の形成　★★

① **戦後のヨーロッパ**…イギリスは労働党の**アトリー**首相が，「**ゆりかごから墓場まで**」と称された**社会福祉制度**を拡充させた。**エール**は1949年にイギリス連邦から正式に離脱し，**アイルランド**となった。フランスでは，1946年10月に第四共和政が発足した。イタリアは1946年に王政を廃止して**共和政**に移行した。

❶ [**専門機関**] 国際連合教育科学文化機関（UNESCO），国際労働機関（ILO），世界保健機関（WHO）などの専門機関が設立され，国連の主要機関と連携して，国際協力を進めた。

② **ソ連「封じ込め」**…フランスやイタリアで共産党が台頭し，東欧諸国がソ連の勢力下におかれると，危機感を強めた米・トルーマン大統領は1947年，ソ連「封じ込め」政策の**トルーマン=ドクトリン**を発し，さらにマーシャル国務長官が西欧諸国への財政支援を約束する**マーシャル=プラン**を発表した。

③ **冷戦の構造**…アメリカの動きに対し，ソ連は**コミンフォルム**（共産党情報局）を結成した。こうしてアメリカを盟主とする資本主義陣営（西側）とソ連を盟主とする社会主義陣営（東側）が対立し，**冷戦**とよばれる構造が確立された。

03　東西ヨーロッパの分断　★★

① **東欧の動き**…東欧のポーランド，ハンガリー，ルーマニア，ブルガリアなどでは，ソ連の支援をうけた共産党により，**人民民主主義**とよばれる体制が確立された。議会制民主主義を堅持していた**チェコスロヴァキア**も1948年2月，共産党がクーデタで実権をにぎった。一方，ソ連の支配に反発した**ティトー**率いるユーゴスラヴィアは，1948年にコミンフォルムから除名された。

② **西側の同盟**…東側諸国の動きに対し，西欧5か国は1948年3月に**西ヨーロッパ連合条約**（ブリュッセル条約）を結び，さらに翌年4月，アメリカとカナダを含めた12か国で軍事同盟の**北大西洋条約機構**（**NATO**）を結成した。

③ **東側の同盟**…ソ連と東欧諸国は，マーシャル=プランとブレトン=ウッズ体制に対抗し，1949年1月に経済相互援助会議（COMECON）を創設した。さらに1955年5月には，軍事同盟の**ワルシャワ条約機構**（東ヨーロッパ相互援助条約）を発足させた。

▲資本主義陣営と社会主義陣営

④ **ドイツの分断**…冷戦の影響はドイツにも強く及び，1948年6月，ソ連によって西ベルリンへの水陸交通路が遮断された（**ベルリン封鎖**）。この結果，翌年5月にボンを首都とする**ドイツ連邦共和国（西ドイツ）**が，10月にベルリンを首都とする**ドイツ民主共和国（東ドイツ）**が成立し，ドイツの分断が固定化された。

> **重要ファイル**
> **CHECK**
> ・資本主義の西側諸国は，北大西洋条約機構（NATO）を結成した。
> ・社会主義の東側諸国は，ワルシャワ条約機構を結成して対抗した。

90. 第二次世界大戦後のアジア

入試重要度 B

中央ユーラシア

東アジア

日本

南・東南アジア

西アジア

ヨーロッパ

アメリカ

アフリカ

01 中国と朝鮮半島の動向 ★★

① **国共内戦**…戦勝国の中国では，**国民党**と**共産党**の対立が激化したが，土地改革で農民の支持を得た共産党が1949年3月に国民政府の首都**南京**を占領した。敗れた国民党の**蔣介石**は**台湾**で**中華民国政府**を維持した。

② **中華人民共和国の成立**…1949年10月，共産党の指導者**毛沢東**を主席，**周恩来**を首相とする**中華人民共和国**の建国が宣言された。指導部は翌年，**中ソ友好同盟相互援助条約**を結び，社会主義陣営に属することを明確にした。

③ **朝鮮半島**…戦後，朝鮮半島では**北緯38度線**を境に，ソ連が北，アメリカが南をそれぞれ支配した。1948年，南部に**李承晩**を大統領として**大韓民国（韓国）**が，北部に**金日成**を首相として**朝鮮民主主義人民共和国（北朝鮮）**が成立した。

④ **朝鮮戦争**…南北統一をめざす北朝鮮が1950年6月，韓国に侵攻し，**朝鮮戦争**がはじまった。国連安保理が北朝鮮の侵略とみなし，国連軍を派遣すると，中国は，人民義勇軍を派遣して北朝鮮を支援した。1953年の休戦協定で，南北の分断が固定化された。

⑤ **日本の動向**…日本では**警察予備隊**（のちの自衛隊）が設置され，朝鮮戦争特需で経済復興を早めた。1951年には，**サンフランシスコ平和条約❶**に調印して独立を回復するとともに，アメリカと事実上の軍事同盟である**日米安全保障条約**を結んだ。

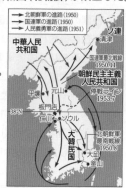

▲朝鮮戦争

02 東南アジア・南アジアの独立 ★★

① **東南アジアの独立**…1945年8月，**インドネシア共和国**がオランダから独立し，**スカルノ**が初代大統領に就任した。抗日運動が激しかったフィリピンは，1946年に**フィリピン共和国**として独立した。

② **インドシナ戦争**…仏領インドシナでは，**ホー=チ=ミン**が**ベトナム民主共和国**の独立を宣言した。フランスはこれを認めず，1949年にバオダイを元首とするベトナム国を発足させ，民主共和国と交戦を続けた（**インドシナ戦争**）。

❶ ［**サンフランシスコ平和条約**］　締結に際し，国内では全交戦国との講和を求める全面講和と西側との講和を優先する単独講和が対立したが，吉田茂首相は48か国との単独講和を決めた。

③ **アメリカの参戦**…フランスは1954年 5 月，**ディエンビエンフーの戦い**に敗れると，7 月に**ジュネーヴ休戦協定**を結んで撤退した。**北緯17度線**に暫定的な軍事境界線が引かれたが，アメリカが支援する**ゴ=ディン=ジエム**政権が南部に**ベトナム共和国**を樹立したため，ベトナムは南北に分断された。

通史編

第 1 章 諸地域の歴史的特質

第 2 章 諸地域の交流・再編

第 3 章 諸地域の結合・変容

第 4 章 地球世界の課題

テーマ史編

ソ連の支援	➡ **中国**は社会主義国へ
米ソの対立	➡ 朝鮮半島は**韓国**と**北朝鮮**に分断，やがて**朝鮮戦争**へ
仏米の介入	➡ ベトナムは**インドシナ戦争**(1946〜54)を経て，南北のベトナム戦争へ
英米の介入	➡ **イラン**は欧米の国際石油資本と結びついた王政へ
英の多重外交	➡ **パレスチナ**は**イスラエル**とアラブ諸国の対立へ

▲欧米とソ連の介入

④ **その他の東南アジア諸国**…**カンボジア**は1953年に独立し，**シハヌーク**国王が中立政策を進めた。**ラオス**も同年に独立したが，まもなく右派と左派の対立から内戦が勃発した。英領の**ビルマ**は1948年に独立し，マレー半島は57年に**マラヤ連邦**となった。

⑤ **南アジア**…戦後インドでは，全インド=ムスリム連盟の**ジンナー**と統一インドを主張する**ガンディー**らが対立した。1947年にイギリス議会でインド独立法が制定されると，ヒンドゥー教徒中心の**インド連邦**とイスラーム教徒中心の**パキスタン**に分かれて独立した。インド連邦の初代首相**ネルー**はカーストを廃止して，近代化を進めた。仏教徒の多い**スリランカ**は，1948年にイギリス連邦内の自治領として独立し，72年に共和国となった。

03　中東の動向　★ ★

① **アラブ連盟**…戦時中から中東では**アラブ民族主義**が高まっていた。ユダヤ人国家建設の阻止などを目的に，1945年に**アラブ連盟**が発足した。

② **第 1 次中東戦争**…パレスチナをアラブ人国家とユダヤ人国家に分割するという国連の決議をうけて，1948年にユダヤ人が**イスラエル**の建国を宣言すると，アラブ諸国との間で**パレスチナ戦争**（**第 1 次中東戦争**）がおこった。

③ **パレスチナ問題**…国連の調停でイスラエルの建国が認められたため，約75万人のパレスチナ難民が発生した。その後も，アラブ諸国とイスラエルの戦争はくり返され，**パレスチナ問題**は長期化した。

④ **イランの情勢**…1951年に**モサッデグ**首相が**石油の国有化**を実行したが，英米の支援をうけた国王**パフレヴィー 2 世**がクーデタをおこし，首相を追放した。これにより，イランの石油は欧米の国際石油資本の支配下におかれた。

> **重要ファイル** ・東西対立が激化する中でおきた朝鮮戦争は，米ソの代理戦争となった。
> **CHECK** ・欧米の介入により，インドシナ戦争やパレスチナ戦争がおこった。

□① 1929年10月24日，ウォール街のニューヨーク株式市場で　　**世界恐慌**
株価が大暴落し，□□□へと発展した。

□② F. ローズヴェルト米大統領は1933年，　a　（新規まき　　**a ニューディール**
直し）を開始し，中南米とは「　b　」を展開した。　　　　**b 善隣外交**

□③ イギリスは　a　を停止するとともに，1932年のオタワ　　**a 金本位制**
連邦会議で，　b　経済への移行を決めた。　　　　　　　**b ブロック**

□④ ドイツでは，ヒトラーを党首とする□□□□（国民社会主　　**ナチ党**
義ドイツ労働者党）が台頭した。

□⑤ 首相になったヒトラーは1933年に□□□法を成立させた。　　**全権委任**

□⑥ イタリアは1935年に　b　に侵攻し，翌年併合した。　　　　**エチオピア**

□⑦ スペインで1936年に人民戦線政府が組織されると，軍人　　**フランコ**
の□□□が反乱をおこした。

□⑧ ソ連は□□□で計画経済を採用していたため，世界恐慌　　**第1次五か年計画**
の影響をほとんどうけず，重工業化を進めていった。

□⑨ 中国の東北地方では1931年，日本の関東軍が柳条湖事件　　**満洲事変**
をおこし，□□□へと拡大した。

□⑩ 中国共産党が1935年に　a　宣言を出すと，翌年，張学　　**a 八・一**
良が蔣介石を捕らえる　b　をおこした。　　　　　　　　**b 西安事件**

□⑪ 中国の重慶政府に対し，日本は　a　建設を掲げ，1940　　**a 東亜新秩序**
年，南京に　b　を首班とする親日政権を樹立した。　　　**b 汪兆銘**

□⑫ ナチス=ドイツは1938年3月，□□□を併合した。　　　　**オーストリア**

□⑬ イギリスのネヴィル=チェンバレン首相はドイツに譲歩　　**宥和**
する□□□政策をとった。

□⑭ ナチス=ドイツは1939年8月末に　a　条約を締結する　　**a 独ソ不可侵**
と，直後の9月に　b　侵攻を開始した。　　　　　　　　**b ポーランド**

□⑮ フランスでは，親独の　a　政府が成立したが，　b　　　**a ヴィシー**
は降伏を拒否し，ロンドンに亡命政府を組織した。　　　　**b ド=ゴール**

□⑯ 日本は「□□□□」の建設を唱え，アジア侵略を正当化した。　**大東亜共栄圏**

□⑰ 1941年8月，米・英の首脳は□□□を発表した。　　　　　**大西洋憲章**

□⑱ 1943年11〜12月に開かれた米・英・ソ首脳の　a　会談　　**a テヘラン**
にもとづき，連合国軍は　b　に上陸した。　　　　　　　**b ノルマンディー**

通史編

第1章 諸地域の歴史的特質

第2章 諸地域の交流・再編

第3章 諸地域の結合・変容

第4章 地球世界の課題

テーマ史編

□⑲ 1945年4〜6月のサンフランシスコ会議での採択をうけ　|　**国際連合**
　　て，同年10月に◻︎◻︎◻︎が発足した。

□⑳ 敗戦国ドイツは，米・英・仏・ソの4国に◻︎◻︎◻︎された。　|　**分割占領**

□㉑ 米・◻︎a◻︎大統領は1947年，ソ連「封じ込め」政策を発し，　|　**a トルーマン**
　　◻︎b◻︎国務長官は西欧への財政支援計画を発表した。　|　**b マーシャル**

□㉒ 西側諸国が◻︎a◻︎（NATO）を結成したのに対し，東側　|　**a 北大西洋条約機構**
　　諸国は◻︎b◻︎（東ヨーロッパ相互援助条約）を発足させた。　|　**b ワルシャワ条約機構**

□㉓ 大戦後，朝鮮半島は◻︎◻︎◻︎度線を境に南北に分断された。　|　**北緯38**

□㉔ 1948年，ユダヤ人が◻︎◻︎◻︎の建国を宣言した。　|　**イスラエル**

✏️ 思考力問題にTRY

✓ **ナチス=ドイツは，東欧の広い範囲に散らばっていて少数民族として居住していたドイツ系の人々を「民族ドイツ人」とよび，戦争によって獲得した領土に移住させる政策を実行した。この移住を示した右の図について説明した次の文章中の（ ① ）・（ ② ）にあてはまる内容の正しい組み合わせを，あとのア〜エから1つ選べ。** 【大学入試共通テスト－改】

　　東欧の「民族ドイツ人」は，ほとんど「東部編入地域」に移住している。ヒトラーは，著書『わが闘争』の中で，1867年に成立した同君連合を非難し，19世紀以降に広まった（ ① ）という考え方にも触れている。この考えを口実として，ドイツに編入した領土に「民族ドイツ人」を移住させた。しかし，敗戦によってドイツは（ ② ），領土も変更されて今度は数百万ものドイツ人が東方から追放された。

■旧居住地区
■おもな移住先

東部編入地域
ドイツ
保護領

　① A 自国内の少数民族を保護すべきである

　　　B 同一の民族が単一の国家を構成すべきである

　② X 連合国4国に分割占領され　　Y 連合国軍総司令部に間接統治され

　　ア A－X　　イ A－Y　　ウ B－X　　エ B－Y

解説 ①「東部編入地域」は，ポーランドの西半分にあたる。1939年にポーランドを占領したナチス=ドイツは，ユダヤ人やロマ（ジプシー）など異民族を虐殺した。なお，1867年に成立した同君連合とはオーストリア=ハンガリー帝国のこと。②戦後，ドイツは米・英・仏・ソの4国に分割占領され，その後，米ソ冷戦の影響をうけて東西に分断された。なお，連合国軍総司令部（GHQ）に間接統治されたのは，日本である。

解答 ウ

「患者に近寄るな。咳（せき）などの飛沫（ひまつ）から伝染」

ある日の新聞の見出しである。2019年末に発生した新型コロナウイルスによる感染症は，またたく間に**パンデミック**（世界的な大流行）となった。飛沫による感染を防ぐため，マスクの着用やうがい，咳エチケットなどが奨励された。日本でも多くの国民が感染し，行動制限を強いられた。

▶ ウイルスが大戦を終結させた？

冒頭の見出し文は，コロナ禍（か）に関するものではない。1918（大正7）年10月25日の東京朝日新聞の見出しである。このあと，「今が西班牙風邪（スペインかぜ）の絶頂」という言葉が続いている。

第一次世界大戦中，**スペイン風邪**（新型インフルエンザ）が猛威をふるい，世界で4000〜5000万人もの死者を出した。日本でも人口の約半分にあたる約2300万人が感染し，約38万人が亡くなった。

当時，ウイルスがインフルエンザの原因であることがわかっておらず，医療が発達していた欧米でも適切に対処できなかった。スペイン風邪がどこで発生したのかはいまだ不明である。ただし，大戦に参戦した兵士がウイルスを各々の国に持ち帰って，感染が拡大したことは疑いない。**大戦がパンデミックを引きおこした**のだった。一方，スペイン風邪は大戦の終結を早めたともいわれる。感染拡大により，両陣営とも戦争継続が困難になったからである。

▶ 人類は常に前進している

マスクをつけ，雑踏を避ける——心がけるべきことは，コロナ禍と変わらなかった。日本では，神頼みのため，老若男女が厄除（やくよ）け神社に殺到したという。

1921年以降，スペイン風邪のウイルスの毒性は低下

〔内務省衛生局『流行性感冒』
国立保健医療科学院図書館所蔵〕
▲スペイン風邪の流行時に作成された，感染予防のポスター

流（か）感（せ）予（よ）防（ばう）
（内務省衛生局）

一，近寄（ちかよ）るな──咳（せき）する人（ひと）に

二，鼻口（はなくち）を覆（おほ）へ──他（た）の為（ため）にも身（み）の為（ため）にも

三，予防注射（よばうちうしや）を──転（ころ）ばぬ先（さき）に

四，含嗽（うがひ）せよ──朝（あさ）な夕（ゆふ）なに

▲スペイン風邪予防の標語

通史編

第1章 諸地域の歴史的特質

第2章 諸地域の交流・再編

第3章 諸地域の結合・変容

第4章 地球世界の課題

テーマ史編

し，終息に向かった。3年ほどで終息したのは，**世界中の多くの人が感染し，免疫を獲得したこと**で流行が自然に限界へと向かったからと考えられている。「人類が感染症を克服した」とは断言できないものの，この後，**ウイルス研究や免疫学の発達**により，**ワクチンや治療薬の開発**が進められた。危機を乗りこえるため，人類は常に前に進んでいるのである。

なお，スペイン風邪という名称から，スペインが発生源と思われそうだが，そうではない。風邪の流行をスペインの新聞が最初に報じたため，こう呼ばれるようになったのである。スペイン当局は猛抗議したが，あとの祭りだった。

▶ 感染症より恐い「うわさ」

新型コロナウイルスやスペイン風邪の比でないのが，14世紀にヨーロッパでおこった**黒死病（ペスト）**の大流行である。当時の正確な人口統計はないが，西ヨーロッパの総人口の約3分の1が亡くなったと推測されている。

なぜ突然，パンデミックがおこったのか。それまで徐々に進んできた世界の結びつきは，**モンゴル帝国**の成立によって加速した。13世紀，陸・海の交易網が広がり，ユーラシア大陸の大交流圏が形成されたのである。これにともない，ペスト菌もアジアからヨーロッパへと運ばれたと考えられている。

当時は原因不明だったため，キリスト教徒のなかには，「**神が与えた懲罰**」と考える人もいた。さらに乗じて，**カトリック教会への批判**も高まったのだった。また，

▲「死の舞踏」（黒死病を題材にした絵画）

「ユダヤ人がペストの毒をまいている」といううわさが流れ，多くのユダヤ人が虐殺された。ユダヤ人は特定地区に隔離され，宗教上の理由で清潔を保っていたにもかかわらず，以前からの**ユダヤ人への偏見・差別と重なり，迫害へとつながっていった**のである。感染症より恐ろしいのは，人の「うわさ」なのだった。

▲ユダヤ人虐殺

コロナ禍のときにも，発生の原因などをめぐり，根も葉もない「うわさ」が噴出した。しかし，世界の多くの人々はそれに惑わされず，**フェイクニュース**などへの対策にも取り組むようになった。感染症の災禍防止は容易ではないが，人類はこうした**人為的な災禍は克服しつつある**ようだ。

産業革命と南北戦争の影響

Q 1860年代，ロシアは供給される綿花の不足を補うため，フェルガナ地方に進出した。ロシアにおける供給不足の原因を含め，19世紀を通じての国際的な綿花生産・供給の事情を，下記の用語をすべて用いて，150字から200字で論述せよ。なお，使用した語句には下線を引くこと。

〔語句〕 アメリカ　インド　産業革命　南北戦争　　　　【上智大－改】

───────────────┤ 解説 ├───────────────

① 産業革命と南北戦争

17世紀，イギリスではインド産綿織物が人気になり，主要産業の毛織物業が打撃をうけた。18世紀後半に**産業革命**がおこると，イギリスは**インドから綿花を輸入**し，自国の**工場で綿織物を大量生産**しはじめた。この結果，インドは綿織物の生産国から，イギリス向け綿花の輸出国に転じた。

アメリカも南部を中心に**黒人奴隷**を使役したプランテーションでの綿花栽培，輸出がさかんだった。しかし，**南北戦争**(1861～65年)で生産量が低下し，イギリスへの輸出も途絶えた。

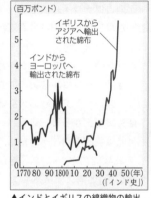

▲インドとイギリスの綿織物の輸出

② ロシアの南下政策

世界市場で綿花の供給がとどこおり，国際価格も高騰すると，ロシアへの綿花の供給量が大幅に減少した。そこで，イギリスと中央アジアの勢力圏争いをしていたロシアは**南下政策**をはじめ，19世紀後半には，綿花の一大産地だったフェルガナ地方(中央アジア)を勢力圏に入れたのである。

A イギリスで18世紀後半，産業革命がおこり，機械制工業による綿織物の大量生産が可能になった。これにともない，インドは綿織物の生産国から，イギリス向け綿花の輸出国に転じた。アメリカも綿花の輸出国だったが，1861年におこった南北戦争の影響で，黒人奴隷を使役して綿花を栽培していた南部での生産・輸出量が減少した。こうして，ロシアは供給される綿花が不足するようになった。(181字)

通史編

第1章 諸地域の歴史的特質

第2章 諸地域の交流・再編

第3章 諸地域の結合・変容

第4章 地球世界の課題

テーマ史編

表現力 PLUS.6 ヴェルサイユ体制の構築

Q 第一世界大戦後のパリ講和会議で議論されたドイツとの講和条約と新たなヨーロッパ国際秩序の形成について，以下の5つの語句をすべて用いて，200字以内で説明せよ。なお，使用した語句には下線を引くこと。

〔語句〕 ウィルソン大統領　海外植民地　アルザス・ロレーヌ
　　　　 国際連盟　賠償金支払い 【東京都立大】

──────┤ 解 説 ├──────

① パリ講和会議

米・ウィルソン大統領の「十四か条」の提案やパリ講和会議で調印された**ヴェルサイユ条約**の内容をまとめるとよい。

▲パリ講和会議（手前で署名しているのがドイツ代表）

ヴェルサイユ条約によって，ドイツは軍備を厳しく制限され，**巨額の賠償金の支払い**を命じられた。また，すべての植民地を失い，**アルザス・ロレーヌもフランスに割譲**することになった。その後，ドイツは激しいインフレーションに苦しめられ，やがて**ファシズムの台頭**をまねくことになった。

② ヴェルサイユ体制の構築

パリ講和会議では，ウィルソン大統領が提唱した「十四か条」にもとづき，**中・東欧諸国の独立**が承認され，**国際連盟の創設**が決められた。この会議によって定まったヨーロッパの新しい国際秩序を**ヴェルサイユ体制**という。

国際連盟は1920年に発足した。しかし当初，ドイツとソヴィエト＝ロシア（ソ連）は連盟から排除され，アメリカも議会の反対で加盟できなかった。

A ウィルソン大統領は「十四か条」を掲げ，公正な講和や植民地の民族自決などを提唱したが，広大な海外植民地をもつイギリスとフランスは応じず，ドイツへの厳しい制裁を求めた。こうして結ばれたヴェルサイユ条約で，ドイツに巨額の賠償金支払いが課せられ，アルザス・ロレーヌはフランスへ割譲された。また，「十四か条」の平和理念にもとづき，史上初の国際平和機関として国際連盟が創設されたが，ドイツは排除された。（195字）

91. 冷戦の展開と「雪どけ」

入試重要度 B

01 冷戦の展開とアメリカ合衆国 ★★

① **軍事同盟の拡大**…アメリカは1948〜55年，社会主義陣営を包囲するため，諸地域に軍事同盟を次々と構築した。**米州機構（OAS）**，**東南アジア条約機構（SEATO）**，**バグダード条約機構（中東条約機構〈METO〉）** などが発足した。

② **核開発競争の激化**…アメリカに続いて，ソ連，イギリスも原子爆弾を保有した。また，1952年にアメリカが**水素爆弾（水爆）** の実験に成功すると，翌年，ソ連も水爆を保有した。核実験は第五福竜丸の被爆事件など，「死の灰」（放射能）による被害をもたらし，各地で核廃絶を求める運動がおこった。

③ **アメリカの保守化**…共産主義者の監視強化などを目的に，1947年に中央情報局（CIA）が設置され，組合活動の規制を目的にタフト・ハートレー法が制定された。1950年ごろから「**赤狩り**[❶]」もはじまった。**アイゼンハワー**大統領は，ソ連との緊張緩和をめざしつつ，原子力発電の開発を本格化させた。

④ **大衆消費社会の発展**…軍部と軍需企業が癒着し，「**軍産複合体**」が形成された。企業では事務職の労働者（ホワイトカラー）が増え，自家用車の所有，スーパーマーケットでの買い物などが定着し，大衆消費社会がいっそう発展した。

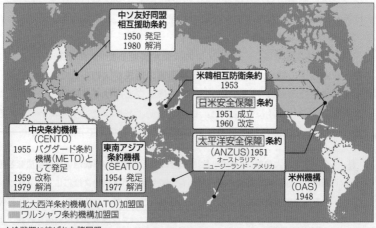

▲冷戦期に結ばれた諸同盟

---

❶ ［**赤狩り**］ 1950年代前半に全米で広がった左翼運動や共産主義者への弾圧。先頭に立った共和党の上院議員マッカーシーの名にちなんで，マッカーシズムともよばれる。

左側縦書き：中央ユーラシア　東アジア　日本　南・東南アジア　西アジア　ヨーロッパ　アメリカ　アフリカ

通史編

第1章 諸地域の歴史的特質

第2章 諸地域の交流・再編

第3章 諸地域の結合・変容

第4章 地球世界の課題

テーマ史編

02 西欧・日本の経済復興 ★★

① **欧州統合の動き**…西欧では**地域統合**の動きが進んだ。仏外相の**シューマン=プラン**をうけ，1952年に6か国による**ヨーロッパ石炭鉄鋼共同体（ECSC）**が発足し，58年の**ヨーロッパ経済共同体（EEC）**，**ヨーロッパ原子力共同体（EURATOM）**の設置へと発展した。1967年には3共同体が合併し，**ヨーロッパ共同体（EC）**となり，主権国家の枠をこえた統合の基礎がつくられた。

② **イギリス**…西欧統合の動きから距離をおき，1960年に**ヨーロッパ自由貿易連合（EFTA）**を結成したが，72年に脱退し，翌73年ECに加わった。

③ **西ドイツ**…1949年に誕生した**アデナウアー**政権のもとで重工業が発展し，「経済の奇跡」とよばれるほどの経済成長をとげた。

④ **フランス**…政界に復帰した**ド=ゴール**が1958年に**第五共和政**を成立させ，大統領となった。独自の外交政策を掲げたド=ゴールは，1962年に**アルジェリア**の独立を認め，66年にはNATOの軍事部門から脱退した。

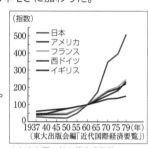

▲おもな国の鉱工業生産指数
（東大出版会編「近代国際経済要覧」）

⑤ **日本**…朝鮮戦争特需で経済復興が進み，1950年代後半から**高度経済成長**がはじまった。1956年に**ソ連**と国交を回復し，同年末に**国連加盟**も果たしたが，60年の日米安全保障条約改定に際しては国内対立が生じた。1965年には，韓国と**日韓基本条約**を結び，国交を正常化した。

03 ソ連の「雪どけ」 ★★

① **「雪どけ」**…スターリンが1953年に死去すると，新指導者になった**フルシチョフ**は56年に**スターリン批判**をおこない，西側との**平和共存**を掲げて，コミンフォルムも解散した。この転換を「雪どけ」という。

② **東欧民主化の弾圧**…1956年にポーランドとハンガリーで反ソ暴動がおこり，ソ連の軍事介入をまねいたハンガリーでは，**ナジ**首相が処刑された。

③ **フルシチョフの外交**…1955年に西ドイツと国交を結び，56年に**日ソ共同宣言**で日本と国交を回復した。1959年には，アメリカでアイゼンハワー大統領と会談したが，60年の偵察機撃墜事件により，東西関係は再び悪化した。1961年には，東ドイツ政府によって，「**ベルリンの壁**」が築かれた。

❝ 重要ファイル
CHECK
・1950年代以降，西ドイツと日本は急速な経済復興をとげた。
・冷戦は，核開発競争の激化→ソ連の「雪どけ」→再対立と展開した。 **❞**

92. 第三世界の台頭

入試重要度 B

01 第三世界の連携 ★★

① **平和五原則**…冷戦が続く中、アジア・アフリカの新興諸国は、**第三勢力**として連携していった。1954年、アジア=アフリカ会議の開催が提唱され、中国の**周恩来**首相とインドの**ネルー**首相によって平和五原則が発表された。

② **アジア=アフリカ会議**…1955年、インドネシアで29か国による**アジア=アフリカ会議(バンドン会議)**の開催が実現し、**平和十原則**が採択された。さらに1961年、ユーゴスラヴィアのよびかけで、第1回非同盟諸国首脳会議が開催された。これらの開発途上国は、「**第三世界**」と総称された。

> **平和五原則**(1954)
> ● 周恩来 と ネルー の会談
>   (中国とインドの原則)
> ● 平和五原則(領土保全、不侵略、内政不干渉、平等と互恵、平和共存)を発表
>
> **平和十原則**(1955)
> ● アジア=アフリカ会議で採択
>   (アジア・アフリカ諸国の原則)
> ● 平和五原則を発展させ、基本的人権と国連憲章の尊重、非同盟主義などを追加
>
> ▲平和五原則と平和十原則

③ **エジプト革命**…エジプトでは1952年、**ナセル**らが**エジプト革命**をおこし、王政を倒した。ナセルは英米の資金で**アスワン=ハイダム**の建設をはじめたが、アメリカのイスラエル寄りの外交に反発し、ソ連に接近した。

④ **スエズ戦争**…1956年にナセルが**スエズ運河の国有化**を宣言すると、英仏はイスラエルとともに**スエズ戦争**(第2次中東戦争)をおこした。しかし、国際世論の反発で撤退を余儀なくされ、ナセルはアラブ民族主義の指導的地位を得た。

02 アフリカ諸国の独立 ★★

① **最初の黒人共和国**…1956年、北アフリカのモロッコとチュニジアがフランスから独立した。1957年、西アフリカのガーナが**エンクルマ(ンクルマ)**の指導によってイギリスから独立し、最初の自力独立の黒人共和国となった。

② 「**アフリカの年**」…1960年は、一挙に17か国が独立を果たし、「**アフリカの年**」とよばれた。1962年にはアルジェリアも、民族解放戦線がフランス人入植者の弾圧を退け、フランスから独立した。1963年には**アフリカ諸国首脳会議**が開かれ、32か国によって**アフリカ統一機構(OAU)**が発足した。

③ **宗主国の干渉**…コンゴでは、豊富な資源をねらった宗主国ベルギーの介入によって、**コンゴ動乱**(1960〜65)がおこった。南アフリカ共和国では、少数の白人支配層が**アパルトヘイト**とよばれる人種隔離・黒人差別政策を続けた。

中央ユーラシア

東アジア

日本

南・東南アジア

西アジア

ヨーロッパ

アメリカ

アフリカ

④ **軍事独裁**…独立後のアフリカ新興国の多くは，限られた農作物や資源に依存するモノカルチャー経済から脱却できず，社会的インフラストラクチャー（基本的生活基盤）や教育・医療制度の整備も停滞した。部族・民族対立による内戦やクーデタがくり返され，いくつかの国では軍事独裁政権が誕生した。

⑤ **南北問題**…アジア・アフリカの新興国の勢いは弱まり，先進国と開発途上国との経済格差（**南北問題**）が拡大した。これを解決するため，77か国の開発途上国によって，1964年に国連貿易開発会議（UNCTAD アンクタッド）が結成された。

> **重要ファイル**
> CHECK
> ・アジア・アフリカ新興諸国は，第三勢力（第三世界）として連携を深めた。
> ・アフリカの17か国が独立した1960年は，「アフリカの年」とよばれた。

03 ラテンアメリカの動向 ★★

① **反米の動き**…南米のアルゼンチンでは，1946年に大統領となった**ペロン**が反米を掲げ，社会改革を進めた。1951年，中米のグアテマラでも**左翼**政権が誕生して農地改革を進めたが，米国の支援をうけた軍のクーデタで倒された。

② **キューバ革命**…中米の島国キューバでは，1959年に**カストロ**や**ゲバラ**が親米**バティスタ**独裁政権を倒して革命政権を樹立し，砂糖栽培などを独占する米国系企業から土地を接収した（**キューバ革命**）。アメリカは1961年にキューバと断交し，カストロ政権の武力転覆をはかったが，失敗に終わった。

▲カストロ（左）とゲバラ（右）

③ **キューバ危機**…キューバは社会主義宣言をおこない，ソ連に接近した。1962年，ソ連がカストロの要請に応じて，キューバでミサイル基地の建設をはじめると，米・ケネディ政権は海上封鎖をおこない，米ソの緊張が一気に高まった（**キューバ危機**）。

④ **米ソの緊張緩和**…キューバ危機は，米ソ首脳が核戦争の一歩手前で妥協に転じたことで回避された。その後，米ソは緊張緩和に転じ，首脳同士を結ぶ直通通信回線（**ホットライン**）も開設された。

⑤ **核兵器制限の動き**…1963年，米・英・ソが**部分的核実験禁止条約**に調印し，68年には62か国によって**核拡散防止条約（NPT）**が調印された。69年からは，米ソの第1次戦略兵器制限交渉（SALT Ⅰ ソルト）がはじまったが，ソ連のアフガニスタン侵攻（1979）で交渉は失敗に終わった。

> **重要ファイル**
> CHECK
> ・中南米では反米政権が誕生し，1959年にはキューバ革命がおこった。
> ・1962年のキューバ危機を回避したあと，核兵器制限の動きが進展した。

通史編

第1章 諸地域の歴史的特質

第2章 諸地域の交流・再編

第3章 諸地域の結合・変容

第4章 地球世界の課題

テーマ史編

93. ベトナム戦争と米ソの変容

入試重要度 B

01　ベトナム戦争と日本　★★

① **ベトナム戦争の勃発**…インドシナ戦争(1946〜54)後，アメリカの介入で南北に分断されたベトナムでは，アメリカが支援する**ゴ=ディン=ジエム**によって南部にベトナム共和国が成立していた。1960年に結成された**南ベトナム解放民族戦線**は，ベトナム民主共和国(北ベトナム)と連携し，ジエム独裁政権に対抗した。

▲ベトナム戦争

　1963年にジエム政権が倒れると，米・ケネディ政権は南ベトナムへの軍事援助を本格化させた。1965年には，米・**ジョンソン**政権が**北ベトナムへの爆撃**(北爆)をおこなった(**ベトナム戦争**の開始)。しかし，ソ連と中国の支援をうけた北ベトナムと南ベトナム解放民族戦線は**ゲリラ戦**で米軍に対抗し，ベトナム戦争は泥沼化していった。

② **戦争の終結**…アメリカに対する国際世論の批判が高まる中，1968年に和平交渉がはじまった。1973年，**ベトナム(パリ)和平協定**が実現し，米・**ニクソン**大統領は米軍を南ベトナムから撤退させた。1975年，北ベトナム軍と南ベトナム解放民族戦線はサイゴン(現在のホーチミン)を占領し，翌年，南北を統一した**ベトナム社会主義共和国**を成立させた。

③ **米軍基地の利用**…ベトナム戦争では，沖縄の米軍基地が利用され，このことへの批判と反戦運動の高まりから，1972年に**沖縄の日本への返還**が実現した。しかし，広大な米軍基地は残されることになった。

> **重要ファイル**
> CHECK
> ・ベトナム戦争は，米ソがそれぞれ後押しする勢力による代理戦争だった。
> ・北爆が開始されると，北ベトナムと南ベトナム解放民族戦線はゲリラ戦でアメリカ軍に対抗し，ベトナム戦争は泥沼化していった。

02　インドシナ半島の情勢　★ ★

① **カンボジア**…1975年，**ポル=ポト**率いる赤色クメールを中心とした解放勢力が親米右派勢力を破った。民主カンプチア（民主カンボジア）を名乗るポル=ポト政権は極端な共産主義政策を進め，多数の反対派を処刑したが，1978年末，ベトナムの軍事介入により倒された。

② **ラオス**…1960年代前半から内戦が続いていたが，左派のラオス愛国戦線が右派政権を倒し，1975年にラオス人民民主共和国を成立させた。

> 　**重要ファイル**
> 　CHECK　●ベトナム戦争でアメリカの覇権は揺らぎ，戦争終結後，インドシナ半島のベトナム・カンボジア・ラオスでは社会主義化が進んだ。

03　アメリカとソ連の変容　★ ★

① **黒人差別の撤廃**…1961年に誕生した民主党の**ケネディ**政権はニューフロンティア政策を掲げ，黒人差別の撤廃を求める**公民権運動**にも理解を示した。ケネディは1963年に暗殺されたが，次の**ジョンソン**政権は人種差別を禁止する**公民権法**を成立させた。

② **社会の変容**…ジョンソン政権下の1960年代後半，ベトナム戦争が泥沼化すると，若者を中心に**ベトナム反戦運動**が高揚した。1968年に公民権運動の指導者**キング牧師**が暗殺されると，人種問題をめぐって社会的な亀裂も拡大した。1969年に就任した**ニクソン**大統領はベトナムからの撤兵を実現したが，**ウォーターゲート事件❶**によって辞任した。

▲キング牧師

③ **ソ連の再保守化**…「雪どけ」をもたらしたフルシチョフが1964年に解任されると，共産党保守派の**ブレジネフ**が指導者になった。

④ **民主化の弾圧**…1968年，チェコスロヴァキアで民主化運動「**プラハの春**」がおこり，同国共産党第一書記の**ドプチェク**も自由化を進めた。しかし，ブレジネフ体制のソ連がワルシャワ条約機構軍を率いて軍事介入し，民主化の動きを阻止した。

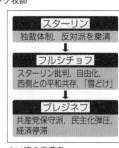

スターリン
独裁体制，反対派を粛清

↓

フルシチョフ
スターリン批判，自由化，西側との平和共存，「雪どけ」

↓

ブレジネフ
共産党保守派，民主化弾圧，経済停滞

▲ソ連の指導者

❶［**ウォーターゲート事件**］　共和党のニクソン陣営による民主党本部への盗聴事件。

221

通史編

中央ユーラシア

東アジア

日本

南・東南アジア

西アジア

ヨーロッパ

アメリカ

アフリカ

94. 緊張緩和と第三世界

入試重要度 B

01 ヨーロッパでの緊張緩和 ★★

① **西ドイツの外交**…経済復興をとげた西ドイツでは，1969年に発足した**ブラント**政権が**東方外交**を展開した。ソ連との関係改善をはかり，1970年にはポーランドと国交正常化条約を結び，国境(オーデル=ナイセ線)を認めた。

② **米ソの歩み寄り**…米ソも，ヨーロッパでの**緊張緩和(デタント)**に歩調を合わせ，1972年に英仏を含めた4国でベルリンの現状維持協定を結んだ。同年末，**東西両ドイツは相互に承認**をおこない，翌73年，同時に国連に加盟した。

③ **安全保障体制の確立**…1975年，欧州諸国，アメリカ，カナダの首脳が参加して**全欧安全保障協力会議(CSCE)**が開催され，主権尊重，武力不行使，交流促進などを掲げた**ヘルシンキ宣言**が採択された。

02 中ソ対立と文化大革命 ★★

① **中ソ対立**…中国の毛沢東はフルシチョフの対米平和共存路線に反発し，1958年から急激な社会主義建設をめざす「**大躍進**」運動をはじめた。**人民公社**の設立による農村の組織化を進めたが，数千万人の餓死者を出した。平和共存の是非をめぐる中ソの論争は，1963年に公開論争に発展し，69年には両国国境で軍事衝突がおこった。

② **文化大革命**…中ソ対立が激化する中，毛沢東は1966年から**プロレタリア文化大革命**[1]という権力闘争を展開して劉少奇・鄧小平らの改革派を失脚させ，巻き返しをはかった。

③ **米中の接近と日本**…長期化するベトナム戦争で威信を失ったアメリカと，中ソ対立で国際的に孤立していた中国が接近。1972年の**ニクソンの中国訪問**で和解が進み，79年に**米中国交正常化**が実現した。日本も田中角栄首相が日中国交正常化を果たし，78年に**日中平和友好条約**を締結した。

▲1950〜70年代の中国の政治

---

[1] [**プロレタリア文化大革命**] 1966年から約10年間続いた政治闘争。学生・青年を紅衛兵として組織し，資本主義の同調者とされた党幹部や知識人を迫害した。

④ **計画経済から市場経済へ**…1971年に毛沢東の後継候補の林彪が失脚し，76年に毛沢東が死去すると，華国鋒首相は文化大革命を主導した江青ら「四人組」を逮捕した。復権した鄧小平は市場経済の導入をはかり，1978年から農業・工業・国防・科学技術の「**四つの現代化**」を中心とする**改革・開放**路線を進めた。

03　第三世界の開発独裁　★ ★

① **開発独裁**…第三世界の多くの国・地域では，1960年代ごろから強権的な軍事政権・独裁政権が人々の自由や人権を抑圧しながら，鉱工業を中心に国を発展させる**開発独裁**という体制を維持し続けた。

▲アジアの開発独裁体制

② **大韓民国**…1960年に学生らの民主化運動で李承晩が失脚すると，翌年，軍人の**朴正煕**がクーデタで政権をにぎった。朴は**日韓基本条約**を結び，「漢江の奇跡」とよばれる経済成長を成しとげたが，79年に暗殺された。翌年には，民主化運動が軍部によって弾圧される**光州事件**がおこった。

③ **東南アジア**…**インドネシア**では，非同盟運動の指導者スカルノが中国との関係強化を進めたが，1965年，陸軍による共産党勢力一掃事件（**九・三〇事件**）で失脚した。1968年に大統領になった**スハルト**は開発独裁体制をしいた。マラヤ連邦は1963年に**マレーシア**となったが，65年に**シンガポール**が分離した。**フィリピン**ではマルコス大統領が，シンガポールではリー＝クアンユー首相がそれぞれ開発独裁体制をしいた。

④ **地域の協力推進**…1967年，インドネシア・マレーシア・フィリピン・シンガポール・タイの5か国が，**東南アジア諸国連合**（**ASEAN**）を結成した。

⑤ **南アジア**…インドでは大戦後，国民会議派の長期政権が非同盟外交と計画経済を進めたが，カシミール地方の帰属問題でパキスタンと対立した。1971年には，東パキスタンが**バングラデシュ**として独立した。

⑥ **ラテンアメリカ**…**チリ**では1970年，**アジェンデ**を首班とする左翼連合政権が成立した。しかし，1973年にアメリカの CIA が支援する軍部のクーデタで倒され，翌年就任したピノチェト大統領による開発独裁体制が続いた。

通史編

第1章 諸地域の歴史的特質

第2章 諸地域の交流・再編

第3章 諸地域の結合・変容

第4章 地球世界の課題

テーマ史編

通史編

中央ユーラシア

東アジア

日本

南・東南アジア

西アジア

ヨーロッパ

アメリカ

アフリカ

第4章
地球世界の課題

95. 産業構造の変容と中東情勢

01 福祉の拡充と公害の拡大　★★

① **福祉の拡充**…西側の先進諸国では1960年代以降,「**大きな政府**」による**福祉国家**的な政策が主流になり,北欧・西欧諸国では**社会民主主義**を掲げる政党が政権を担った。社会保障費や公共事業費の増大を経済成長が支えた。

② **公害・環境破壊**…重化学工業の発展は,大気汚染や水質汚濁などの**公害**をもたらし,環境破壊も加速させた。1972年には,ストックホルムで国連人間環境会議が開催され,科学者らが『**成長の限界**』[1]という報告書を発表した。

02 産業構造の変容　★★

① **ドル=ショック**…ベトナム戦争での巨額の戦費や西欧・日本の経済成長などで,1971年にアメリカは**貿易赤字**に転じた。同年,**ニクソン**大統領はドルの金兌換停止を発表した。この**ドル=ショック**により,1973年から先進工業国の通貨は**変動相場制**に移行した。

② **オイル=ショック**…1973年に**第4次中東戦争**が勃発すると,アラブ諸国を含む**石油輸出国機構（OPEC）**は原油価格を引き上げた。**アラブ石油輸出国機構（OAPEC）**もイスラエル支援国への原油輸出を止めたため,**第1次石油危機（オイル=ショック）**がおこった。

```
ドル=ショック (1971)
金ドル本位制の停止
➡ブレトン=ウッズ体制の崩壊
➡アメリカ・西欧・日本の三極
　構造へ
        ↓
第1次石油危機
(オイル=ショック) (1973)
➡原油価格の高騰
➡西側諸国の経済は混乱
        ↓ 経済優先策の
          見直し
●省エネルギー化,効率化へ転換
●情報産業が成長,ハイテク化
　が加速
```

▲世界経済の展開（1970年代）

③ **産業構造の転換**…経済成長が減速した欧米諸国と日本の首脳は1975年,**先進国首脳会議（サミット）**を開いた。同時に,**量から質への産業構造の転換**をはかり,ハイテク産業の育成や省エネルギー化に力を入れた。一方,ソ連は旧来の産業構造を変えず,旧式の設備が維持されたため,環境汚染も拡大した。

④ **「小さな政府」へ**…1970年代末～80年代,それまでの「大きな政府」から「**小さな政府**」への転換がはかられた。英・**サッチャー**首相,米・**レーガン**大統領,日本の**中曽根康弘**首相は**新自由主義**的な政策を打ち出した。

❶ [『**成長の限界**』]　科学者らの研究組織ローマ=クラブが発表。公害・人口爆発・軍事など人類の危機を検証し,このまま経済成長を続けると地球は限界に達すると警鐘を鳴らした。

⑤ **貿易摩擦の激化**…1980年代，自動車・コンピュータなどの部門で，欧米と日本の貿易摩擦が激化した。1985年の**プラザ合意**でドル安・円高が容認されると，日本企業は開発途上国への工場移転を進めた。

⑥ **開発途上国の成長**…1980年代，南米のアルゼンチン・ブラジル・チリでは，開発独裁体制が経済危機を乗り越えられず，**民政移管**が進んだ。ブラジルとメキシコ，アジアの韓国・台湾・香港・シンガポールなど**新興工業経済地域**（**NIES**）が成長し，やがて ASEAN 諸国や中国も続いた。
（ニーズ）　　　　　　　　　　　　（アセアン）

> 📖 **重要ファイル**
> CHECK
> ・ドル=ショックにより，先進国は固定相場制から変動相場制に移行し，ドル本位制を基盤とするブレトン=ウッズ体制は崩壊した。
> ・オイル=ショック後，先進国は新自由主義の「小さな政府」へと転換した。

03　中東情勢の変化　★★

① **第3次中東戦争**…中東では，パレスチナの解放をめざすアラブ諸国とイスラエルとの対立が激化した。1967年の**第3次中東戦争**（六日戦争）ではイスラエルが圧勝し，シナイ半島やガザ地区などを占領した。ナセル大統領のエジプトは権威を失い，アラブ民族主義も衰退に向かった。

② **第4次中東戦争**…1973年にエジプトとシリアがイスラエルを攻め，**第4次中東戦争**がおこった。勝利したイスラエルは占領地を確保した。そのため，ナセルの後継者サダトは和解に転じ，1979年に**エジプト=イスラエル平和条約**を結んだ。

▲イスラエル占領地の拡大

③ **イラン=イスラーム革命**…イランでは1960年代，国王**パフレヴィー2世**が欧米化・近代化をはかる「**白色革命**」を進めたが，対米追随の強権姿勢に民衆の批判が高まった。1979年，反体制派の宗教学者**ホメイニ**が亡命先のパリから帰国し，**イラン=イスラーム共和国**を打ち立てた（**イラン=イスラーム革命**）。

④ **イラン=イラク戦争**…イラン=イスラーム革命で原油価格が高騰し，1979年に**第2次石油危機**がおこった。翌年，アメリカの支援をうけたイラクの**サダム=フセイン**がイランを攻撃し，**イラン=イラク戦争**がはじまった（〜1988）。

通史編

第1章　諸地域の歴史的特質

第2章　諸地域の交流・再編

第3章　諸地域の結合・変容

第4章　地球世界の課題

テーマ史編

第**4**章
地球世界の課題

96. 冷戦の終結とソ連の消滅

入試重要度 A

01　デタントから「新冷戦」へ　★★

① **ソ連の積極外交**…オイル＝ショックで西側諸国が苦境にあえぐ中，原油高騰の恩恵をうけたソ連は，エチオピアやモザンビーク・アンゴラなどアフリカ新興国の社会主義政権・勢力を財政・軍事面で支援した。

② **米国の人権外交**…アメリカでは，1977年に誕生した民主党**カーター**政権が人権重視の外交を掲げ，パナマ運河をパナマに返還する条約を成立させ，エジプトとイスラエルの接近も仲介した。しかし1979年末，ソ連が**アフガニスタン**へ軍事侵攻すると，米ソ関係は悪化し，デタントは終わった。

③ **米国の強硬外交**…1981年に誕生した共和党**レーガン**政権は「強いアメリカ」を掲げ，83年には，グレナダの社会主義政権を倒すために同国へ軍事介入した。米ソ関係が再び緊張した1970年代末〜80年代前半の時期は，「**新冷戦（第2次冷戦）**」ともよばれる。

02　ソ連の改革と東欧革命　★★

① **ソ連の低迷**…1980年代前半，ソ連は技術革新の停滞から工業成長が落ち込み，1982年にブレジネフが死去したあとも短期政権が続いた。国民の間に閉塞感が広がる中，1985年に改革派の**ゴルバチョフ**が指導者になった。

② **ゴルバチョフの改革**…1986年に**チェルノブイリ**（チョルノービリ）**原子力発電所**（現ウクライナ）で大規模事故がおこると，**ペレストロイカ**（建て直し）をスローガンに，**グラスノスチ**（情報公開）による経済・政治改革を推進した。

③ **ゴルバチョフの外交**…軍備負担削減のため，ゴルバチョフは「**新思考外交**」をとなえ，財政赤字に苦しむアメリカに軍縮をよびかけた。1987年，**中距離核戦力（INF）全廃条約**を締結し，89年には**アフガニスタンから軍を撤退**させた。

④ **東欧革命**…ゴルバチョフが内政干渉をおこなわないと発表すると，ポーランドで1989年，**ワレサ**を指導者とする自主管理労組「**連帯**」が政権をにぎった。同年，東欧各国に民主化運動が拡大。東ドイツではホネカー書記長が失脚し，「**ベルリンの壁**」が開放された。この一連の東欧革命で，**東欧社会主義圏は消滅**した。

▲「ベルリンの壁」の開放

通史編

第1章 諸地域の歴史的特質

第2章 諸地域の交流・再編

第3章 諸地域の結合・変容

第4章 地球世界の課題

テーマ史編

03　民主化運動の拡大　★★

① **中国の動向**…中国では，**鄧小平**の指導で**社会主義市場経済化**が進められていたが，1989年に民主化要求運動がおこった。政府はこれを武力で鎮圧し（**天安門事件**），民主化運動に理解を示した趙紫陽総書記を解任した。

② **東アジアの民主化**…**韓国**の民主化運動が高まり，1987年，直接選挙で盧泰愚大統領が誕生し，1991年に北朝鮮とともに国連加盟を果たした。**台湾**でも1987年の戒厳令解除以降，国民党の李登輝総統のもとで民主化が進められた。

③ **南アフリカの民主化**…大戦後から**アパルトヘイト**政策を続けていた南アフリカ政府に対し，**アフリカ民族会議（ANC）**の抵抗や国際世論の圧力が高まった。1980年代末，白人の**デクラーク**政権が政策の見直しをはじめ，1991年にアパルトヘイト関連の差別法を全廃した。1994年には平等な選挙が実現し，ANC 指導者の**マンデラ**が大統領に当選した。

▲マンデラ

04　冷戦の終結とソ連の消滅　★★

① **冷戦の終結**…東欧革命の最中の1989年12月，ゴルバチョフは米・**ブッシュ**大統領と首脳会談（**マルタ会談**）をおこない，**冷戦の終結**を宣言した。1990年には，西ドイツが東ドイツを吸収する形で**統一ドイツ**が誕生した。

② **湾岸戦争**…1990年，サダム＝フセイン統治下のイラクがクウェートに侵攻した。米ソを含む国連安保理の決議をうけて，翌年1月，アメリカを中心とする**多国籍軍**がイラクを攻撃し，短期間でクウェートを解放した（**湾岸戦争**）。

③ **ソ連の崩壊**…ソ連では物不足が深刻化し，政治的混乱も続いていた。ゴルバチョフは**市場経済への移行**を進めつつ，社会民主主義による再生を模索したが，ロシア共和国の**エリツィン**が社会主義の放棄を訴えた。

④ **ソ連の消滅**…市民を味方につけたエリツィンは，1991年8月におこった共産党保守派のクーデタも封じた。これにより，**ソ連共産党は解散**に追い込まれ，バルト3国が独立した。同年12月，エリツィンらは**独立国家共同体（CIS）**を結成し，**ソ連は消滅**した。

> ゴルバチョフ書記長就任(1985)
> 「新思考外交」，ペレストロイカ
>
> ↓
>
> 東欧諸国の民主化を促進(1989)
>
> ↓
>
> 連邦内の独立運動を刺激
>
> ↓
>
> CISの創設により ソ連消滅 (1991)

▲ソ連解体までの流れ

> ❝ **重要ファイル**　・ゴルバチョフが東欧の民主化を促し，1989年には冷戦終結を宣言した。
> CHECK　　　　・韓国や台湾，南アフリカでも民主化が進み，ソ連は1991年に消滅した。❞

通史編

中央ユーラシア

東アジア

日本

南・東南アジア

西アジア

ヨーロッパ

アメリカ

アフリカ

第4章
地球世界の課題

97. アジアの変化，地域統合の進展

入試重要度 B

01 東アジアの変化 ★★

① **中国の経済成長**…1990年代，中国は急速な経済成長をとげ，1997年にイギリスから香港が，99年にポルトガルから**マカオ**が返還され，高度な自治(一国二制度)が約束された。しかし，共産党の一党独裁は変わらず，チベット自治区や新疆ウイグル自治区への抑圧が強化され，香港の高度な自治も脅かされるようになった。

▲対照的な中国(前方)と北朝鮮(ビルの後方)

② **韓国の政権交代**…1993年に文民出身の金泳三が，98年にはかつて弾圧をうけた**金大中**が大統領になった。金大中は南北対話を進めたが，2006年に北朝鮮が核実験を実施したことで中断した。2022年に大統領となった尹錫悦は，徴用工問題などで悪化した日韓関係の改善を掲げた。

③ **北朝鮮の独裁継続**…1994年に金日成が死去し，息子の金正日が後継者になった。ソ連の消滅で援助がなくなったため深刻な食料危機に直面した。核開発問題や日本人拉致問題などは解決せず，2011年に後継者となった金正恩もミサイル実験をくり返すなど，国際社会から厳しい目を向けられている。

④ **台湾の政権交代**…2000年の総統選挙で，民進党の**陳水扁**が選ばれた。国民党以外では初の当選だった。2016年には，同じ民進党の**蔡英文**が女性として初の総統に選ばれ，米国との関係を強化している。

02 東南アジア・南アジアの変化 ★★

① **ベトナムの改革**…共産党一党体制のベトナムは，1986年から「**ドイモイ(刷新)**」政策で市場経済の導入をはかり，工業化によって経済を好転させた。

② **カンボジア**…国内紛争が続いていたが，1991年に諸勢力が和平協定を結んだ。1993年の総選挙の結果，王制が復活し，シハヌークが再び国王となった。

③ **ミャンマーの軍政**…社会主義政権が1988年に倒れ，軍部が独裁政権を立てた。2011年から**アウン=サン=スー=チー**を中心に民政が進められたが，2022年の軍部クーデタで軍政に逆戻りした。少数民族**ロヒンギャ**への弾圧も問題。

④ **インドネシアの民政移管**…1997年の**アジア通貨危機**で民衆の不満が高まり，翌年にスハルト政権が倒された。2002年には，東ティモールが独立した。

⑤ **インド**…1990年代に経済の自由化や外資導入をはかり，情報関連産業が急成長した。政治面では，ヒンドゥー至上主義のインド人民党が台頭した。

> **重要ファイル**
> CHECK
> ● 独裁体制を続ける北朝鮮の核開発により，南北対話は中断された。
> ● 冷戦終結後の東南・南アジアには民主化や経済成長を達成した国がある一方で，ミャンマーのように政治が不安定化した国もある。

03 地域統合の進展 ★★

① **通商の自由化**…1995年，GATT（ガット）にかわって**世界貿易機関（WTO）**が発足し，広範な自由貿易の推進，貿易紛争の解決にあたっている。

② **欧米の地域統合**…1993年に**マーストリヒト条約**が発効し，**ヨーロッパ連合（EU）**が発足した。2002年には共通通貨**ユーロ**の全面使用がはじまり，東欧諸国の加盟も増えた。北アメリカでは1994年に**北米自由貿易協定（NAFTA（ナフタ））**が発足し，2020年にアメリカ＝メキシコ＝カナダ協定（USMCA）に発展した。

③ **その他の地域統合**…アジアでは1989年以降**アジア太平洋経済協力（APEC（エイペック））会議**が開かれ，2018年には環太平洋パートナーシップに関する包括的及び先進的な協定（TPP11協定）が発効した。アフリカでは2002年に**アフリカ連合（AU）**が結成された。新興国の成長をうけ，G8サミットも G20へと拡大された。

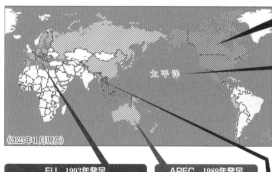

USMCA（2020年NAFTAから移行）
アメリカ　カナダ　メキシコ
（3か国）

TPP11協定　2018年発効
ブルネイ　マレーシア
シンガポール　ベトナム
日本　オーストラリア
ニュージーランド　カナダ
メキシコ　チリ　ベルー
（11か国）

MERCOSUR　1995年発足
ブラジル　アルゼンチン
ウルグアイ　パラグアイ
ベネズエラ（資格停止中）
ボリビア※　（6か国）
※各国議会の批准待ち

ASEAN　1967年発足
マレーシア　フィリピン
インドネシア　シンガポール
タイ　ブルネイ　ベトナム
ミャンマー　ラオス
カンボジア　（10か国）

EU　1993年発足
アイルランド　イタリア　エストニア
オーストリア　オランダ　キプロス
ギリシア　クロアティア　スウェーデン
スペイン　スロヴァキア　スロヴェニア
チェコ　デンマーク　ドイツ
ハンガリー　フィンランド　フランス
ブルガリア　ベルギー　ポーランド
ポルトガル　マルタ　ラトヴィア
リトアニア　ルーマニア
ルクセンブルク　（27か国）

APEC　1989年発足
日本　韓国　中国　台湾
香港　フィリピン　タイ
マレーシア　シンガポール
ベトナム　インドネシア
ブルネイ　アメリカ
カナダ　メキシコ　ベルー
チリ　パプアニューギニア
オーストラリア
ニュージーランド　ロシア
（21か国・地域）

（2023年1月現在）

▲世界のおもな地域統合

通史編

第1章 諸地域の歴史的特質

第2章 諸地域の交流・再編

第3章 諸地域の結合・変容

第4章 地球世界の課題

テーマ史編

第4章
地球世界の
課題

98. アフリカの動向，民族・地域紛争

入試重要度 B

01　アフリカ諸国の困難　★★

① **内戦・紛争**…アフリカは冷戦終結後も紛争が収まらず，1980年代末から続いたソマリア内戦，約100万人の犠牲者を出した1990～94年の**ルワンダ内戦**，2000年代初めに拡大したダルフール紛争などで多くの犠牲者が出た。

② **社会主義体制の終焉**…ソ連の消滅にともない，1990年代前半にエチオピア・アンゴラ・モザンビークでは，社会主義体制が終焉した。21世紀に入ると，ナイジェリアなどが，石油・鉄鉱石などの輸出を増やして経済を成長させた。

③ **アフリカの課題**…2021年現在，アフリカの人口は約14億人で，増加し続けている。依然として，商品作物や資源の輸出に依存する**モノカルチャー経済**の国が多い。とくにサハラ以南では，低い食料自給率，インフラ整備の立ち遅れ，都市部への人口集中によるスラムの拡大なども問題になっている。

▲サハラ以南のアフリカ
（ジンバブエ）

02　旧社会主義圏の民族紛争　★★

① **民族対立の表面化**…旧社会主義圏では，チェコスロヴァキアが1993年にチェコとスロヴァキアに平和的に分離した。しかし，各地で民族対立が表面化し，北コーカサスの**チェチェン**はロシアからの分離・独立をめざし，2度にわたって紛争をおこした。**ユーゴスラヴィア**でも，最高指導者ティトーが1980年に亡くなると，各民族のナショナリズムが台頭し，宗教対立も表面化した。

② **ユーゴスラヴィアの内戦**…1991年，**クロアティア**と**スロヴェニア**が独立を宣言すると，連邦維持を望むセルビアと衝突した。スロヴェニアは独立したが，クロアティアと**ボスニア＝ヘルツェゴヴィナ**は，1995年まで内戦が続いた。翌96年，セルビア政府が**コソヴォ**地方の分離運動を弾圧すると，99年，ＮＡＴＯ軍がセルビアを空爆した。

※2019年に「北マケドニア」と改称
スロヴェニア 1991
クロアティア 1991
ヴォイヴォディナ
ボスニア＝ヘルツェゴヴィナ 1992
セルビア
コソヴォ 2008
マケドニア※ 1991
モンテネグロ 2006

ユーゴスラヴィアは「七つの国境，六つの共和国，五つの民族，四つの言語，三つの宗教，二つの文字，一つの国家」といわれた。

数字 独立年

▲ユーゴスラヴィアの解体

通史編
第1章 諸地域の歴史的特質
第2章 諸地域の交流・再編
第3章 諸地域の結合・変容
第4章 地球世界の課題
テーマ史編

03 各地の民族・地域紛争　★ ★

① **パレスチナ問題**…イスラエル占領下のパレスチナでは，1987年にパレスチナ
人が投石・デモなどの抗議行動(**インティファーダ**)をおこした。その後，**パ
レスチナ解放機構(PLO)**の**アラファト**議長とイスラエルの**ラビン**首相が歩
み寄り，1993年に**パレスチナ暫定自治協定(オスロ合意)**を結んだ。しかし，
1995年にラビン首相がユダヤ教急進派に暗殺され，再び対立が激化した。

② **アフガニスタン**…ソ連撤退後，武装勢力間の内戦がはじまり，多くの難民が
生まれた。1996年にイスラーム主義勢力の**ターリバーン**が政権を樹立し，各
地で**イスラーム復興運動**を進めた。

③ **クルド人問題**…トルコ・シリア・イラク・イランにまたがって居住する**クル
ド人**は，各国で少数民族の地位にある。独立運動が各地で展開されているが，
とくにトルコ政府が厳しく取り締まっている。

④ **カシミール問題**…インドとパキスタンの国境に広がる**カシミール地方**の帰属
問題も解決していない。また，中国とインドも国境紛争を抱えている。

⑤ **解決した紛争**…イギリスでは**北アイルランド紛争**が1998年に収束した。イン
ドネシアは分離独立をめざしていたアチェ州と2005年に和解した。スリラン
カでも，多数派のシンハラ系(仏教徒中心)と少数派のタミル系(ヒンドゥー
教徒中心)の内戦が2009年に終結した。

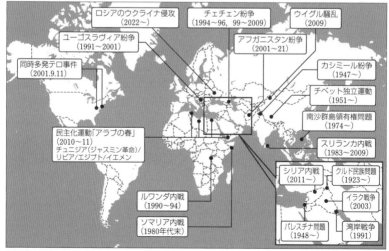

▲現代のおもな紛争・テロ

99. グローバル化する現代

入試重要度 B

01　同時多発テロと対テロ戦争　★★

① **同時多発テロ**…アメリカで2001年9月11日，**イスラーム急進派❶**による**同時多発テロ事件**がおこった。ブッシュ(子)大統領は実行犯とみなした**アル=カーイダ**を保護しているとして，アフガニスタンの**ターリバーン**政権を攻撃した。この**対テロ戦争**によってターリバーン政権は倒れ，アフガニスタンには国連主導の暫定自治政権が成立した。しかし，2021年にターリバーンが政権を奪い返した。

② **イラク戦争**…アメリカはさらに2003年3月，大量破壊兵器を保有しているとしてイギリスなどと共同でイラクを攻撃し，サダム=フセイン政権を倒した(**イラク戦争**)。日本は復興支援のため，自衛隊を現地に派遣した。

ソ連のアフガニスタン侵攻(1979〜89)
イスラーム武装勢力(ムジャーヒディーン)を支援
→のちの急進派台頭の要因

イラン=イラク戦争(1980〜88)
イラクを軍事支援→軍事大国化

湾岸戦争(1991)
多国籍軍でイラクを攻撃
→戦後もアメリカ軍が駐留

パレスチナ問題(1948〜)への対処
イスラエルに親和的
↓　アラブの不満拡大
イスラーム急進派組織が反発
↓
同時多発テロ事件(2001)

▲紛争などへのアメリカの関与

③ 「**アラブの春**」…2010年末に**チュニジア**ではじまった民主化運動が周辺国に波及し，中東各国の独裁政権が倒れた(「**アラブの春**」)。チュニジアでは民主化が進んだが，エジプトではその後軍政が復活した。また，シリアは内戦状態になり，過激派組織「IS(イスラム国)」によるテロ事件も頻発した。

02　多極化と国際協力　★★

① **多極化する世界**…**グローバル化**が進む21世紀，アメリカは対テロ戦争やイラク戦争，国際金融危機による財政悪化などで，世界の指導的な地位を低下させた。中国の台頭もあり，今日の世界は**多極化**へと向かっている。

② **アメリカの現在**…2009年に非白人系初の大統領となった民主党の**オバマ**は経済を立て直し，社会保障の整備にも取りかかったが，社会格差を解消することはできなかった。2017年には自国優先や移民制限を掲げた共和党の**トランプ**が，21年には民主党のバイデンが大統領になった。

❶ [**イスラーム急進派**]　イスラーム教の教えにもとづく国家建設をめざす考え(イスラーム主義)を原理として主張する一派。アル=カーイダは，暴力・テロで主張を実現させようとした。

③ **中国の現在**…2010年，中国は米国に次ぐ世界第2の経済大国になった。2012年に総書記に就任した**習近平**は言論統制と自身への権力集中を強化し，22年には異例の3期目に突入した。アジア・欧州・アフリカにまたがる経済圏（**一帯一路**）構想を打ち出すとともに海洋進出を強め，近隣諸国との間に摩擦を生んでいる。

▲警備が強化された天安門広場

④ **ロシアの現在**…2000年に大統領に選出された**プーチン**は中央集権体制を確立した。経済を好転させ，ロシアを **BRICS** の一員に成長させたが，石油・天然ガス依存の経済構造から脱却できていない。2014年にウクライナの**クリミア半島**を併合し，22年にはウクライナ本土に軍事侵攻した。

⑤ **欧州の現在**…EU域内では経済格差が顕著になり，2011年にはギリシアなど南欧諸国で財政危機が深刻化した。2015年以降は，シリア内戦による**移民・難民**が増加し，移民排斥などで国民の支持を集める**ポピュリズム**の手法をとる政党が躍進している。2020年には，**イギリス**が EU から離脱した。

⑥ **グローバル化の課題**…人口問題，経済格差の是正，紛争解決，核軍縮，環境保全，地球温暖化対策，感染症・災害対策など，**国際的な協力**が必要になっている。地域紛争後の**平和維持活動（PKO）**をはじめ，国連の役割が増しているが，**非政府組織（NGO）**や自治体の協力も求められている。

03 現代文明の諸相 ★★

① **科学技術の進歩**…20世紀初め，**アインシュタイン**が2つの相対性理論を発表し，原爆・**原子力発電**の開発に結びついた。**宇宙開発**では，1957年にソ連が人工衛星スプートニク1号の打ち上げに成功，69年にアメリカがアポロ11号の月面着陸を実現させた。1990年代，**インターネット**の普及にともなって**情報技術（IT）革命**がおこり，2010年代には人工知能（AI）の開発が進展した。

② **思想・文化**…**合理主義**が主流の中，ニーチェの実存主義，デューイの**プラグマティズム**，フロイトの**精神分析学**なども影響力をもった。絵画では**ピカソ**の立体派，シュルレアリスムが登場。1970年代以降，**ポスト＝モダニズム**や**文化多元主義**が提唱され，近年は**ポップ＝カルチャー**が人気を集めている。

③ **女性の平等化**…第一次世界大戦中，いくつかの国で女性参政権が導入され，1960〜70年代以降は女性解放運動が高揚し，**フェミニズム**理論も活発になった。社会や文化の中でつくられた性（**ジェンダー**）への理解も深まっている。

通史編

第1章 諸地域の歴史的特質

第2章 諸地域の交流・再編

第3章 諸地域の結合・変容

第4章 地球世界の課題

テーマ史編

✎ CHECK TEST

□① アメリカでは1950〜60年代，原子力・兵器などの分野で，軍部と軍需企業が癒着し，「□□□□」が形成された。　　**軍産複合体**

□② 西ドイツは1949年に成立した□□□政権のもとで，「経済の奇跡」とよばれる経済成長をとげた。　　**アデナウアー**

□③ ソ連の指導者フルシチョフは1956年に□a□批判をおこない，□b□を解散した。　　**a スターリン　b コミンフォルム**

□④ 1954年，中国の□a□首相とインドの□b□首相によって平和五原則が発表された。　　**a 周恩来　b ネルー**

□⑤ 1956年，エジプトのナセルは□□□の国有化を宣言した。　　**スエズ運河**

□⑥ 1957年，エンクルマ（ンクルマ）の指導で□□□が独立した。　　**ガーナ**

□⑦ 1959年，□□□とゲバラはキューバ革命をおこした。　　**カストロ**

□⑧ アメリカ大統領□□□はニューフロンティア政策を掲げた。　　**ケネディ**

□⑨ 北ベトナム軍と□□□がサイゴンを占領した翌年の1976年，ベトナム社会主義共和国が成立した。　　**南ベトナム解放民族戦線**

□⑩ 中国では□a□が1958年から「大躍進」運動を，66年からプロレタリア□b□を展開した。　　**a 毛沢東　b 文化大革命**

□⑪ 韓国は1960年代，軍出身の□□□大統領のもとで，「漢江の奇跡」とよばれる経済成長を成しとげた。　　**朴正煕**

□⑫ イギリスでは，1979年に首相になった□a□が新自由主義的な政策を打ち出し，「□b□政府」への転換をはかった。　　**a サッチャー　b 小さな**

□⑬ イランでは1979年，宗教学者の□□□が革命をおこした。　　**ホメイニ**

□⑭ ソ連では1985年，□a□が新しい指導者になり，□b□（建て直し）をスローガンに掲げた。　　**a ゴルバチョフ　b ペレストロイカ**

□⑮ 中国では1989年，民衆の民主化要求運動を政府が武力で弾圧する□□□がおこり，国際社会から非難された。　　**天安門事件**

□⑯ 東欧革命の最中，1989年に米ソの両首脳が□a□で会談をおこない，□b□の終結を宣言した。　　**a マルタ（島）　b 冷戦**

□⑰ 北朝鮮では，1994年に金日成が死去すると，子の□□□が指導者のあとを継いだ。　　**金正日**

□⑱ ベトナムは1986年から「□□□（刷新）」政策を掲げ，市場経済の導入をはかった。　　**ドイモイ**

通史編

第1章 諸地域の歴史的特質

第2章 諸地域の交流・再編

第3章 諸地域の結合・変容

第4章 地球世界の課題

テーマ史編

□⑲ 1995年，GATT にかわって_____(WTO)が発足した。 ： 世界貿易機関

□⑳ ティトーの死後，_____ではナショナリズムが台頭した。 ： ユーゴスラヴィア

□㉑ アフガニスタンでは1996年，_____が政権をにぎった。 ： ターリバーン

□㉒ 2010年末にチュニジアではじまり，中東諸国に波及した ： アラブの春
民主化運動を「_____」という。

□㉓ 2009年，非白人系初のアメリカ大統領になった_____は ： オバマ
社会保障の整備に努めた。

□㉔ 中国では2022年，_____体制が異例の3期目に突入した。 ： 習近平

□㉕ _____の2つの相対性理論は現代物理学への道をつけた。 ： アインシュタイン

✐ 思考力問題にTRY

✓中国の都市・農村人口の割合の推移を示したグラフについて説明した，次の文章中の
（ ① ）・（ ② ）にあてはまる語句の正しい組み合わせを，あとのア～エから1つ選べ。

【共通テスト－改】

中華人民共和国の成立直後，人口
のおよそ90％は農村に居住していた。
その後，農村人口の割合は徐々に下
がっていったが，（ ① ）に初めて
80％まで低下してからは，おおむね
80％台前半で維持された。ただ，
（ ② ）の後に，「四つの現代化」や
改革・開放政策が開始されるように
なると，農村人口の割合が再度低下
するようになった。

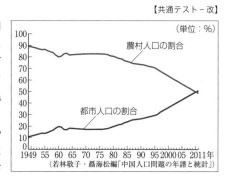

（単位：%）

農人口の割合

都市人口の割合

1949 55 60 65 70 75 80 85 90 95 2000 05 2011年
（若林敬子・聶海松編「中国人口問題の年譜と統計」）

　ア ①朝鮮戦争の休戦前　　②文化大革命の終結

　イ ①朝鮮戦争の休戦前　　②香港の中国への返還

　ウ ①大躍進政策の開始後　②文化大革命の終結

　エ ①大躍進政策の開始後　②香港の中国への返還

解説 ①初めて80％まで低下したのは，1960年。その直前の1958年から，毛沢東は社
会主義にもとづく「大躍進」運動をはじめた。②「四つの現代化」や改革・開放政策の開
始は1978年のこと。毛沢東によるプロレタリア文化大革命が終わり，復権した鄧小平
が市場経済の導入を進めた。これによって，沿岸部を中心に工業が発展し，農村から
沿岸部の都市への移住や出かせぎ労働者（農民工）が増加していった。

解答 ウ

　フランスで**ドレフュス事件**がおこり，東アジアで**日清戦争**がはじまった1894年，**近代オリンピック**の開催が決まった。教育者**クーベルタン男爵**が古代アテネで開かれていたスポーツ競技大会の復興をよびかけ，20か国の賛同を取りつけたのである。クーベルタンは，オリンピックに何を求めたのだろうか？

▶ 青少年教育のため

　ピエール=ド=クーベルタンは1863年，フランスの貴族の家に生まれた。青少年期，フランスは**ドイツ=フランス戦争**に敗れ，ナポレオン3世の**第二帝政**が崩壊（→p.141）。国内は沈滞ムードに包まれていた。

　教育者をめざしていたクーベルタンは，イギリスのパブリック・スクールの視察に向かった。そこでラグビーに汗を流す若者の姿に感銘をうけ，**教育にスポーツを取り入れよう**と考えたのである。肉体の鍛錬だけでなく，フェアプレイ精神や連帯意識なども育んでいたからだった。また当時，**オリンピア遺跡**の発掘がはじまり，ヨーロッパでは古代ギリシアへの関心が高まっていた。これらに触発されたのである。

▲ピエール=ド=クーベルタン

▶ 世界平和に結びつけるため

　1896年，**アテネ**で**第1回近代オリンピック**が開催された。参加国は14か国にとどまったが，開会式に5万人もの観客がおしよせるなど，大きな注目を集めた。8競技43種目が実施されたが，金メダルの授与もなく（1位は賞状），参加者数・結果などの詳細も残っていない。

　クーベルタンがめざしていたのは，青少年の教育だけではなかった。**五大陸からの参加者を集めることで，世界平和に結びつけよう**と考えていたのである。その理念は，彼の言葉「オリンピックで重要なのは勝つことではなく，**参加すること**だ」に集約されている。

　クーベルタンは五大陸の強い結束への願いをこめて，5色を配したオリンピックのシン

▲五輪モニュメント

ボルマーク「五輪」もデザインした。ただし、ある色が１つの大陸を表しているというわけではない。クーベルタンは、「青・黄・黒・緑・赤に地色の白を加えると、世界の国旗のほとんどを描くことができる」という言葉を残している。

▶ 平和の祭典からプロパガンダの舞台に

　４年ごとに開催されたオリンピック大会は、多くの国に認知されるようになり、日本も1912年の**第５回ストックホルム大会**に初めて選手団を送った。第６回ベルリン大会は、**第一次世界大戦**のため中止に追いこまれたが、1920年の第７回アントワープ大会は、史上最多の29か国2668人の選手を集めた。クーベルタンがめざしていた「平和の祭典」という理念が浸透していたのである。

　しかし、1936年に開催された**第11回ベルリン大会**は、ドイツの国威高揚と政権プロパガンダの舞台となった。８月１日、高らかに開会宣言をしたのは、**ナチスのヒトラー**だった。およそ５か月前、日本では、**二・二六事件**がおこっている。次の第12回大会は東京が開催地として予定されていたが、「幻の大会」となった。**日中戦争**が長期化したため、開催地返上を余儀なくされたのである。

▲第11回ベルリン大会開会式のようす
（前列中央がヒトラー）

▶ 政治と無縁ではない？　ゆれる五輪

　第二次世界大戦後も、オリンピックは国際情勢に翻弄された。1972年の**第20回ミュンヘン大会**では、イスラエル選手11名がパレスチナの武装組織に暗殺された。1980年の**第22回モスクワ大会**は、前年末に**ソ連がアフガニスタンに軍事侵攻**したことを理由に、アメリカを中心とする西側諸国やソ連と対立していた中国など数十か国がボイコットした。日本も５月24日、不参加を決め、この日はスポーツ界にとって「敗北の日」となった。次の**第23回ロサンゼルス大会**は、事実上の報復措置として、**ソ連を中心とする東側諸国がボイコット**した。

　21世紀になっても、オリンピックは国際情勢の風圧と縁を切れないでいる。2022年の**北京大会**（冬季）では、中国政府の少数民族（ウイグル族など）への人権弾圧に対し、アメリカやカナダ、イギリスなどが、公式の代表団（元首や政府高官など）の派遣を見合わせた。「**外交ボイコット**」という新たな湿った風が、五大陸の強い結束をあらわす「五輪」の旗をゆるがしたのである。

通史編

第１章 諸地域の歴史的特質

第２章 諸地域の交流・再編

第３章 諸地域の結合・変容

第４章 地球世界の課題

テーマ史編

ヨーロッパの緊張緩和

Q 1975年，ヘルシンキでヨーロッパ諸国33か国とアメリカ，カナダを合わせた35か国が参加した全欧安全保障協力会議が開催された。最終日に採択されたヘルシンキ宣言では，国家主権の尊重，国境の不可侵，人権と基本的諸自由の尊重などの十原則が掲げられた。この会議が開催された背景にある，1970年代前半のヨーロッパの国家間関係の変化について，説明せよ。　【慶應大】

―――――――――――――| 解説 |――――――――――――――

① ブラント首相の東方外交

1969年，西ドイツ（ドイツ連邦共和国）で社会民主党を中心とする連立政権が誕生し，**ブラント**が首相に就任した。ブラントは東側諸国との関係改善に乗り出し，積極的に**東方外交**を進めた。

右の写真は，ブラント首相がポーランドのワルシャワ＝ゲットー跡

▲謝罪する西ドイツのブラント首相

地の記念碑の前でひざまずき，ナチス＝ドイツの残虐行為を犠牲者に謝罪するようすを写したものである。第二次世界大戦中，ここのゲットー（ユダヤ人隔離居住区）などに閉じ込められた数十万のユダヤ人がナチス＝ドイツに連行され，強制収容所に送られた。ブラント首相は謝罪なくして，東欧諸国との関係改善は実現できないと考えたのである。

② 緊張緩和（デタント）の促進

ブラント首相らによって**緊張緩和（デタント）**の道が開けると，米・ソも歩み寄り，1972年に米・英・仏・ソの4国がベルリンの現状維持協定を結んだ。同年末，**東西両ドイツの相互承認**が実現すると，これらの動きに欧米の多くの国も歩調を合わせ，ヘルシンキ宣言へとつながったのである。

A 西ドイツのブラント首相がソ連・東欧諸国との関係改善をはかる東方外交をはじめ，1970年にポーランドと国交正常化条約を結んだ。1972年には東西ドイツが互いに承認し合い，翌年には同時に国際連合への加盟を果たすなど，ヨーロッパではドイツを軸に緊張緩和の動きが進んでいた。

中国の内政・外交の推移

Q 1949年から1970年代までの中国における国内政治と対外関係(アメリカ及びソ連)の展開について，次の語句を用いて400字以内で説明せよ。なお，使用した語句には下線を引くこと。

〔語句〕 人民公社　大躍進　中ソ対立
　　　　プロレタリア文化大革命　米中国交樹立　　　　【信州大】

─────────────┤ 解 説 ├─────────────

① 中ソ関係の推移

1949年に**毛沢東**が中華人民共和国の建国を宣言すると，翌年，中国はソ連と**中ソ友好同盟相互援助条約**を結び，社会主義圏に属する姿勢を示した。しかし，1956年にソ連の最高指導者である**フルシチョフ**が**スターリン批判**をおこない，西側諸国との**平和共存**を打ち出すと，毛沢東はこれを厳しく批判。その後，中ソの論争がはじまり，60年代前半に**中ソ対立**として表面化した。

② 米中関係の推移

中ソ対立が激化する中，国際的孤立と 1966年にはじまった**プロレタリア文化大革命**による混乱で苦しんでいた中国は，**ベトナム戦争**で国際的威信を失っていたアメリカに接近した。1972年に**ニクソン**大統領は中国を訪問し，79年には**米中国交正常化**が実現した。米中接近は日本にも大きな影響を与え，1972年の日中国交正常化につながった。

A 1949年に成立した中華人民共和国は，翌年に中ソ友好同盟相互援助条約を結び，社会主義陣営に属する姿勢を示したが，アメリカは中華民国を正式代表と認め，対立した。1956年にソ連が西側との平和共存を掲げると毛沢東は反発し，ソ連を批判した。両国間の論争は1960年代前半に<u>中ソ対立</u>として表面化した。このような状況で毛沢東は1958年に<u>大躍進</u>運動をはじめ，農村に<u>人民公社</u>を設立させたが，運動は失敗し，劉少奇らが計画経済を緩和した。その後，1966年に毛沢東は<u>プロレタリア文化大革命</u>を呼びかけ，劉少奇らへの権力闘争を展開し，劉らを失脚させた。当時，中ソ対立が激化し，国際的に孤立していた中国は，ベトナム戦争が長期化していたアメリカに接近した。1971年に国連の代表権交替が実現し，翌年にはニクソン大統領が訪中した。文化大革命終了後，鄧小平が改革・開放路線を進める中，1979年に<u>米中国交樹立</u>が実現した。　（396字）

1 | 中国史 ①

入試重要度 ▶ A

前6000頃	黄河・長江の流域で中華文明がおこる
前16c頃	殷がおこる
前 11c	周による封建制統治
前 770	**春秋時代・戦国時代**
	★諸子百家の登場
前 221	始皇帝が秦を建国
前 209	陳勝・呉広の農民反乱（〜前208）
前 202	高祖（劉邦）が前漢を建国
前 154	呉楚七国の乱がおこる
前 139	武帝が張騫を大月氏に派遣
8	王莽が新を建国（〜23）
18	赤眉の乱（〜27）
25	光武帝が後漢を建国
73	班超が西域へ派遣される
166, 169	党錮の禁
184	黄巾の乱
220	後漢が滅び，**魏・呉・蜀**の**3国が分立する（三国時代）**
265	司馬炎が晋（西晋）を建国
290	八王の乱（〜306）
304	**五胡十六国時代**（〜439）
311	永嘉の乱（〜316）
317	東晋建国
420	江南に宋成立（南朝）
439	北魏が華北統一（北朝）
	★南北朝時代
523	六鎮の乱（〜530）

1 春秋・戦国時代

戦国時代の紀元前4世紀末，有力な「**戦国の七雄**」による抗争の時代が続いた。

2 始皇帝

▲焚書・坑儒のようす

始皇帝は**焚書・坑儒**による思想統制をおこない，権力の絶対化をはかった。

3 南北朝時代の変遷

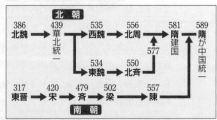

三国時代から南朝・北朝までの動乱期は，**魏晋南北朝時代**と称される。

581	楊堅（文帝）が隋を建国
589	隋が中国統一
612	隋の煬帝が高句麗遠征開始
618	李淵（高祖）が唐を建国
	★李世民（太宗）の貞観の治
690	武則天（則天武后）が帝位につく
712	玄宗の開元の治
	★均田制・租調庸制崩壊
751	タラス河畔の戦い
755	安史の乱（～763）
780	両税法を施行
875	黄巣の乱（～884）
907	唐が滅び、五代十国時代へ
960	趙匡胤が宋（北宋）を建国
1069	王安石が新法を施行
1126	靖康の変がおこる（～27）
1127	南宋建国
1271	クビライが元（大元）を建国
1279	元が中国統一
1351	紅巾の乱（～66）
1368	朱元璋（洪武帝）が明を建国
1399	靖難の役（～1402）
1402	永楽帝即位
1405	鄭和の南海諸国遠征開始
1449	土木の変
1572	張居正の改革（～82）
1616	女真のヌルハチがアイシン（金〔後金〕）を建国
1636	ホンタイジ（太宗）がアイシンを清と改称する
1644	李自成が北京を占領し、明が滅亡する

4 唐の対外政策

唐は中華思想にもとづく国際秩序を示すため、**冊封体制**をとった。

5 王安石の新法

富国策	均輸法…大商人の中間搾取を廃し、物資の円滑な流通をはかる。
	青苗法…農民を高利貸から救済。
	市易法…中小商人を大商人や高利貸から保護。
	募役法…農民の役務負担を軽減し、農民の没落を防止。
強兵策	保甲法…軍事力強化とともに民兵養成。
	保馬法…軍馬の常時確保。

6 元（大元）とモンゴル帝国

7 土木の変後の長城修復

▲万里の長城

オイラト部のエセン＝ハンによる**土木の変**の後、北方民族の侵入に備えて**万里の長城**が修復された。**北虜南倭**が明の衰退の一因となった。

通史編

第1章 諸地域の歴史的特質

第2章 諸地域の交流・再編

第3章 諸地域の結合・変容

第4章 地球世界の課題

テーマ史編

2 | 中国史 ②

入試重要度 ▶ A

1 清朝前期の皇帝

▲康熙帝　　▲雍正帝　　▲乾隆帝

2 地丁銀制の広まり

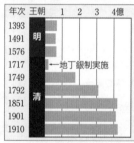

年次	王朝	1	2	3	4億
1393	明				
1491					
1576					
1717		←地丁銀制実施			
1749					
1792	清				
1851					
1901					
1910					

▲明・清時代の人口推移

地丁銀制の採用で,人口動態が明らかになった。大規模な土地開発と食料増産により,清代に人口が急増した。

3 乾隆帝時代の最大版図

モンゴル
新疆　北京●
回部　青海　　朝鮮
　　チベット　　　　日本
デリー●　　　　　　琉球
　　　　ビルマ　　台湾
ムガル帝国
　　　　タイベトナム
　　　　カンボジア

清の直轄領　清への朝貢国
清の藩部

▲清の領域

東トルキスタンを新疆とし,モンゴル・チベット・青海とともに藩部として理藩院が統括した。

4 アヘンの密貿易

清
茶・絹　　　　アヘン
イギリス　　インド
　　　　綿織物

▲三角貿易(19世紀)

三角貿易でアヘンの密貿易が増えたため,清はアヘンの取り締まりにあたった。

5 列強の中国進出

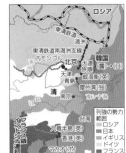

日清戦争後，列強は中国の利権獲得に乗り出し，ドイツの膠州湾租借をきっかけに勢力範囲を定めていった。

6 戊戌の政変

▲康有為　　▲西太后

康有為らが戊戌の変法で改革を実施したが，**西太后**の弾圧により挫折した。

7 辛亥革命

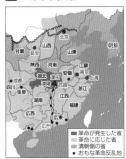

■ 革命が発生した省
■ 革命に応じた省
■ 清朝側の省
● おもな革命反乱地

武昌蜂起をきっかけに辛亥革命がおこり，**孫文**が中華民国の臨時大総統になった。1912年の**宣統帝（溥儀）**の退位により，清の帝政は終わった。

8 プロレタリア文化大革命

毛沢東が復権をねらってはじめた権力闘争で，**劉少奇・鄧小平**らが追放され，国内は大混乱となった。

3 | 朝鮮半島史

前190頃	衛氏朝鮮建国
前108	漢の武帝が楽浪郡など設置
前1c頃	高句麗建国
3c頃	馬韓・辰韓・弁韓分立
313	高句麗，楽浪郡を滅ぼす
4c半ば	百済成立
4c半ば	新羅成立
	★高句麗に仏教伝来
	★百済に仏教伝来
391	高句麗，広開土王即位
5c	高句麗，平壌遷都
	★新羅で骨品制確立
6c	百済，仏教を日本に伝える
7c	高句麗，隋軍の侵入を撃退
660	新羅・唐の連合軍が百済を滅ぼす
663	白村江の戦い
668	新羅・唐の連合軍が高句麗を滅ぼす
676	新羅が朝鮮半島統一
698	大祚栄が渤海建国(～926)
918	王建が高麗建国
936	高麗が朝鮮統一
	★高麗青磁がつくられる
1258	高麗，モンゴルに服属
1274	元，高麗を従えて日本侵攻(文永の役)
1281	元，再度高麗を従えて日本侵攻(弘安の役)
1392	李成桂が朝鮮王朝を建てる

1 広開土王

広開土王は，高句麗の最盛期を築いた。その業績をたたえた石碑が丸都(現在の中国吉林省)に建立された。

◀朝鮮半島(5世紀)

2 7～8世紀の朝鮮半島

新羅は，唐と連合して高句麗を滅ぼした後，唐をしりぞけて朝鮮を統一した。新羅の社会は，氏族的な身分制度である骨品制を基盤とした。

◀朝鮮半島(8世紀後半)

3 高麗青磁

高麗青磁は，宋磁の製法に学び，12世紀には独自の技術を確立し，「美の極致」といわれた。

4 元の日本侵攻(元寇)のようす

上は文永の役の戦いの一場面で，元軍の火器「てつはう」が爆発しているようすが描かれている。

通史編

第1章 諸地域の歴史的特質

第2章 諸地域の交流・再編

第3章 諸地域の結合・変容

第4章 地球世界の課題

テーマ史編

1446	朝鮮の国字として**訓民正音**（ハングル）制定
	★**両班**の党争がはじまる
1592	壬申の倭乱（文禄の役）
1597	丁酉の倭乱（慶長の役）
	★朝鮮水軍の活躍（**亀甲船**）
1637	清への服属
1811	洪景来の乱（～12）
1860頃	崔済愚，東学を創始
	★各地で農民反乱が発生
1875	江華島事件がおこる
1876	日朝修好条規で開国
1882	壬午軍乱がおこる
1884	甲申事変がおこる
1894	東学の乱（**甲午農民戦争**）がおこる
1897	国号を大韓帝国と改称
1904	第1次日韓協約成立
1909	安重根，伊藤博文を暗殺
1910	日本による韓国併合
1919	**三・一独立運動**
1948	大韓民国（李承晩大統領）・朝鮮民主主義人民共和国（金日成首相）が成立
1950	朝鮮戦争がおこる（～53）
1953	板門店で休戦協定に調印
1961	朴正熙の軍事クーデタ
1965	**日韓基本条約**調印
1991	韓国・北朝鮮，国連同時加盟
1998	韓国，金大中が大統領就任
2000	韓国・北朝鮮首脳会談
2006	北朝鮮，核実験

5 訓民正音（ハングル）

李朝の4代世宗のとき，訓民正音の制定や金属活字による出版などの文化事業がおこなわれた。

◀ハングルを使った書物

6 亀甲船

亀甲船は**李舜臣**が率いた軍船で，船上が厚い板と刀で覆われ，日本軍を苦しめた。

7 三・一独立運動

独立への要求からソウルではじまった「独立万歳」をさけぶデモが全国に広がった。日本は軍隊を動員して鎮圧し，その後，文化政治とよばれる同化政策に転換した。

8 朝鮮戦争

北朝鮮軍の侵攻からはじまり，国連軍が派遣されると，中国も人民義勇軍を派遣した。これを機に，東西対立がアジア・太平洋地域にも広がった。

4 | 中央ユーラシア史

入試重要度 ▶ B

1 前7～後4世紀ごろ

①**スキタイ**…黒海北岸を支配した史料上最初の遊牧国家。

②**匈奴（前3世紀末～1世紀）**

モンゴル高原の騎馬遊牧民族。冒頓単于が全盛期を築いた（→**①**）。漢の武帝の攻撃と内紛で分裂し，衰退した。

❶ 前2世紀ごろの中央ユーラシア

③**バクトリア（前255ころ～前145ころ）**…アム川上流域にギリシア人の子孫が建国。

④**大月氏（前140ころ～1世紀）**…匈奴・烏孫に追われてアム川上流で建国し，さらにバクトリア地方に移った。

⑤**鮮卑**…匈奴の分裂後のモンゴルを支配。のちに拓跋氏が北魏を建国した。

2 5～6世紀ごろ

①**エフタル**…中央ユーラシアで活躍した騎馬遊牧民族（→**②**）。**サ サン朝**に侵入したが，6世紀後半に突厥とササン朝の**ホス ロー1世**に挟撃されて滅亡した。

②**柔然**…鮮卑のあと，モンゴル高原で強大化したが，突厥に滅ぼされた。

❷ 5世紀ごろの中央ユーラシア

3 6～8世紀ごろ

①**突厥（552～745）**…トルコ系騎馬遊牧民の大帝国（→**③**）。エフタルを制圧し，**絹馬貿易**で栄えたが，583年東西に分裂した。

②**東突厥**…モンゴル高原東部を支配したがウイグルに滅ぼされた。

③**西突厥**…中央アジアを支配したが内紛で分裂し，唐に服属した。

❸ 6世紀末ごろの中央ユーラシア

通史編

第1章 諸地域の歴史的特質

第2章 諸地域の交流・再編

第3章 諸地域の結合・変容

第4章 地球世界の課題

テーマ史編

4 8〜9世紀ごろ

① **ウイグル**（744〜840）…トルコ系騎馬遊牧民で，東突厥を滅ぼして建国した（→❹）。キルギスの侵入により滅亡。マニ教を信仰し，ウイグル文字を使用した。

❹ 8世紀ごろの中央ユーラシア

② **ソグド人**…ソグディアナのイラン系民族。古くから東西交易で活躍し，多くのオアシス都市を建設した。

5 9〜12世紀ごろ

① **サーマーン朝**（875〜999）イラン系イスラーム王朝。東西貿易で繁栄した。

② **カラハン朝**…10世紀中ごろ〜12世紀中ごろ，中央アジアを支配したトルコ系最初のイスラーム王朝（→❺）。のちにトル

❺ 11世ごろの中央ユーラシア

キスタンとよばれる地域のイスラーム化を促進した。

③ **キタイ（遼）**（916〜1125）…キタイ（契丹）人の**耶律阿保機（太祖）**が東モンゴルに建国。**契丹文字**を制定し，仏教を奨励した。金に滅ぼされた。

④ **カラキタイ（西遼，1132〜1211）**…耶律大石が中央アジアに建国した。

6 13〜15世紀ごろ

① **ハン国**…13世紀半ば，中央ユーラシア西部に**キプチャク=ハン国**（ジョチ=ウルス），14世紀初頭，中央アジアに**チャガタイ=ハン国**（チャガタイ=ウルス）が成立した。

② **ティムール朝（1370〜1507）**…中央アジアに**ティムール**が建国した（→❻）。**サマルカンド**を中心にトルコ=イスラーム文化が栄えた。

❻ ティムール朝の支配領域

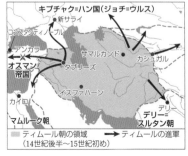

■ ティムール朝の領域　➡ ティムールの進軍
（14世紀後半〜15世紀初め）

247

5 | 東南アジア史

入試重要度 ▶ B

前4c	ベトナム, ドンソン文化
1c末	メコン川下流に**扶南**建国
2c末	ベトナム中部にチャンパー成立（〜17c）
★4〜6c	ヒンドゥー教・仏教などのインド文化が広まる
6c	**カンボジア**成立
7c	スマトラに**シュリーヴィジャヤ**成立
8c	ジャワに**シャイレンドラ朝**や**マタラム朝**成立
8〜9c	**ボロブドゥール**建造
1009	**李朝**（ベトナム）成立, のちに**大越**（ダイベト）と称す
1044	**パガン朝**（ビルマ）成立
12c	**アンコール=ワット**建立
1225	大越に**陳朝**成立
1257	**スコータイ朝**（タイ）成立
1293	**マジャパヒト王国**（ジャワ）成立
★	**イスラーム教**が伝来する
1351	**アユタヤ朝**（タイ）成立
14c末	**マラッカ王国**成立
1428	大越に**黎朝**成立
1511	ポルトガルがマラッカ占領
1531	**タウングー朝**（ビルマ）成立
1571	スペインがマニラ建設
1595	オランダ人, ジャワ到達
1619	オランダがバタヴィア建設
1623	**アンボイナ事件**

1 ボロブドゥールの大乗仏教遺跡

8〜9世紀に**シャイレンドラ朝**のもとで建立された。密教の宇宙観が表現されている。

2 アンコール=ワット

アンコール朝（カンボジア）を代表する遺跡。ヒンドゥー寺院として建てられ, 14世紀に仏教寺院に転じた。

3 アユタヤ朝

アユタヤ朝はスコータイ朝を併合して成立。特産品交易で繁栄し約400年続いた。

◀アユタヤ遺跡

4 マラッカ王国とイスラーム教の伝播

マラッカ王国は中国から西方への交易の中継拠点となる**港市国家**で, イスラーム布教の中心でもあった。

5 タイの独立維持

チュラロンコン(ラーマ5世)は, 近代化政策を推進した。タイは, 当時の東南アジアで唯一独立を維持した。

◀チュラロンコン

6 東南アジアの植民地化

19世紀, オランダはインドネシア全域に植民地支配を広げ, イギリス・フランスはインドシナ・マレー両半島で植民地化を進めた。

7 東南アジア諸国連合(ASEAN)

ASEANは東南アジアの10か国が参加し, 平和維持の面でも重要な役割を果たしている。

8 民主化の進展

1960年代半ば以降, 各国で**開発独裁**といわれる独裁体制の長期政権が続いたが, 80年代後半から, 複数政党制や民主化が進展した。

▲アウン=サン=スー=チー
(ミャンマーの民主化運動の指導者)

通史編

第1章 諸地域の歴史的特質

第2章 諸地域の交流・再編

第3章 諸地域の結合・変容

第4章 地球世界の課題

テーマ史編

6 | 南アジア史

入試重要度 ▶ A

年代	できごと
前2600頃	インダス文明がおこる
前1500頃	アーリヤ人，西北インドに進入→ヴェーダ時代
前1000頃	アーリヤ人，ガンジス川流域に進出
	★バラモン教が発達
	★コーサラ国・マガダ国繁栄
前6c	仏教・ジャイナ教の成立
前317頃	マウリヤ朝成立（〜前180頃）
前268頃	アショーカ王，インド統一
	★ヒンドゥー教の成立
1c	クシャーナ朝成立（〜3c）
	★サータヴァーハナ朝繁栄
130頃	カニシカ王即位
	★ガンダーラ美術が栄える
320頃	グプタ朝成立（〜550頃）
	★グプタ美術が栄える
376頃	チャンドラグプタ2世即位
	★東晋の僧の法顕が来訪
606	ハルシャ王，ヴァルダナ朝をおこす
	★唐僧の玄奘が来訪
10c末	ガズナ朝の侵入激化
1187	ゴール朝がガズナ朝を滅ぼす
1206	アイバクが奴隷王朝を建国
	★デリー=スルタン朝の成立
1498	ヴァスコ=ダ=ガマがカリカット到達
1510	ポルトガルがゴア占領

1 バラモン教のヴァルナ制

◀ヴァルナ制

アーリヤ人が**ヴァルナ制**を生みだし，**ジャーティ**と結びついて**カースト**制が成立した。

2 サータヴァーハナ朝と「海の道」

サータヴァーハナ朝（前1c〜後3c）領内の，ローマと漢とを結ぶ中継港では，「**海の道**」を利用した海上交易が活発におこなわれた。

3 グプタ美術のアジャンター石窟寺院

大小の石窟が並び，多数の壁画彫刻が残る，純インド風のグプタ美術である。

4 デリー=スルタン朝の変遷

年代	王朝	系統
1206	奴隷王朝	（トルコ系）
	※アイバク（ゴール朝将軍）が建国	
1290	ハルジー朝	（トルコ系）
1320	トゥグルク朝	（トルコ系）
1414	サイイド朝	（トルコ系）
1451	ロディー朝	（アフガン系）

デリー=スルタン朝は，奴隷王朝を含む5つのイスラーム王朝を合わせた呼称。

通史編

第1章 諸地域の歴史的特質

第2章 諸地域の交流・再編

第3章 諸地域の結合・変容

第4章 地球世界の課題

テーマ史編

5 アウラングゼーブ帝

ムガル帝国の最大版図を実現。**人頭税（ジズヤ）**の復活などで異教徒を弾圧したため，諸勢力が離反した。

◀晩年のアウラングゼーブ帝

6 イギリスのインド植民地化

イギリスは4次にわたる**マイソール戦争**，3次にわたる**マラーター戦争**，2次にわたる**シク戦争**でそれぞれ勝利をおさめ，インドのほぼ全域を植民地化した。

◀18〜19世紀前半のインド

7 インド帝国の成立を示す風刺画

1877年，イギリスの**ヴィクトリア女王**がインド皇帝を兼任して成立した。インド帝国は1947年のインド独立まで存続した。

▲ヴィクトリア女王（右）にインド帝国の帝冠を渡すディズレーリ（左）

8 カルカッタ大会4綱領

- 英貨排斥
- スワデーシ（国産品愛用）
- スワラージ（自治獲得）
- 民族教育

イギリスのベンガル分割令に対して，**インド国民会議**は4綱領を採択し，反対運動を展開した。

7 | 西アジア史

入試重要度 ▶ A

1 ヒッタイト

ヒッタイトは，初めて鉄の製造を実用化し，**鉄製武器**を用いた。写真はヒッタイトの戦車。

2 アッシリアと4王国

3 3カリフの並立

アッバース朝，イベリア半島の後ウマイヤ朝，ファーティマ朝の3カリフが並立した。

4 イル=ハン国の領域

通史編

第1章 諸地域の歴史的特質

第2章 諸地域の交流・再編

第3章 諸地域の結合・変容

第4章 地球世界の課題

テーマ史編

1402	**アンカラの戦い**
1453	オスマン軍が**コンスタンティノープル**を占領し，ビザンツ帝国滅亡
1501	**サファヴィー朝**成立
1529	第1次ウィーン包囲
1538	プレヴェザの海戦
1571	**レパントの海戦**
1683	第2次ウィーン包囲
1796	**ガージャール朝**成立
1828	トルコマンチャーイ条約
1877	ロシア=トルコ戦争（～78）
1878	サン=ステファノ条約
1905	イランで**立憲革命**がおこる
1908	**青年トルコ革命**
1920	セーヴル条約
1922	**トルコ革命**
1923	トルコ，ローザンヌ条約調印→**トルコ共和国**成立
1925	**パフレヴィー朝**成立
1932	**サウジアラビア王国**成立
1948	**イスラエル**国成立→パレスチナ（第1次中東）戦争 ★第2次～4次中東戦争
1979	イラン=イスラーム革命→イラン=イスラーム共和国成立
1980	**イラン=イラク戦争**（～88）
1990	イラクがクウェート侵攻
1991	**湾岸戦争**
2003	**イラク戦争**
2010	**「アラブの春」**（～11）
2011	シリア内戦がおこる

5 コンスタンティノープル占領

▲オスマン艦隊の山越え

オスマン帝国の**メフメト2世**が，コンスタンティノープルを占領し，遷都した。以後，この都は**イスタンブル**と称される。

6 青年トルコ革命と立憲革命

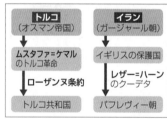

オスマン帝国	イラン
オスマン帝国（ミドハト）憲法停止	タバコ=ボイコット運動
↓	↓
青年トルコ革命	立憲革命

青年トルコ革命では，知識人や将校が**アブデュルハミト2世**の専制政治に対して蜂起し，**オスマン帝国憲法（ミドハト憲法）**を復活させた。

7 トルコ共和国とパフレヴィー朝

トルコ（オスマン帝国）	イラン（ガージャール朝）
↓	↓
ムスタファ=ケマルのトルコ革命	イギリスの保護国
↓	↓
ローザンヌ条約	レザー=ハーンのクーデタ
↓	↓
トルコ共和国	パフレヴィー朝

トルコ共和国では**ムスタファ=ケマル**（ケマル=アタテュルク）により，近代化が強力に推し進められた。

8 イラン=イスラーム革命

パフレヴィー2世の近代化路線に反対する革命運動で，反体制派の宗教学者**ホメイニ**が指導した。

8 | イギリス史

入試重要度 ▶ A

1016	デーン人の王クヌートがイングランド征服
1066	**ノルマン朝**成立
1154	ヘンリ2世が**プランタジネット朝**を開く
1209	ジョン王，ローマ教皇から破門される
1215	大憲章（**マグナ＝カルタ**）
1265	**シモン＝ド＝モンフォール**が身分制議会を開く
1295	模範議会招集
1339	**百年戦争**はじまる（～1453）
1381	ワット＝タイラーの乱
1455	バラ戦争はじまる（～85）
1485	**ヘンリ7世**が**テューダー朝**を開く
1534	**ヘンリ8世**が首長法を発布→**イギリス国教会**成立
1559	**エリザベス1世**が統一法を制定
1588	**無敵艦隊（アルマダ）**の海戦でスペインを破る
1600	東インド会社設立
1603	ジェームズ1世が**ステュアート朝**を開く
1628	権利の請願が可決される
1640	**イギリス革命**がはじまる
1651	航海法制定
1652	イギリス＝オランダ（英蘭）戦争がおこる

1 ノルマン人のイングランド征服

▲ノルマン人の移動経路（9～12世紀）

ノルマンディー公ウィリアムによるイングランド征服を，ノルマン＝コンクエストという。

2 百年戦争

▲15世紀のフランス

イギリスの**エドワード3世**がフランス王位継承権を主張して，百年戦争がはじまった。

3 エリザベス1世

イギリス絶対王政の最盛期を現出した女王。スペインに対抗し，イギリスの海外進出の基礎を築いた。

通史編

第1章 諸地域の歴史的特質

第2章 諸地域の交流・再編

第3章 諸地域の結合・変容

第4章 地球世界の課題

テーマ史編

4 権利の章典

権利の章典(一部抜粋)

1. 国王は, 王権により, 国会の承認なしに法律を停止し, または法律の執行を停止しうる権限があると称しているが, そのようなことは違法である。

2. 王権により, 法律を無視し, または法律の執行をしない権限があると称し, 最近このような権限を僭取し行使したが, そのようなことは違法である。

5 産業革命

	農業・漁業	鉱工業	商業・運輸	家内奉公	その他
1801年	35.9%	29.7	11.2	11.5	11.7
1821年	28.4%	38.4	12.1	12.7	8.4
1841年	22.2%	40.5	14.2	14.5	8.6
1861年	18.7%	43.6	16.6	14.3	6.8

0 10 20 30 40 50 60 70 80 90 100%

(「British Economic Growth 1688-1959」)

▲イギリスの職業構成の変化

6 ヴィクトリア女王時代の議会政治

	保守党	自由党
前身	トーリ党	ホイッグ党
支持層	地主・貴族	産業資本家・労働者
政策	・伝統制度維持 ・アイルランド自治に反対 ・保護貿易 ・植民地拡大	・自由主義的改革 ・アイルランド自治に賛成 ・自由貿易 ・植民地の自治容認
指導者	ディズレーリ (1804～81) ヴィクトリア女王をインド皇帝に即位させた。	グラッドストン (1809～98) 第3回選挙法改正を実現した。

7 サッチャー首相

新自由主義的な政策で経済再建につとめ, フォークランド戦争などで強硬路線をとったことから, 「鉄の女」の異名をとった。

9 | フランス史

入試重要度 ▶ A

1 カール大帝の戴冠

▲カール大帝の「西ローマ帝国」

カール大帝の戴冠によって，古代ギリシア・ローマの文化とキリスト教文化が融合し，**西ヨーロッパ中世世界**が生まれた。

2 メルセン条約

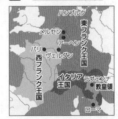

843年の **ヴェルダン条約** と870年のメルセン条約で，現在のドイツ・フランス・イタリアの領土の原形が形成された。

3 ルイ14世の対外侵略戦争

- 南ネーデルラント継承戦争(1667～68)
- オランダ戦争(1672～78)
- ファルツ(継承)戦争(1688～97)
- スペイン継承戦争(1701～14)

ルイ14世は「太陽王」とよばれ，**フランス絶対王政**の最盛期を築き，他国に対する多くの侵略戦争をおこなった。

4 バスティーユ牢獄襲撃

1789年，パリの民衆が圧政の象徴であったバスティーユ牢獄を襲撃した。その後，1792年の**国民公会**で共和政が宣言された。

▲バスティーユ牢獄の襲撃

5 第一帝政

ナポレオン=ボナパルトは，国民投票で圧倒的支持を得て皇帝に即位し，**ナポレオン1世**と称した。

◀ナポレオン=ボナパルト

6 ナポレオン3世の対外進出

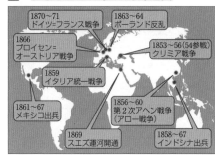

- 1870～71 ドイツ=フランス戦争
- 1863～64 ポーランド反乱
- 1866 プロイセン=オーストリア戦争
- 1853～56（54参戦）クリミア戦争
- 1859 イタリア統一戦争
- 1861～67 メキシコ出兵
- 1856～60 第2次アヘン戦争（アロー戦争）
- 1869 スエズ運河開通
- 1858～67 インドシナ出兵

ナポレオン3世は**ドイツ=フランス戦争**で敗れて捕虜となり，第二帝政は崩壊した。

7 ド=ゴール大統領

第二次世界大戦で**レジスタンス**のリーダーとして活躍。1958～69年には大統領として政権を担当し，アメリカとは距離をおく独自路線をとった。

通史編
第1章 諸地域の歴史的特質
第2章 諸地域の交流・再編
第3章 諸地域の結合・変容
第4章 地球世界の課題
テーマ史編

10 | ドイツ・オーストリア史 　入試重度 ▶ A

843	**東フランク王国成立**
911	東フランクのカロリング家断絶
962	東フランクの**オットー1世**が**ローマ皇帝位を与えられ，神聖ローマ帝国成立**
1077	**カノッサの屈辱**（くつじょく）
1190	ドイツ騎士団創設
1256	ドイツ，**大空位時代**（だいくうい）（～73）
1278	オーストリアがハプスブルク家の領土となる
1356	**カール4世**，金印勅書発布
1517	**ルター**の宗教改革はじまる
1524	ドイツ農民戦争（～25）
1529	**第1次ウィーン包囲**
1530	シュマルカルデン同盟
1555	**アウクスブルクの和議**
1618	**三十年戦争開始**（～48）
1648	**ウェストファリア条約**
1701	**プロイセン王国成立**
1740	**オーストリア継承戦争**（～48）
1756	**七年戦争**（～63）
1806	神聖ローマ帝国解体
1834	**ドイツ関税同盟発足**
1848	ドイツ・オーストリアで三月革命おこる
1866	プロイセン＝オーストリア戦争
1867	・北ドイツ連邦成立
	・オーストリア＝ハンガリー帝国成立
1870	ドイツ＝フランス戦争（～71）

1 カノッサの屈辱

神聖ローマ皇帝**ハインリヒ4世**が，教皇**グレゴリウス7世**による破門を解いてもらうため，カノッサ城に滞在中の教皇に許しをこうた。

2 プロイセンの形成

▲プロイセンとオーストリア（18世紀半ば）

プロイセンは，啓蒙専制君主**フリードリヒ2世**のもとで強国へと成長した。

3 プロイセンとオーストリアの対立

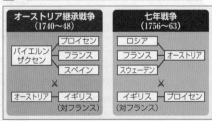

オーストリアの**マリア＝テレジア**によるハプスブルク家の全領土継承をきっかけに，**シュレジエン**をめぐって両国が激しく対立した。

4 ビスマルク体制

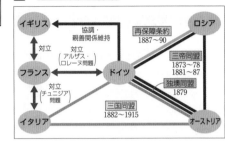

ビスマルクは，フランスを孤立化させ，ドイツの安全をはかるために複雑な同盟網を築く**ビスマルク外交**をおこなった。

5 独ソ不可侵条約

ドイツとソ連の提携は世界中に衝撃を与えた。しかし，1941年には**独ソ戦**がはじまった。

◀独ソ不可侵条約の風刺画

6 ドイツの戦後処理

◀ベルリンの分割

戦後，ドイツは米英ソ仏の4国により**分割占領**され，旧首都ベルリンも分割管理された。

7 ベルリンの壁崩壊

1961年から28年間にわたり，東西ドイツを遮断してきた壁が開放された。

通史編

第1章 諸地域の歴史的特質

第2章 諸地域の交流・再編

第3章 諸地域の結合・変容

第4章 地球世界の課題

テーマ史編

11 | 東ヨーロッパ・ロシア史　入試重要度 ▶ B

395	ローマ帝国の東西分裂
	★ユスティニアヌス大帝
	→**ビザンツ世界**成立
555	大帝，東ゴート王国征服
726	**レオン3世**の聖像禁止令
9c	ノヴゴロド国建国
	キエフ公国建国
1054	ギリシア正教会成立
1204	第4回**十字軍**のコンスタンティノープル攻略
1243	キプチャク=ハン国（ジョチ=ウルス）成立
1386	ポーランド，ヤゲウォ朝成立
1453	ビザンツ帝国滅亡
1480	モスクワ大公国，モンゴル支配より自立
	★**イヴァン4世**，帝権強化
1613	ロマノフ朝成立（〜1917）
1670	ステンカ=ラージンの反乱
1689	ネルチンスク条約締結
1700	**北方戦争**開始（〜21）
1727	**キャフタ条約**締結
	★エカチェリーナ2世の啓蒙専制
1772	第1回**ポーランド**分割
1773	プガチョフの乱（〜75）
1812	ナポレオンのロシア遠征
1825	デカブリストの乱
1853	クリミア戦争開始（〜56）
1861	ロシア，農奴解放令
1877	ロシア=トルコ戦争（〜78）

1 6世紀半ばのビザンツ世界

2 十字軍の遠征路

第4回十字軍はコンスタンティノープルを占領してラテン帝国を建てた。

3 ポーランド分割

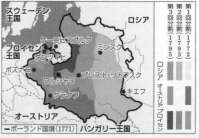

ロシア・プロイセン・オーストリアによる3回にわたる分割で，ポーランドは消滅。2回目にはコシューシコらの義勇軍が抵抗したが，失敗。

4 バルカン戦争時の国際関係

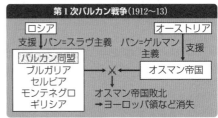

第1次バルカン戦争(1912～13)

ロシア ─ 支援↓パン=スラヴ主義 → **バルカン同盟** ブルガリア セルビア モンテネグロ ギリシア →×← オスマン帝国 ← パン=ゲルマン主義 ↑支援 ─ オーストリア

オスマン帝国敗北→ヨーロッパ領など消失

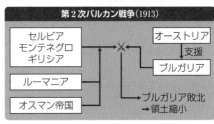

第2次バルカン戦争(1913)

セルビア モンテネグロ ギリシア / ルーマニア / オスマン帝国 →×← ブルガリア ← 支援 ← オーストリア

ブルガリア敗北→領土縮小

オーストリアのバルカン半島進出に対抗し, 1912年**バルカン同盟**が成立した。同年, オスマン帝国に対し第1次戦争がおこり, 翌年ブルガリアに対して第2次戦争がおこった。バルカン半島は, この地域をめぐる列強の対立激化から, 「**ヨーロッパの火薬庫**」とよばれた。

5 スターリン批判

▲フルシチョフ

スターリンの死後, **フルシチョフ**はスターリン批判をおこなった。しかしその影響から, ポーランドやハンガリーで反ソ暴動がおきた。

6 マルタ会談

米ブッシュ大統領(左)とソ連のゴルバチョフ(右)による会談で**冷戦の終結**が宣言された。

通史編

第1章 諸地域の歴史的特質

第2章 諸地域の交流・再編

第3章 諸地域の結合・変容

第4章 地球世界の課題

テーマ史編

12 | アメリカ史・ラテンアメリカ史 入試重要度 ▶ A

● アメリカ合衆国史

1607	ヴァージニア植民地建設
1620	ピルグリム=ファーザーズ，北米のプリマスに上陸
	★英・仏の植民地戦争おこる
1765	印紙法成立
1773	茶法→ボストン茶会事件
1775	アメリカ独立戦争（〜83）
1776	アメリカ独立宣言
1783	パリ条約→アメリカ独立
1787	合衆国憲法制定
1812	アメリカ=イギリス戦争
1820	ミズーリ協定
1823	モンロー宣言
1830	インディアン強制移住法
1846	アメリカ=メキシコ戦争
1861	南北戦争（〜65）
1863	リンカンの奴隷解放宣言
1890頃	**フロンティアの消滅**
1898	アメリカ=スペイン戦争
1917	第一次世界大戦に参戦
1920年代	**★アメリカ経済が繁栄**
1929	世界恐慌がはじまる
1931	フーヴァー=モラトリアム
1933	ニューディール（新規まき直し）を実行
1941	太平洋戦争（〜45）
1947	トルーマン=ドクトリンとマーシャル=プランの発表
1951	サンフランシスコ平和条約

1 ヨーロッパと北アメリカでの英仏抗争

ヨーロッパ	北アメリカ
● ファルツ（継承）戦争（1688〜97） ● スペイン継承戦争（1701〜14） ● オーストリア継承戦争（1740〜48） ● 七年戦争（1756〜63）	● ウィリアム王戦争（1689〜97） ● アン女王戦争（1702〜13） ● ジョージ王戦争（1744〜48） ● フレンチ=インディアン戦争（1754〜63）

イギリスはフランスをしりぞけ，北アメリカで領土を拡大した。

2 アメリカ合衆国の独立

◀独立前のアメリカ

1783年のパリ条約で，アメリカはイギリスからミシシッピ川以東のルイジアナを獲得した。

3 アメリカの領土拡大

通史編

第1章 諸地域の歴史的特質

第2章 諸地域の交流・再編

第3章 諸地域の結合・変容

第4章 地球世界の課題

テーマ史編

1964	公民権法成立
1965	アメリカ軍，北爆開始→
	ベトナム戦争激化
1971	ドル=ショック
1972	ニクソン訪中
1987	中距離核戦力(INF)全廃条約
1989	マルタ会談(冷戦の終結)
2001	同時多発テロ事件
	・アフガニスタン攻撃
2003	イラク戦争
2008	リーマン=ショック
2009	オバマ，大統領に就任
2020	NAFTA が USMCA に移行

● ラテンアメリカ史

4~9c	★マヤ文明の最盛期
14~16c	★アステカ文明・インカ文明栄える
1521	コルテス，アステカ王国征服
1533	ピサロ，インカ帝国征服
	★スペイン・ポルトガルの支配が進む
1804	ハイチが独立
	★ラテンアメリカ諸国の独立が本格化
1889	第1回パン=アメリカ会議
1910	メキシコ革命
1914	パナマ運河完成
1959	キューバ革命
1962	キューバ危機
1982	フォークランド戦争
1980年代	★各国で民政移管の動き
2015	キューバと米国の国交回復

4 ベトナム戦争

▲アメリカ軍による枯葉剤の散布

アメリカによる**北爆**の開始で，ベトナム戦争が激化し，戦局が泥沼化するなか，**反戦運動**が高まった。

5 インカ帝国

▲マチュ=ピチュ遺跡

クスコを首都として成立。皇帝による神権政治がおこなわれた。石造建築の技術に優れ，ひもを使ったキープという方法で数を記録した。

6 ラテンアメリカ諸国の独立

▲サン=マルティン
◀ボリバル

ボリバルや**サン=マルティン**らの**クリオーリョ**(白人入植者の子孫)を中心とした独立運動で，多くの国が独立を果たした。

7 キューバ革命

◀カストロ(左)，
ゲバラ(右)

カストロと**ゲバラ**が親米バティスタ政権を倒し，キューバはその後，社会主義国となった。

13 | 文化史（東洋）①

入試重要度 ▶ A

1 南アジア

①**インダス文明（前2600年ごろ〜前1800年ごろ）**

インダス川下流域の**モエンジョ=ダーロ**（→ **1**）やインダス川中流域の**ハラッパー**などに代表される都市文明。

1 モエンジョ=ダーロの遺跡

②**ヴェーダ時代**…前1500年ごろ**アーリヤ人**が西北インドから進入し，前1000年ごろから鉄製農具と武器を使用してガンジス川流域に進出した。**ヴェーダ**（聖典）が成立し，**バラモン教**と**ヴァルナ制**が発達した。

2 グプタ朝時代のインド

③**新宗教**…前6世紀に**仏教・ジャイナ教**が成立。

④**マウリヤ朝**…**アショーカ王**は，**ダルマ**（法）にもとづく統治を進め，**仏典結集**などをおこなった。

⑤**クシャーナ朝**…**カニシカ王**のときに最盛期をむかえた。**大乗仏教**が確立し，各地に伝播した。**ガンダーラ美術**が発展。

⑥**グプタ朝**（→**2**）…**チャンドラグプタ2世**が全盛期で，**グプタ様式**の美術が成立し，**ヒンドゥー教**が社会に定着した。仏教では，**ナーランダー僧院**（→**3**）が建立され，中国（東晋）から**法顕**が訪れた。また，『**マヌ法典**』が完成した。

3 ナーランダー僧院

⑦**インド=イスラーム文化**…デリー=スルタン朝以降，イスラーム教とヒンドゥー教が融合したインド=イスラーム文化が生まれ，**ムガル帝国**時代に開花した。

☑**シク教** **ナーナク**がバクティ運動とスーフィズムの影響をうけて開いた。

☑**ウルドゥー語** ペルシア語にヒンドゥー系の言語が融合して成立した。

☑**絵画・建築** ムガル絵画，**タージ=マハル**（→**4**）。

4 タージ=マハル

通史編

第1章 諸地域の歴史的特質

第2章 諸地域の交流・再編

第3章 諸地域の結合・変容

第4章 地球世界の課題

テーマ史編

2 東南アジア

①**インド化の時代**(4世紀〜→**5**)…ヒンドゥー教・大乗仏教が広まった。

☑ **カンボジア アンコール=ワット**遺跡

☑ **インドネシア ボロブドゥール**遺跡

☑ **マラッカ周辺 シュリーヴィジャヤ**

②**上座部仏教化の時代**(11世紀〜)…スリランカより上座部仏教が伝来した。

☑ **ミャンマー パガン朝**で上座部仏教が広まった。

③**イスラーム化の時代**(13世紀末〜)…イスラーム教がインドネシア各地に広まった。

☑ **マラッカ周辺 マラッカ王国**が15世紀にイスラーム教に改宗した。

☑ **ジャワ** 16世紀後半，イスラーム国家の**マタラム王国**が成立した。

5 7〜8世紀ごろの東南アジア

3 西アジア

①**エジプト文明**(前3000ごろ)…ピラミッド・**神聖文字**(ヒエログリフ)・太陽暦。

②**メソポタミア文明**(前3500ごろ)…**楔形文字**・**太陰暦**・**ハンムラビ法典**。

③**地中海東岸**…フェニキア文字(**アルファベット**の起源)がつくられ，ヘブライ人が**ヤハウェ**を唯一神とする**ユダヤ教**を確立した。

④**ササン朝**…ペルシア語を公用語，**ゾロアスター教**を国教とし，経典『**アヴェスター**』が編集された。3世紀には**マニ教**も成立。

4 イスラーム文明

①**固有の学問**…神学・法学・歴史学などが発達した。

☑ **神学 ガザーリー**はイスラーム諸学を完成し，**神秘主義**(スーフィズム)も大成した。

☑ **歴史学 イブン=ハルドゥーン**(『世界史序説』)

②**外来の学問**…哲学・数学などが発達した。

☑ **哲学 イブン=シーナー，イブン=ルシュド**ら。

☑ **数学 アラビア数字**，十進法，ゼロの概念。

☑ **地理学 イブン=バットゥータ**(『大旅行記(三大陸周遊記)』)

③**文学・美術**…『**千夜一夜物語**』(『アラビアン=ナイト』)。モスク建築，細密画(ミニアチュール→**6**)，アラベスクなど。

6 ミニアチュール

14 | 文化史（東洋）②

入試重要度 ▶ A

1 朝鮮半島

①**三国時代**… 4 世紀，高句麗・百済に仏教が伝来した。

②**統一新羅時代**…寺院の建立や仏像制作がさかんにおこなわれた。

③**高麗時代**…10〜14世紀，大蔵経の木版印刷がおこなわれ，**金属活字**が発明された。また，独自の**高麗青磁**が製作された。

④**朝鮮王朝時代**…15世紀，4代世宗が**訓民正音（ハングル）**を制定した。

2 中国（黄河文明〜南北朝時代）

①**黄河文明**…前5000年ごろから彩文土器（彩陶）に代表される**仰韶文化**が栄え，前3000年ごろから黒陶に代表される**竜山文化**が栄えた。

②**殷**…確認できる最古の王朝。**殷墟**から**甲骨文字**，青銅器が出土した（→❶）。

③**春秋・戦国時代**…鉄製農具の普及，青銅貨幣の流通，**諸子百家**の登場（→❷）。

④**秦・漢時代**

☑ **秦** 貨幣・度量衡が統一された。

☑ **漢** 儒学が官学化。司馬遷の『**史記**』，班固の『**漢書**』などの歴史書。

⑤**南北朝時代**

☑ **北朝** 質実剛健な仏教文化。**道教**が**寇謙之**によって確立された。仏教では敦煌・雲崗・竜門などの**石窟寺院**（→❸）。西方から**仏図澄・鳩摩羅什**が来訪。東晋の**法顕**がインドへ渡り，『**仏国記**』を著す。

☑ **南朝** 優雅な貴族文化の六朝文化。
- 陶潜（**陶淵明**）の詩が代表。
- **顧愷之**（絵画）（→❹），**王羲之**（書道）。

❶ 殷の青銅器

❷ おもな諸子百家

儒家	孔子・孟子・荀子
道家	老子・荘子
法家	商鞅・韓非・李斯
墨家	墨子
陰陽家	鄒衍
兵家	孫子
縦横家	蘇秦・張儀

❸ 雲崗の石窟寺院

❹ 顧愷之「女史箴図」

通史編

第1章 諸地域の歴史的特質

第2章 諸地域の交流・再編

第3章 諸地域の結合・変容

第4章 地球世界の課題

テーマ史編

3 中国(唐〜清時代)

①**唐**…国際色豊かな文化。

☑**文学** 詩人の**李白**や**杜甫**が登場し, 散文では, **韓愈・柳宗元**が古文復興をとなえた。

☑**学問** 訓詁学の重視。**孔穎達**らが『**五経正義**』を編纂。

☑**美術** **呉道玄**(山水画), **顔真卿**(書道), **王維**(南画の祖)。陶器の**唐三彩**。

☑**宗教** 仏教では, **玄奘**や**義浄**がインドに渡り, 唐代後半には浄土宗や禅宗が普及した。さまざまな外来宗教(→**❺**)も流入した。

❺ 唐代のおもな外来宗教

祆教	ゾロアスター教
摩尼教	マニ教
景教	ネストリウス派キリスト教
回教	イスラーム教

②**宋**…復古的傾向がみられる, **士大夫**と庶民中心の文化。

☑**儒学** **朱熹**(朱子)により**朱子学**が大成。

☑**文学** **司馬光**の編年体通史『**資治通鑑**』。**欧陽脩・蘇軾**らの詩。

☑**芸術** **院体画**(北画)や**文人画**(南画)。**白磁**や**青磁**。

☑**科学技術** **羅針盤・火薬**の実用化, **木版印刷術**の普及。

③**元(大元)**…東西交易が活発化し, 宣教師や旅行家, 色目人, 南人が往来。

☑**宗教** チベット仏教が普及, 初めてカトリックが布教。

☑**文学** 『**西廂記**』などの**元曲**が完成した。

☑**天文学** イスラーム文化の影響をうけ, **郭守敬**が**授時暦**を作成。

④**明**…商業の発展を背景に, 実学や庶民文化が発達した。

☑**儒学** **王守仁(王陽明)**が陽明学を大成。『**四書大全**』や『**五経大全**』。

☑**実学** **李時珍**(『**本草綱目**』), **徐光啓**(『**農政全書**』), **宋応星**(『**天工開物**』)。

☑**文学** 『**三国志演義**』『**水滸伝**』『**西遊記**』『**金瓶梅**』などの小説(四大奇書)。

☑**西洋科学** **マテオ=リッチ**が「**坤輿万国全図**」(→**❻**)を作成。

❻ 坤輿万国全図(着色写本)

⑤**清**…大規模な編纂事業(→**❼**)を実施した。

☑**儒学** **黄宗羲・顧炎武**らの**考証学**が発達。

☑**文学** 『**紅楼夢**』『**儒林外史**』など。

☑**西洋科学** イエズス会の宣教師たちが西洋の学術を紹介。**カスティリオーネ**(**円明園**の設計), **ブーヴェ**(「**皇輿全覧図**」), **アダム=シャール**(『**崇禎暦書**』)など。

❼ 清代の編纂事業

康熙帝期	『**康熙字典**』
雍正帝期	『**古今図書集成**』
乾隆帝期	『**四庫全書**』

15 | 文化史（西洋）①

1 エーゲ文明

ヨーロッパで初めての青銅器文明。

①**クレタ文明**…壮大な宮殿建築が特徴。**エヴァンズ**らが発掘した。

☑ **建築**　城壁のない**クノッソス宮殿**（→❶）。

☑ **文字**　線文字A（未解読）

❶ クノッソス宮殿

②**ミケーネ文明**…軍事に関心が高く，ミケーネなどに小国家を建てた。**シュリーマン**が発掘。

☑ **文字**　線文字B（**ヴェントリス**らが解読）。

❷ ドーリア式（パルテノン神殿）

2 ギリシア文化

明るく合理的で人間中心的な文化。

①**文学**…オリンポス**12神**の信仰に基づく。**ホメロス・ヘシオドス**（叙事詩），**アイスキュロス・ソフォクレス・エウリピデス**（三大悲劇詩人），**アリストファネス**（喜劇作家）。

②**歴史学**…**ヘロドトス・トゥキディデス**。

③**哲学**（フィロソフィア）

❸ イオニア式（左）・コリント式（右）

☑ **イオニア自然哲学**　タレス・ピタゴラス

☑ **ソフィスト**　プロタゴラス

☑ **アテネ哲学**　**ソクラテス・プラトン・アリストテレス**は後世に影響をおよぼした。

④**建築**…**ドーリア式**（→❷）・**イオニア式・コリント式**（→❸）。

3 ヘレニズム文化

ギリシア文化とオリエント文化が融合し形成された文化。

❹ ミロのヴィーナス

①**哲学**…世界市民主義（コスモポリタニズム）の思想。

☑ **ストア派**　ゼノンが創始。禁欲による幸福を追求。

☑ **エピクロス派**　エピクロスが創始。精神的快楽を追求。

②**自然科学**…**エウクレイデス**（平面幾何学）・**アルキメデス**。

③**彫刻**…「ミロのヴィーナス」（→❹）が代表。

4 ローマ文化

法律・建築・土木事業などの実用的な文化が発達し，**ローマ法**が編まれた。都市下層民には「パンと見世物」が提供された。

法律	トリボニアヌスらによる『**ローマ法大全**』の編纂
土木建築	**コロッセウム**(→**⑤**)・パンテオン(万神殿)
文学	ウェルギリウス(『アエネイス』)
哲学	セネカ・エピクテトス(ストア派)
歴史	カエサル(『ガリア戦記』)・**タキトゥス**
自然科学	プトレマイオス(天動説)

⑤ コロッセウム

5 ビザンツ文化

ギリシア古典文化とギリシア正教が融合し，スラヴ人を取り込んだ独自の文化。

①**建築**…ハギア=ソフィア聖堂(→**⑥**)のような，ドーム(円屋根)と**モザイク壁画**を特色とする**ビザンツ様式**。

②**美術**…聖母子像などのイコン美術が特徴。

⑥ ハギア=ソフィア聖堂

6 ヨーロッパ中世文化

キリスト教と密接に結びついた神学中心の文化。8世紀ごろ**カロリング=ルネサンス**，12世紀ごろ**12世紀ルネサンス**がおこった。

①**神学**…**アウグスティヌス**(中世神学の父)，**アンセルムス**(実在論)，**アベラール・ウィリアム=オブ=オッカム**(唯名論)，**トマス=アクィナス**(スコラ学を大成)など。

②**自然科学**…**ロジャー=ベーコン**(実験を重視)。

③**文学**…騎士道物語が中心。『ローランの歌』・『アーサー王物語』など。**吟遊詩人**も活躍。

④**大学**…ボローニャ大学・パリ大学・オクスフォード大学などが創設された。

⑤**美術**…教会建築とその壁画が代表的。

☑**ロマネスク様式** 半円形アーチと太い柱，小さな窓が特徴。ピサ大聖堂(→**⑦**)など。

☑**ゴシック様式** ステンドグラスと尖塔が特徴。ケルン大聖堂(→**⑧**)など。

⑦ ロマネスク様式(ピサ大聖堂)

⑧ ゴシック様式(ケルン大聖堂)

16 | 文化史（西洋）②

入試重要度 ▶ A

1 ルネサンス

ルネサンスは「再生」の意味。人間らしい生き方を追求しようとする文芸運動でイタリアからはじまり，ヨーロッパ各地に広まった。**レオナルド=ダ=ヴィンチ**に代表される**「万能人」**（ばんのうじん）が理想とされた。

①**文学・思想**…**人文主義（ヒューマニズム）**がとなえられ，キリスト教以前のギリシア・ローマの文化が探求された。

②**美術**…絵画では，写実的な描写や遠近法を用いた油絵技法が発展した。

▼おもな文学・思想

ダンテ(伊)	『神曲』（しんきょく）
ボッカチオ(伊)	『デカメロン』
マキァヴェリ(伊)	『君主論』
チョーサー(英)	『カンタベリ物語』
エラスムス(ネ)	『愚神礼賛』（ぐしんらいさん）
トマス=モア(英)	『ユートピア』
モンテーニュ(仏)	『エセー』（随想録）（ずいそうろく）
セルバンテス(ス)	『ドン=キホーテ』
シェークスピア(英)	『ハムレット』など

▼おもな美術

レオナルド=ダ=ヴィンチ(伊)	「最後の晩餐」(→①) 「モナ=リザ」
ミケランジェロ(伊)	「ダヴィデ像」 「最後の審判」(→②)
ラファエロ(伊)	聖母子像，「アテネの学堂」
ファン=アイク兄弟(ネ)	油絵技法の改良
デューラー(独)	「四人の使徒」
ブリューゲル(ネ)	「農民の踊り」

※(ネ)はネーデルラント

❶ レオナルド=ダ=ヴィンチ「最後の晩餐」

❷ ミケランジェロ「ダヴィデ像」(左)，「最後の審判」

③**科学技術**…天動説をとる教会に対し，**コペルニクス**が**地動説**を主張。**活版印刷術（グーテンベルク）・羅針盤**（らしんばん）**・火器**がそれぞれ改良・実用化された。

2 17〜18世紀の文化

絶対王政下の宮廷文化が中心だったが，自然科学や新たな思想も確立された。18世紀には**啓蒙思想**（けいもう）が広まり，市民革命に大きな影響を与えた。

①**文学**…古典主義（悲劇作家の**コルネイユ・ラシーヌ**，喜劇作家の**モリエール**），ピューリタン文学（**ミルトン**『失楽園』），デフォー・スウィフトなど。

②**美術**…豪壮華麗なバロック様式, 繊細優美なロココ様式が発達した。

  ☑**バロック美術**(17世紀) **ヴェルサイユ宮殿**,
    ルーベンス, **レンブラント**(→❸)。

  ☑**ロココ美術**(18世紀) **サンスーシ宮殿**など。

❸ レンブラント「夜警」

③**哲学**…**フランシス=ベーコン**(経験論), **デカルト**
  (合理論), **カント**(観念論哲学)。

④**思想**…合理的な思考法が登場した。

  ☑**自然法思想** **グロティウス**『戦争と平和の法』,
    ホッブズ『リヴァイアサン』, **ロック**『統治二論』。

  ☑**啓蒙思想** **モンテスキュー**『法の精神』, **ルソー**『社会契約論』, ディドロ・
    ダランベール『百科全書』。

⑤**自然科学**…科学協会やアカデミーが創設されるなど, **科学革命**がおこる。
  ニュートン(万有引力の法則), **ボイル**(近代化学の父)ら。

⑥**経済学**…『諸国民の富(国富論)』を著した**アダム=スミス**らが, **古典派経済学**
  を創始した。

3 19世紀の文化

  感情や個性を前面に押し出した**ロマン主義**が
台頭。後半には, 現実をありのままに表現する
写実主義・自然主義が主流となった。

❹ ミレー「晩鐘」

①**文学**

ロマン主義	ハイネ(独)『ドイツ冬物語』 ヴィクトル=ユゴー(仏)『レ=ミゼラブル』
写実主義・ 自然主義	スタンダール(仏)『赤と黒』 **ドストエフスキー**(露)『罪と罰』 トルストイ(露)『戦争と平和』 モーパッサン(仏)『女の一生』

②**美術**

ロマン主義	ドラクロワ(仏)「民衆を導く自由の女神」
写実主義・ 自然主義	クールベ(仏)「石割り」, ミレー(仏)「落ち穂拾い」「晩鐘」(→❹)
印象派	モネ・セザンヌ(仏), **ゴッホ**(蘭)「ひまわり」(→❺)

③**自然科学・技術・発明**…ダーウィン(英)(進化論), **コッホ**(独)(結核菌・コレラ菌の発見), **レントゲン**(独)(X線の発見), **エジソン**(米)(電灯の発明)など。

❺ ゴッホ「ひまわり」

(SOMPO 美術館所蔵)

通史編

第1章 諸地域の歴史的特質

第2章 諸地域の交流・再編

第3章 諸地域の結合・変容

第4章 地球世界の課題

テーマ史編

17 | 反乱・革命史

入試重要度 ▶ A

● 反乱史

前500	イオニア植民市の反乱
前209	陳勝・呉広の乱→秦の始皇帝の死後おきた農民反乱
前154	呉楚七国の乱(前漢)
184	黄巾の乱
755	安史の乱→唐でおきた節度使の安禄山・史思明の反乱
875	黄巣の乱→唐滅亡の一因
1351	紅巾の乱(～66)→元末の白蓮教徒による反乱
1358	ジャックリーの乱
1381	ワット=タイラーの乱
1524	ドイツ農民戦争(～25)
1644	李自成の反乱→明が滅亡
1648	フロンドの乱→フランス高等法院・貴族の反乱
1673	三藩の乱→康熙帝が鎮圧,清朝統治の基礎を固める
1773	プガチョフの乱(～75)→南ロシアのコサックの反乱
1796	白蓮教徒の乱→清朝中期の農民反乱で郷勇が活躍
1825	デカブリストの乱
1851	太平天国の乱(～64)→洪秀全がおこした反乱
1857	インドでシパーヒーの反乱(インド大反乱)(～59)
1900	義和団戦争(～01)→義和団が中心の排外運動

1 黄巾の乱

張角が創始した太平道が農民ら信者を集め,黄色の頭巾をつけて蜂起した。この後,各地に群雄が割拠し,220年に漢(後漢)は滅んだ。

2 黒死病の流行と農民反乱

黒死病(ペスト)による労働力不足のなか,農奴制の廃止などを求めた農民反乱がおきた。

3 19世紀半ばの清

4 シパーヒーの反乱(インド大反乱)

反乱の結果,ムガル帝国は滅亡し,インドはイギリスに直接統治されることになった。

● 革命史

1640	**イギリス革命**
1640	ピューリタン革命(〜60)
	★国王と議会の対立(40〜41)→
	王党派と議会派の内戦(42〜)
1645	議会派が勝利
1649	国王処刑→共和政へ
1688	名誉革命(〜89)
1775	**アメリカ独立革命**
1775	レキシントンの戦い
1776	独立宣言
1781	ヨークタウンの戦いで勝利
1783	パリ条約でアメリカ独立
1789	**フランス革命**
1789	• 国民議会成立
	• バスティーユ牢獄襲撃
	• 人権宣言採択
1791	立法議会成立
1792	国民公会成立→第一共和政
1793	ルイ16世処刑
1794	テルミドールの反動
1795	総裁政府成立
1799	統領政府成立
1830	**七月革命**(フランス)
1848	**二月革命**(フランス)
1905	1905年革命(第1次ロシア革命)
1911	辛亥革命→中華民国成立
1917	**ロシア革命**(二月〔三月〕革命・十月〔十一月〕革命)
1922	**トルコ革命**
1959	**キューバ革命**
1979	**イラン=イスラーム革命**
1989	**東欧革命**→東欧社会主義圏の消滅

---

5 七月革命とその影響

ポーランド ポーランド反乱(1830〜31)
イタリア カルボナリの革命(1831)
　➡マッツィーニにより
　「青年イタリア」結成(1831)
ベルギー オランダから独立(1830)
ドイツ [ドイツ関税同盟]成立(1834)
イギリス [第1回選挙法]改正(1832)

---

6 二月革命とその影響

● 革命・民衆蜂起のおこった地

---

7 ロシア革命

二月(三月)革命でロマノフ朝が滅亡し,十月(十一月)革命でレーニンがソヴィエト政権を樹立した。

◀演説するレーニン

---

8 トルコ革命とムスタファ=ケマル

ムスタファ=ケマル(後のケマル=アタテュルク)が1923年に**トルコ共和国**を樹立し,トルコの近代化につとめた。

通史編

第1章 諸地域の歴史的特質

第2章 諸地域の交流・再編

第3章 諸地域の結合・変容

第4章 地球世界の課題

テーマ史編

18 | 戦争関連史

入試重要度 ▶ A

1 ペロポネソス戦争

民主政ポリスのアテネ（**デロス同盟**）と，貴族政ポリスのスパルタ（**ペロポネソス同盟**）の戦い。スパルタがアケメネス朝ペルシアと結び，勝利した。

2 三十年戦争

三十年戦争における国際対立
①ベーメン・ファルツ戦争（1618〜23）
②デンマーク戦争（1625〜29） ➡ ヴァレンシュタイン の活躍
③スウェーデン戦争（1630〜35） ➡ グスタフ=アドルフ の活躍
④フランス=スウェーデン戦争（1635〜48）

ドイツを中心に，列強が干渉しておきた最大の宗教戦争。**ウェストファリア条約**で終結し，**神聖ローマ帝国**は事実上解体した。

3 スペイン継承戦争の列強関係

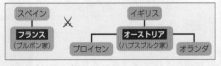

ルイ14世の孫のスペイン王位継承に各国が反対。**ユトレヒト条約**で終結した。

通史編

第1章 諸地域の歴史的特質

第2章 諸地域の交流・再編

第3章 諸地域の結合・変容

第4章 地球世界の課題

テーマ史編

1740	オーストリア継承戦争→プロイセン 対 オーストリア
1756	**七年戦争**(〜63)
1775	**アメリカ独立戦争**
1796	★**ナポレオンの外征**(〜1815)
1840	**アヘン戦争**(〜42)
1846	**アメリカ=メキシコ戦争**→カリフォルニアを獲得
1853	**クリミア戦争**→ロシア 対 オスマン帝国・英・仏
1856	第2次アヘン戦争(**アロー戦争**)(〜60)
1861	**南北戦争**→アメリカ北部と南部との戦争→奴隷制廃止
1870	**ドイツ=フランス戦争**→ドイツ帝国成立
1877	**ロシア=トルコ戦争**→翌年,サン=ステファノ条約→ベルリン条約
1894	**日清戦争**→清が敗北
1904	**日露戦争**→1905年革命,ポーツマス条約
1914	**第一次世界大戦**(〜18)
1937	**日中戦争**(〜45)
1939	**第二次世界大戦**(〜45)
1948	**第1次中東戦争** ★以後第2〜4次までおこる
1950	**朝鮮戦争**(〜53)
1965	**ベトナム戦争**激化
1980	**イラン=イラク戦争**(〜88)
1991	**湾岸戦争**
2003	**イラク戦争**
2022	ロシア,ウクライナに侵攻

4 ナポレオンのヨーロッパ遠征

■フランス帝国の領域
■ナポレオンに服従した国
■ナポレオンの同盟国
ーライン同盟諸国の境界

ナポレオンによるヨーロッパ大陸制圧は,各地に**ナショナリズム**を芽生えさせた。

5 アヘン戦争

◀アヘン戦争のようす

三角貿易によるアヘンの取り扱いで利益をあげていたイギリスが,清のアヘン取り締まりに対しておこした戦争。清は**南京条約**で5港を開港し,続いて各国と**不平等条約**を結んだ。

6 第一次世界大戦の特徴

戦車(左)や飛行機(右)などの**新兵器**が登場し,**塹壕戦**により戦いは長期化した。

19 | 東西交流史

入試重要度 ▶ A

1 ヘレニズム文化の伝播

ギリシア文化とオリエント文化が融合したヘレニズム文化は、インドに伝わり**ガンダーラ美術**を開花させ、中国・日本にも伝播した。

◀ガンダーラの仏像

2 オアシスの道

オアシスの道は、点在する多数のオアシス都市を結んでいた。「**草原の道**」とあわせて、一般に「**絹の道(シルクロード)**」とよばれる。

3 ゲルマン人の大移動と遊牧民の関係

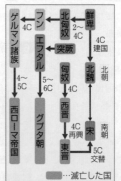

中央ユーラシアの遊牧民の動きに連動して、約200年におよぶ**ゲルマン人の大移動**がおこった。この過程で、さまざまな国や王朝が興亡をくり返した。

通史編

第1章 諸地域の歴史的特質

第2章 諸地域の交流・再編

第3章 諸地域の結合・変容

第4章 地球世界の課題

テーマ史編

552	**突厥建国**
	★ソグド人による交易が発達
629	**唐の玄奘，インドへ**
	→『**大唐西域記**』
	★景教が中国伝来
671	**唐の義浄，インドへ**
	→『**南海寄帰内法伝**』
	★マニ教・回教が中国伝来
751	**タラス河畔の戦い**→製紙法
	が西方へ伝わったとされる
	★ムスリム商人による「海の
	道」が急成長する
9c半ば	トルコ系遊牧集団がオアシ
	ス都市に定住→**トルキスタ**
	ンが成立
1096	十字軍開始→**イタリア商人**
	の地中海貿易が活発化
	★中国系商人とムスリム商人，
	イタリア商人の**海上交易**
	ネットワークが結びつく
1206	**モンゴル帝国**(大モンゴル
	国)成立
1236	バトゥの西征開始
1241	ワールシュタットの戦い
1271	**クビライ，元**(大元)建国
1275	マルコ=ポーロが大都に到着
	→『世界の記述』
	★元，駅伝制(ジャムチ)整備
1294	モンテ=コルヴィノ，大都で
	カトリック布教開始
14c	**イブン=バットゥータ**が世
	界旅行へ→『大旅行記』

4 中国僧の渡印

玄奘は**陸路**で往復し，義浄は**海路**で往復した。二人とも**ナーランダー僧院**で学んだ。

◀玄奘

5 海上交易ネットワークの結びつき

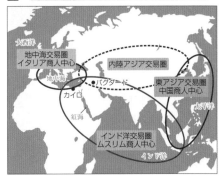

大西洋

地中海交易圏
イタリア商人中心

内陸アジア交易圏

地中海

バグダード

東アジア交易圏
中国商人中心

カイロ

太平洋

紅海

インド洋交易圏
ムスリム商人中心

インド洋

6 モンゴル帝国時代のユーラシア交流

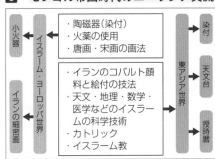

小火器 ← イスラーム・ヨーロッパ世界

・陶磁器(染付)
・火薬の使用
・唐画・宋画の画法

染付

東アジア世界

天文台

イランの細密画 ← イスラーム・ヨーロッパ世界

・イランのコバルト顔料と絵付の技法
・天文・地理・数学・医学などのイスラームの科学技術
・カトリック
・イスラーム教

授時暦

7 クビライ

クビライは，モンゴル高原と中国を領有し，チベットや高麗を属国とした。日本にも遠征軍を送ったが(**元寇**)，2度とも失敗した。

20 | キリスト教史

30頃	イエスが処刑される
	★キリスト教成立
	★ペテロ・パウロらが伝道
64	ネロ帝のキリスト教迫害
303	ディオクレティアヌス帝の大迫害(〜305)
313	コンスタンティヌス帝がミラノ勅令でキリスト教公認
325	ニケーア公会議→アタナシウス派を正統とし, アリウス派を異端とする
392	テオドシウス帝が国教化
431	エフェソス公会議→ネストリウス派を異端とする
6c	★ベネディクトゥスがモンテ=カシノに修道院創立
8c初め	国土回復運動(レコンキスタ)開始(〜1492)
726	ビザンツ皇帝レオン3世, 聖像禁止令→東西教会対立
800	教皇レオ3世, カールに戴冠(たいかん)
962	オットー1世の戴冠により神聖ローマ帝国が成立
10c	★クリュニー修道院の教会改革運動
1054	ローマ=カトリック教会とギリシア正教会に分裂
1077	ハインリヒ4世が教皇グレゴリウス7世に破門され, 屈服(カノッサの屈辱(くつじょく))

1 キリスト教の迫害とカタコンベ

カタコンベ(地下墓地)は, キリスト教徒が迫害をのがれて礼拝する場としても使用された。

◀カタコンベ

2 国土回復運動(レコンキスタ)

▲1200年ごろのイベリア半島

レコンキスタはイベリア半島からイスラーム勢力を駆逐する運動。12世紀ごろから進展した。

3 カトリックの階層制組織

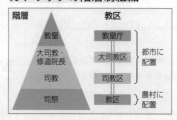

階層	教区	
教皇	教皇庁	都市に配置
大司教・修道院長	大司教区	
司教	司教区	
司祭	教区	農村に配置

ローマ=カトリック教会では, 12世紀ごろまでに教皇を頂点とした階層制組織が整備され, ローマ=カトリック圏が形成された。

通史編

第1章 諸地域の歴史的特質

第2章 諸地域の交流・再編

第3章 諸地域の結合・変容

第4章 地球世界の課題

テーマ史編

1095	教皇ウルバヌス2世, クレルモン宗教会議で十字軍提唱
1096	第1回十字軍→第7回(1270)まで実施
1099	イェルサレム王国建国
1122	ヴォルムス協約
1198	教皇インノケンティウス3世が即位→教皇権の絶頂期
1303	アナーニ事件→教皇ボニファティウス8世がフランス王フィリップ4世に捕らえられ, 憤死
1309	教皇のバビロン捕囚→教皇庁のアヴィニョン移転(～77)
1378	教会大分裂(大シスマ, ～1417)
1414	コンスタンツ公会議→教会再統一
1492	グラナダの陥落でレコンキスタが完了
1517	ルターの宗教改革開始
1534	首長法(国王至上法)→イギリス国教会の成立 ★カルヴァンの宗教改革
1545	トリエント公会議→教皇の至上権とカトリックの教義を再確認
1555	アウクスブルクの和議→ルター派を容認
1562	ユグノー戦争開始(～98)
1598	ナントの王令
1618	三十年戦争→ベーメンのプロテスタント貴族の反乱から国際的宗教戦争へ(～48)

4 十字軍

◀イェルサレムを占領する十字軍

教皇ウルバヌス2世が聖地イェルサレム回復の聖戦をおこすことを提唱した。

5 国土回復運動(レコンキスタ)の完了

13～15世紀

サンチャゴデコンポステラ　ナバラ王国
レオン　アラゴン王国
ポルト　バルセロナ
ポルトガル王国　カスティリャ王国　マドリード　サラゴサ　ミノルカ(1232)
リスボン　トレド　バレンシア(1238)　マジョルカ(1229～30)
コルドバ(1236)　カルタヘナ(1263)
バロス　グラナダ(1492)
カディス　ナスル朝
(1262)　セウタ(1415)

■ イスラーム王朝
数字 レコンキスタ成功年

スペインの女王イサベルと王フェルナンドによって, グラナダが陥落した。

6 宗教改革後の宗教分布

ノルウェー王国　スウェーデン王国
スコットランド王国　リトアニア大公国
プレスビテリアン　デンマーク王国
カンタベリー　ネーデルラント　ポーランド王国
ロンドン　ヴィッテンベルク
イングランド王国　ゴイセン　神聖ローマ帝国
ピューリタン　シュマルカルデン
ヴォルムス
フランス王国　アウクスブルク
ユグノー　トリエント
ポルトガル王国　ジュネーヴ
チューリヒ　教皇領
スペイン王国　ローマ　ナポリ王国

■プロテスタント信仰が普及した地域　→ルター派伝播
■カトリック信仰の地域　●カルヴァン派中心地
■カトリック信仰がある程度勢力を回復した地域　→カルヴァン派伝播
青文字 地域でのカルヴァン派の呼称

ルター派は北欧に, カルヴァン派はフランスやネーデルラント, イギリスに伝わった。

索引

※赤字は人名

ち

つ

へ

ほ

装丁デザイン　ブックデザイン研究所
本文デザイン　未来舎
　　図　版　デザインスタジオエキス.

写真提供〈敬称略〉

アールクリエイション/アフロ　朝日新聞社　アフロ　アムステルダム国立美術館　アメリカ議会図書館　アメリカ国立公文書館　イスタンブール海軍博物館/WPS　ウィスコンシン大学マディソン校図書館　大迫秀樹　オーストリア国立図書館　宮内庁三の丸尚蔵館　クリーヴランド美術館　国立アメリカ空軍博物館　國立故宮博物院　国立国会図書館　国立保健医療科学院図書館　株式会社シーピーシー・フォト　滋賀大学　経済学部附属史料館　シュテーデル美術館　正倉院正倉　スウェーデン民族学博物館　スポニチ/アフロ　大英図書館　チューリッヒ中央図書館　テキサス大学図書館　ドイツ連邦公文書館(CC BY-SA 3.0 Ge)　東京大学史料編纂所　公益財団法人 東洋文庫　ハーグ国立文書館　ハイデルベルク大学図書館　ピクスタ　フィンランド文化遺産庁　フランス国立中央文書館　ベルヴェデーレ宮殿(CC BY-SA 4.0)　マイアミ大学図書館　宮城県図書館(CC BY-ND 4.0)　メトロポリタン美術館　ユネスコ(CC BY-SA 3.0 IGO)　123RF　akg-images/アフロ　Alex Ghizila/Unsplash　Arian Zwegers　Artothek/アフロ　Bridgeman Images/アフロ　Carole Raddato　Colbase(https://colbase.nich.go.jp/)　EPA＝時事　Francisco Anzola　Gamma Rapho/アフロ　Getty Research Institute　GRANGER.COM/アフロ　Heritage Image/アフロ　Iberfoto/アフロ　Jeremy Reding(CC BY-SA 2.0)　New Picture Library/アフロ　Press Association/アフロ　rokorumora(CCBY-SA 2.0)　Sailko　Science & Society Picture Library/アフロ　SOMPO 美術館　Sue Ream　TopFoto/アフロ　Ullstein bild/アフロ　United archives/WHA(CC BY-SA 3.0)　Universal Images Group/アフロ　WAA/アフロ　Waterkeeper India　Wellcome collection　Wonderlane　©2022 -Succession Pablo Picasso - BCF(JAPAN)　など

高校 図解で総まとめ 世界史

編著者　高校教育研究会　　　発行所　受験研究社

発行者　岡本泰治　　©　株式会社 増進堂・受験研究社

〒550-0013 大阪市西区新町 2—19—15
注文・不良品などについて：(06)6532-1581(代表)／本の内容について：(06)6532-1586(編集)

Printed in Japan　岩岡印刷・高廣製本
落丁・乱丁本はお取り替えします。